图说地史 04

U0810836

Mapping the History of Ancient Greece

陈超　刘衍钢 著

地图上的古希腊史

第二版

東方出版中心

编 者 按

为了尽可能保证文图对照，书中地图可能标出了某些在全图比例尺下不太可能显示出来的地名，为求严谨，略去比例尺，请读者仅将书中地图作为简明绘制的示意地图参阅使用。

一部线索清晰可辨的古希腊简史，由治学严谨的专业史学工作者执笔，陈述的史实有据可查，归纳的论点有史可托；且文字表述亦庄亦谐，深入浅出，给人明性达理的阅读感觉。更有众多地图、图表锦上添花，为文字说明加注了空间位置和内在结构。这是一本质地可以信赖的小书。

——郭小凌，古希腊史研究专家
首都博物馆馆长
北京师范大学教授

历史地理学在我国……世界史研究领域及面向学生和公众的历史教学领域，相关应用极少。这套“地图说史”丛书，别出心裁，用简明易懂的地图并配以简短的文字说明来讲述历史，希望推动世界历史初学者一开始就形成结合地图来阅读历史，甚至自己动手绘制历史地图的习惯，同时激发学界、历史教育界关注这个重要的领域。

——沈志华，著名历史学家
华东师范大学历史系终身教授

……把文字的想象力和地图的表现力结合在了一起，文字力求通俗但也严谨，地图力求简明但仍有理有据，让历史的讲述更加丰富直观，也能推动初学者一开始就形成“把历史放置在特定时空中去考虑”的正确观念。

——邢来顺，德国史研究专家
中国德国史研究会会长
华中师范大学教授

以往的历史书写大多是在时间的维度上展开，而本套丛书则将历史置于空间中进行展现，这是历史观念和历史书写上的一种创新，丰富了历史的内涵。

——李宏图，法国研究史专家
中国法国史研究会副会长
复旦大学教授

时间、空间与人，这三个要素齐备，可以定位人类的任何知识，把握历史中种种变化的本源。自古以来，人们对地形、距离、空间、边界、世界的认知，在世界历史的进展中刻蚀出一层一层的标记。“地图说史”丛书凸显了史地不可分的历史学理念，这应是学习历史的正途。

——陈新，中国公众史学领域领军人物
浙江大学教授

……中学历史教师参考丛书备课，既可省却绘制地图之苦，亦可丰富教学内容之助……多年关注中学历史教育……很愿意向大家推荐这套丛书！

——任鹏杰，陕西师范大学基础教育研究院院长
《中学历史教学参考》主编

“地图说史”丛书……开启了以图像叙事和文字叙事互为关照撰写中学历史读本之先河。……图文互释，链接时空；古今贯通，领悟真谛。“地图说史”丛书的多样性和多层面，使历史在中学课堂中与我们的直接感知更加呼应、互相衔接。中学历史不再是枯燥的说教，而是亲切的立体的叙事。它正在改变中学历史教学。

——周靖，特级教师，华东师范大学第二附属中学历史特级教师
上海市教育学会中学历史专业委员会副会长

时间与空间就像是人类历史进程的经纬线，缺一不可。发生在特定经纬线交叉点上的重大历史事件，与出现的重要历史人物，往往会改变与影响历史的进程，令后人神往遐想和思绪万千。

——孔繁刚，上海中学历史特级教师
全国历史教研会学术委员会委员

历史发生在特定的时空中，没有地图的历史显然是苍白无力的。这套书有图有趣有真相，是爱好历史的人士必读之书。

——王雄，扬州中学历史特级教师
江苏省首届教授级中学高级教师
扬州市历史学科带头人

时空观念是历史学科的核心素养之一，古人即有“左图右史”之说。历史地图是历史事实形象生动的表现形式，既是知识成果的载体，也是教学的工具，利用历史地图进行历史教学，有利于学生形成准确的空间概念，加深对所学知识的理解。“地图说史”丛书具有简洁明快、化繁为简、直观形象等特点，清晰明了地把某些复杂难懂的历史事件、历史概念和历史结论生动活泼地阐释清楚，并揭示其内在本质，激发学生的学习兴趣，使学生产生深刻的印象，教师在操作时也可信手拈来，简便易行。对于中学师生培养必需的世界历史素养而言，这是一套难得的佳作。

——徐贵亮，安徽省教育科学研究院副院长
历史教研员，特级教师

目录

地图目录

1. 古希腊文明的地理范围

古希腊有着悠久的历史，希腊文明在不同时期所覆盖的地理范围有着巨大的差异。我们所要讲述的历史，肇始于公元前两千年左右的爱琴文明，终结于公元前1世纪，所覆盖的地理范围也发生了一定的变化。但大体而言，最代表古希腊文明的地域还是相对固定的。

希腊文明的中心在爱琴海沿岸和海中的诸岛，重中之重是爱琴海西岸的巴尔干半岛及其周边岛屿。这里诞生了希腊文明的先驱——米诺斯文明及其后继者迈锡尼文明，还有我们最为熟知的希腊城邦——雅典和斯巴达，最能代表古希腊文明特征的古典文明也生长在这片土地上。我们将直接称这里为"希腊本土"。让我们对照着地图，来看一看这片神奇的土地。

希腊本土最南端是伯罗奔尼撒半岛。半岛大致分为东部的阿尔戈利斯地区、南部的拉科尼亚地区和美塞尼亚地区、北部的阿凯亚地区和中部的阿卡迪亚地区，最著名的城邦是斯巴达，其次是阿尔戈斯。半岛通过窄窄的科林斯地峡与阿提卡相连。地峡东西两端分布着两个重要的国家，麦加拉与科林斯，其中麦加拉与阿提卡接壤。阿提卡地区只有一个城邦，那就是"光荣"的雅典，人类历史上最群星闪耀的城市。阿提卡以北的彼奥提亚地区，是希腊本土较适宜农耕的地区，也是古希腊著名的农民诗人赫西俄德的故里。该地区最大的城邦就是著名的特拜（又译作底比斯）。彼奥提亚再往北分布着埃托利亚、弗吉斯和色萨利诸地区。其中色萨利地域广大，著名的奥林波斯圣山就高耸立于此。色萨利西面是伊庇鲁斯，居住着多多那人，北面是马其顿，当地居民为马其顿人。

希腊本土之外的古希腊地域都是在希腊人的历次殖民活动中逐步

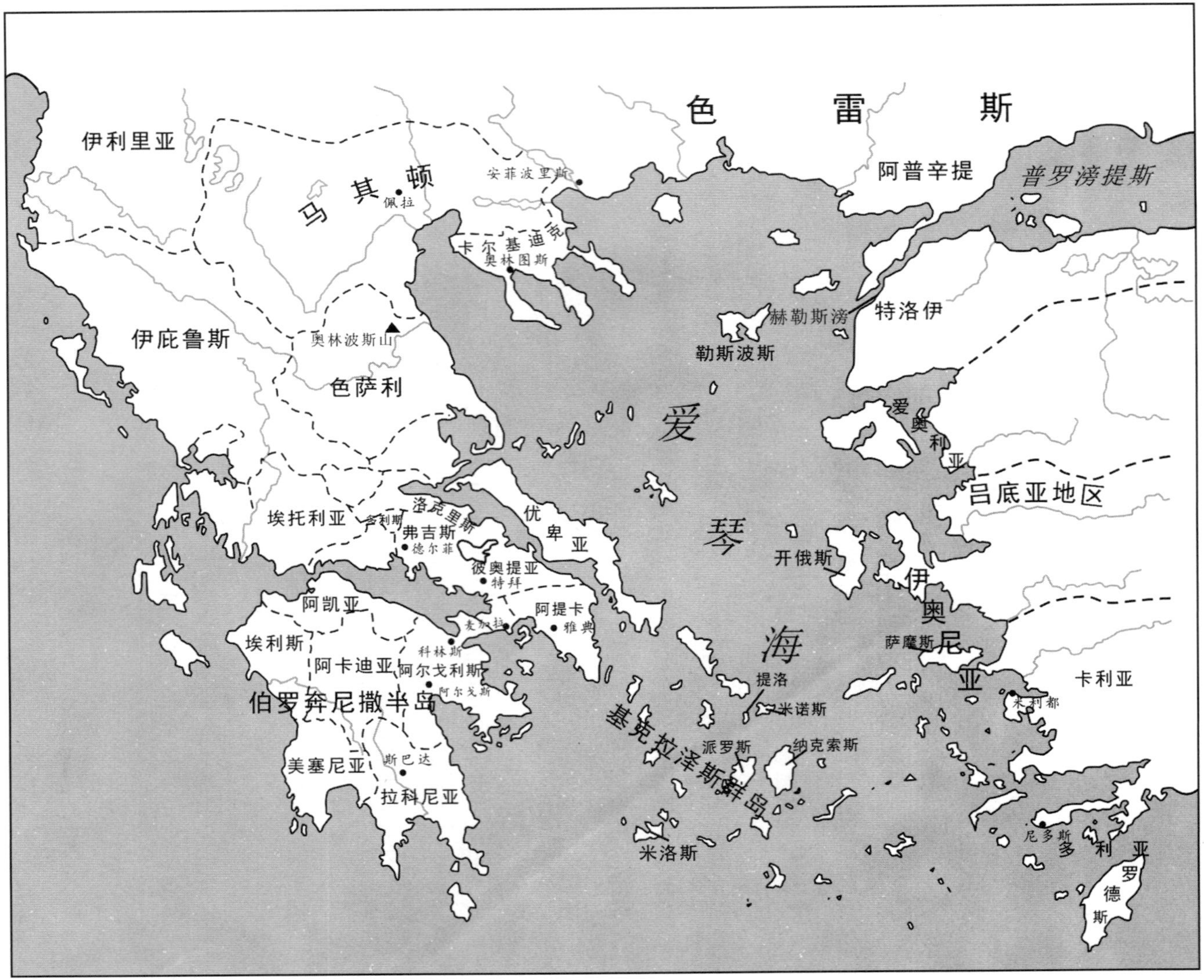

图 1－1　古希腊文明的地理范围

形成的，它们各自的形成时间我们在后面介绍各次殖民浪潮时还会详细谈及。这里先让我们首先熟悉一下几块主要的殖民地域吧。

与希腊本土隔海相望的是小亚细亚。在波斯帝国极盛时期，小亚细亚沿岸隶属于波斯的行省。但早在波斯帝国兴起之前，希腊人就在这里殖民，并建立起了许多城邦，其中较著名的是米利都——第一位哲学家泰勒斯的故乡。值得一提的是，“历史之父”希罗多德也是小亚细亚的希腊人。另外，小亚沿岸的诸多岛屿也大多被希腊人占据，较为著名的有罗德斯、萨摩斯、开俄斯和勒斯波斯。这些殖民地，从南到北，大致可以分为多利亚、伊奥尼亚和爱奥利亚三个区域，分别被希腊人中的多利亚人、伊奥尼亚人和爱奥利亚人殖民。这三个族群相互之间只在语言和宗教上小有差异，使用自己的方言，追奉着各自的名祖，但总体来说，共性大于个性。伊奥尼亚人与雅典人同宗同族，故而当他们在希波战争前向雅典人求援时，后者会立即伸出援手。

小亚细亚和希腊本土之间夹着许多海岛，星罗棋布。这些海岛相距并不远，所以即便在古代航海技术并不发达的情况下，希腊的海员仍能够横渡爱琴海，从阿提卡直航罗德斯。这些岛屿中，较为著名的有提洛岛、米洛斯岛、派罗斯岛和纳克索斯岛。克里特岛距希腊本土较远，故不在地图 1－1 中，但我们很快就将在下一节见到它的风姿。在阿提卡的东面是优卑亚岛。该岛面积较大，距离阿提卡又近，对于雅典的政治和经济都极为重要。

爱琴海的北岸是色雷斯。在古典时代，色雷斯人是不折不扣的蛮族，对于希腊文明没有直接贡献。但是色雷斯沿岸却分布着许多希腊人的殖民城市。这些城市往往有着重要的战略意义。比如史家修昔底德就是因为救援位于色雷斯的安菲波里斯不力而被雅典人放逐的。色雷斯东临马尔马拉海和黑海（它们当时分别被称为“普罗滂提斯”，即“前海”，和“攸克星海”，意为“好客海”）。黑海沿岸也分布着一些希腊城邦，虽然数量不多，但是意义重大。由于希腊本土土地贫瘠，粮食大多从外地进口。黑海沿岸便是希腊重要的粮仓。为了保证粮食运输通道的安全，希腊人在马尔马拉海海口，即现在的达达尼尔海峡处建了很多殖民城邦，以至于当时该海峡名为赫勒斯滂，意为“希腊人之海”（Hellespont，

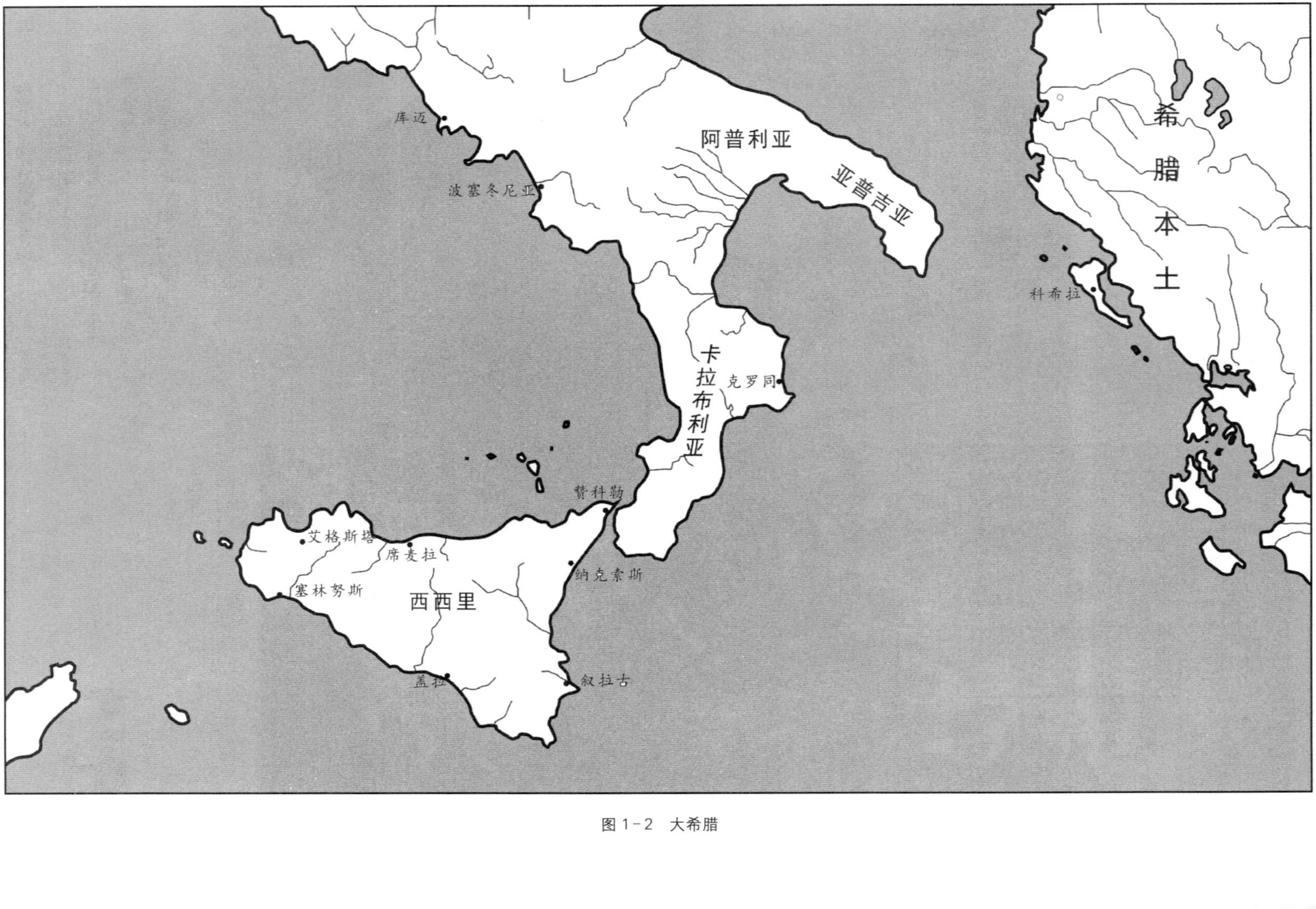
库迈
波塞冬尼亚
阿普利亚
亚普吉亚
卡拉布利亚
克罗同
赞科勒
艾格斯塔
席麦拉
纳克索斯
塞林努斯
西西里
盖拉
叙拉古
科希拉
希腊本土

图 1-2　大希腊

Hellas 希腊，pont 海）。

但希腊人的足迹不仅仅限于爱琴海周边。在地中海的中部乃至西部都有希腊人的殖民城邦。如地图 1-2 所示，希腊本土离意大利南部，尤其是意大利半岛的“鞋跟”并不远。在大殖民时代，希腊人在这里建立了很多城邦，以至于罗马人将这一地区称为“大希腊”（Magna Graecia）。“大希腊”地区最著名的城邦莫过于西西里岛上的叙拉古了。西西里岛地理位置十分特殊，处于东地中海和西地中海的分界线，是东西交汇之地。公元前 415 年，西西里岛上的艾格斯塔（Egesta）向雅典求助，雅典远征西西里，结果大败而归。为求自保，艾格斯塔转而向地中海西部的大邦迦太基求助，迦太基应允。如此蕞尔小邦，居然能接连请来两大海上帝国为自己出兵，不是因为艾格斯塔多有号召力，而是因为该地的战略位置太重要。后来罗马人和迦太基人开战，西西里也是冲突之源。大希腊以西也零星分布着一些希腊城邦，例如法国的著名港口马赛（参见图 6），最初便是希腊人的殖民地马赛利亚。但西地中海的希腊城邦数量少，对希腊历史发展影响不大。

到了希腊化时期，希腊人的殖民城邦遍布亚历山大大帝所征服的地域，那些原本非希腊的地域和文明也被希腊化了，以至于一向以恪守传统著称的犹太人都深深地染上了希腊的习俗。当罗马人第一次接触到这个神秘的民族时，双方的外交用语不是拉丁语也不是希伯来语，而是希腊语。《新约圣经》也是用当时的希腊普通话写成的，《圣经》中所称的“外邦人”，直译过来便是“希腊人”。对于这样的地区，我们就不详述了。

总而言之，古希腊有着较为统一的地理特点。最显著的有两点，一是多山，二是多港口和岛屿。多山使得地区间交通不便，独立性强，城邦成为最流行的政治模式，难以实现统一，这也培养了希腊人独立的性格。众多的港口和岛屿使得希腊人较为乐意向海上探险，这培养了他们的勇敢探索精神。但是，多山的地形也使得希腊土地贫瘠，可耕地面积少，著名的地中海气候则让这里的夏季日照强烈、天气炎热干燥，冬季湿润并伴有大量雨水。这对于一个农业文明，无疑是巨大的弊端。但正如希腊人所言，卓越出自艰辛，在随后的章节中，我们将一起在地图的指引下，欣赏他们出自艰辛的卓越。

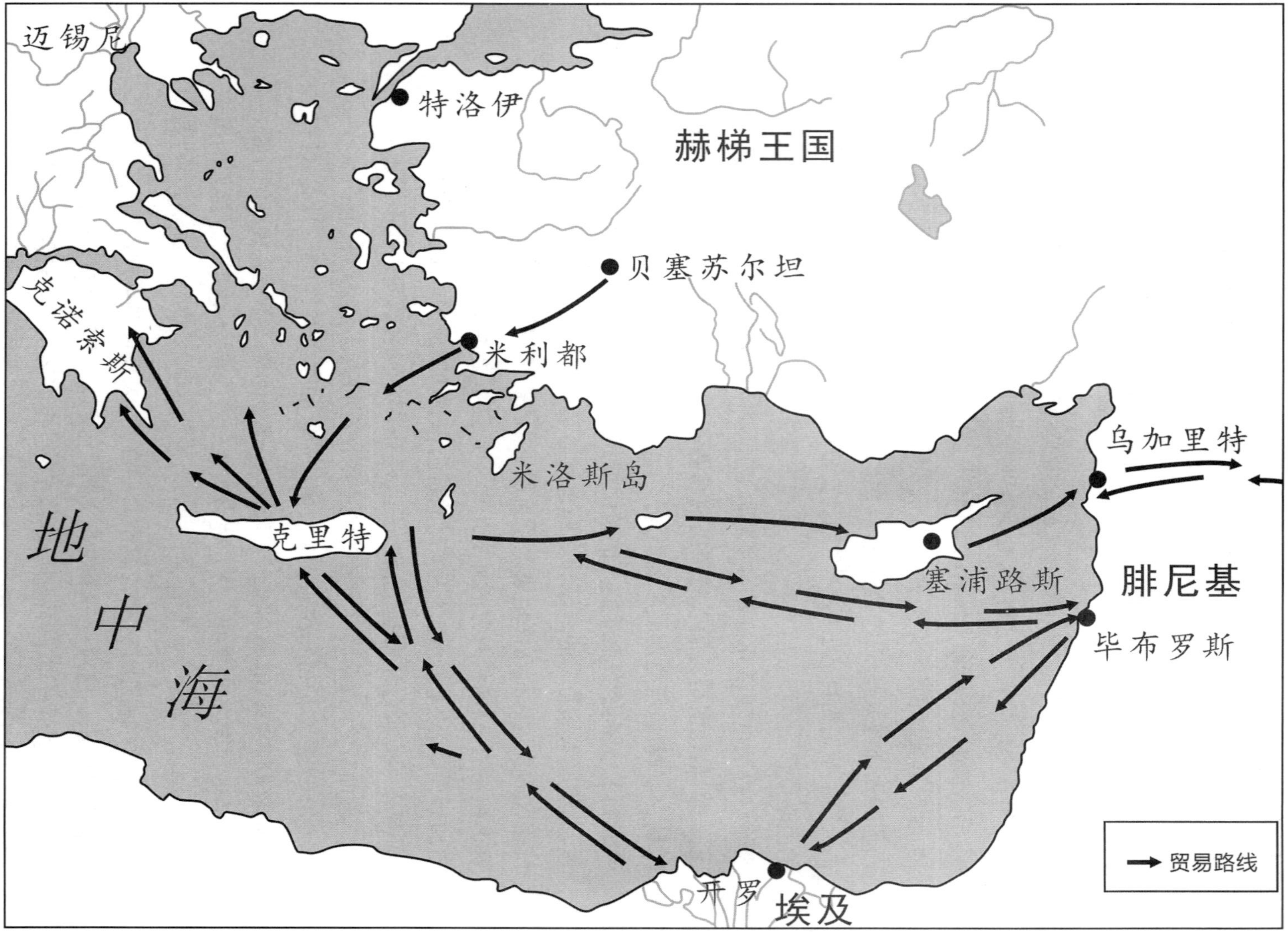

图2-1　克里特岛的地理位置

2．克里特岛的宫殿

克里特岛是希腊文明的先驱米诺斯文明的发源地。它之所以是欧洲最早步入文明的地区，与自身的地理位置有着密不可分的关系。

让我们综合两幅地图来看看它的位置与形貌。克里特岛位于爱琴海的最南端，是整个爱琴海中最大的岛屿。它呈东西走向，长约 260 公里，宽约 60 公里，是一个狭长的岛屿。岛的西岸距伯罗奔尼撒半岛仅约 100 公里，东岸离小亚也仅 200 多公里，与埃及也相距不算甚远。从一开始，克里特岛就与小亚细亚和埃及这两大古文明发祥地保持着密切的联系，最早的克里特岛居民还很有可能就是从小亚浮海而来的。所谓近水楼台先得月，克里特岛正是靠着这样先天的地理优势才先一步迈入了文明的殿堂。开创米诺斯文明的并非希腊人，而是以传说中的克里特岛统治者米诺斯命名的米诺斯人。不过，米诺斯文明对于真正的希腊文明迈锡尼文明产生了深远的影响，因此算得上希腊文明的先驱。

根据考古发掘，大约公元前 2200 年的时候，克里特岛上开始出现最早的大型建筑群。大约公元前 1700 年，岛上发生大地震，将先前的建筑夷为平地。但在这之后，米诺斯人又重新修建了更为恢宏的宫殿。这些以中央庭院为中心，由许多房间组成的建筑群就是后世津津乐道的克里特宫殿。

在所有的宫殿中，最著名者莫过于克诺索斯的王宫。克诺索斯位于克里特岛北岸的中部，靠近希腊本土。公元 1900 年，英国考古学家伊文思在此发现了一个精细复杂的宫殿群，以及书写有线形文字 A 和线形文字 B 的泥版，使得掩埋数千年不为人知的文明得以重见天日。宫殿建筑面积大约 1.2 万平方米，共五层楼，房间数百，墙壁上装饰着多彩的图画，生动鲜艳，仓库内还摆放着一排排花瓶样式的储油(橄榄油)罐。

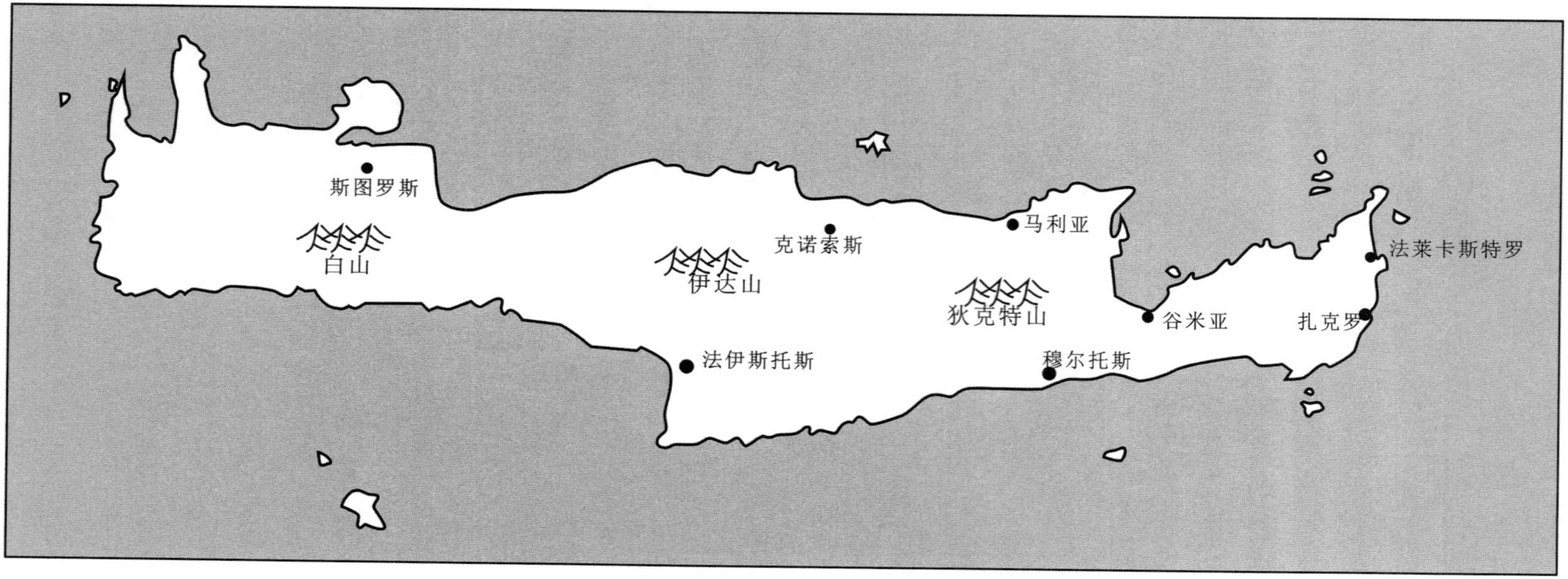

图2-2　米诺斯文明时期的克里特岛

虽然克诺索斯宫殿的壁画生动活泼，夺人眼球，但更能反映其本质的是仓库里那些储油罐。根据伊文思的测算，克诺索斯宫殿中储油罐总的容量为1.9万加仑，远远超出王宫的日常所需。研究者普遍认为，克里特当时的经济模式应当是与两河流域存在过的宫殿经济相差无几的，都是以王宫为中心。王宫管理着周围的大片土地，同时又领导着国家的经济、军事和宗教生活。它的主要职责是在大型仓库囤积各式各样的商品，然后再将手中的资源进行再分配。不过，克诺索斯的王宫并不是当时克里特唯一的政治和经济中心，在它之外，还有若干王宫，如法伊斯托斯、马利亚、斯图罗斯、穆尔托斯、谷米亚、法莱卡斯、特罗和扎克罗，统领着周围的地区，并积极开展航海贸易。可以说，克诺索斯只是当时米诺斯文明的一个缩影。

这种以王宫为中心的经济模式使得日常管理变得极为复杂，记账成为王宫经济必不可少的活动。为了记清楚每一笔账目，米诺斯人发明了文字，即上文所提到的线形文字A。在希腊本土与克里特岛隔海相望的迈锡尼人根据线形文字A发明了自己的文字——线形文字B。线形文字B是希腊语最古老的书写方式，迈锡尼也是最早步入文明的希腊地区。

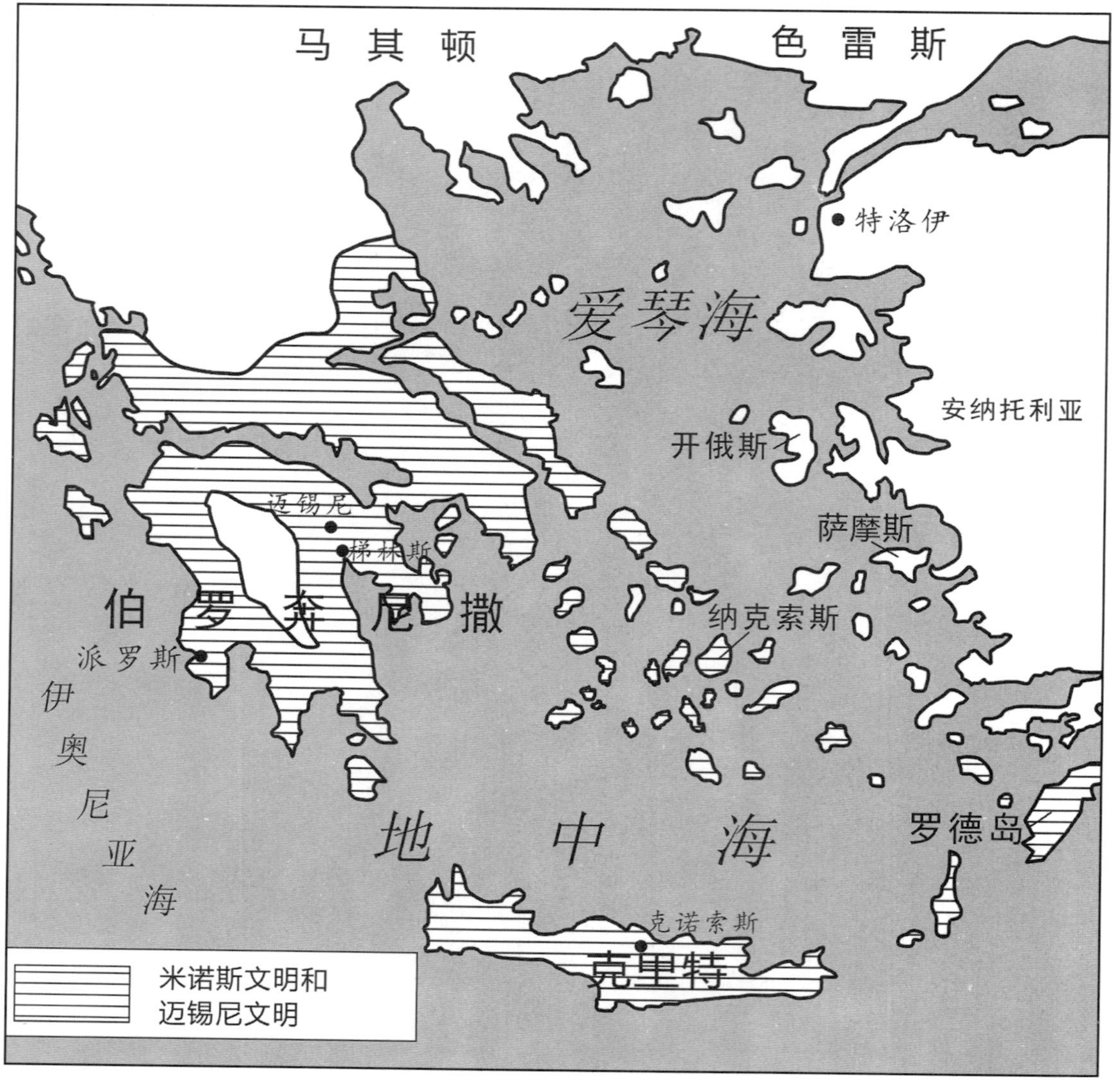
马其顿
色雷斯
特洛伊
爱琴海
安纳托利亚
开俄斯
萨摩斯
迈锡尼
梯林斯
伯罗奔尼撒
派罗斯
纳克索斯
伊奥尼亚海
地中海
罗德岛
克诺索斯
克里特
米诺斯文明和
迈锡尼文明

图3　迈锡尼文明

3．迈锡尼文明

迈锡尼文明是希腊人最早建立的文明，存在时间大约是从公元前1600至前1000年。之所以管它叫迈锡尼文明，是因为德国考古学家谢里曼最早在迈锡尼发现该文明的遗迹。这个谢里曼，和他的发现一样，都很有几分神奇。他并不是专业考古学家，但却有着惊人的天赋，通过自学掌握了好几门现代欧洲语言，还自学了拉丁语和古希腊语。他坚信《荷马史诗》讲述的故事是真实的。根据史诗的指示，1870年，他成功挖出了传说中的特洛伊城。1876年，他开始着手挖掘远征特洛伊的希腊联军领袖阿伽门农的迈锡尼城，挖到宝藏不说，还用铁锹掘出了一个长久以来不为人知的文明。

迈锡尼城最显著的标志就是狮子门。这威武的城门一直保存到当代，被人当作独眼巨人的功绩。虽然人人都知道这是阿伽门农的城堡，但是几乎没有人相信这里会埋藏有宝藏。谢里曼到这里后，很快就挖出了规模巨大的石墓和陵寝，以及不计其数的金银饰品。这些发现一下子震惊了整个欧洲。

迈锡尼城石墓中的随葬品，无论是青铜短剑还是陶器，多有着明显的米诺斯风格，表明二者之间存在密切的联系。据此，有的考古学家甚至认为，迈锡尼是米诺斯人的殖民城邦，迈锡尼文明从属于米诺斯文明。这种说法乍一看很有道理。如图所示，迈锡尼与克里特岛的克诺索斯可谓一衣带水，最早进入文明的地区也是离克里特岛最近的地区。但另一些专家提出反对意见，认为二者语言不同，政治组织不同，宫殿的形式不同，宗教的祭祀方式不同，更为明显的是，迈锡尼有着狮子门那样威武雄壮的城门，而克诺索斯甚至连城墙都没有。因此，迈锡尼文明应该是一种独立的文明。

1885年,考古人员又发掘了特洛伊战争英雄狄俄墨德斯的梯林斯城,发现该城与迈锡尼极为相似,但同时也有着明显的米诺斯文明的特色。关于两种文明关系的讨论直到20世纪才有了明朗的结果。1939年,考古学家发掘了位于伯罗奔尼撒半岛西南角的派罗斯,找到了与阿伽门农和狄俄墨德斯一同远征的长者涅斯托尔的宫殿,并出土了大量的线形文字B泥版。前文讲到,克诺索斯也出土了一定数量的线形文字B泥版,而当时人们并不能释读线形文字B,所以就理所当然地认为,线形文字A发展出线形文字B,随着米诺斯人占领希腊大陆,线形文字B也随之而来。但是,20世纪中期,英国建筑师迈克尔·文特里斯成功解读线形文字B,使得两个文明的关系发生逆转。文特里斯指出,线形文字B是古希腊文的古老形式,而不是米诺斯人的文字。不是米诺斯人将线形文字B带到了希腊大陆,而是希腊人将线形文字B带到了克里特岛。所以,迈锡尼文明不但不是米诺斯人殖民的产物,反而应该在一定时期的独立发展之后还入主了克里特岛,灭掉了米诺斯文明。至于入侵克里特的时间,目前一般认为是在公元前1400年左右,甚至更早。因为在公元前1370年左右,克诺索斯的宫殿就被彻底毁灭了。也就是说,至少在此之前,迈锡尼人就已占领了克诺索斯。

根据派罗斯出土的线形文字B文献资料,我们对迈锡尼文明的政治运作有了大致了解。的最高领袖为"王"(wanax),其次为军事领袖(lawagetas)。和米诺斯文明相似,派罗斯的经济生产也是高度组织化的,王宫是经济监管的中心,记录所辖地区的经济生产,同时负责征集和分配物资。此外,王宫内还有大量奴隶。

公元前1400至前1200年左右,迈锡尼文明迎来了自己的高峰。在灭掉米诺斯文明之后,迈锡尼文明逐渐发展出了自己的特色。上文提到的迈锡尼城就是这一时期的产物。与米诺斯文明不同,迈锡尼文明的城池有着高大的城墙,一般建在小山上,易守难攻。其宫殿的形式也不同于克诺索斯。迈锡尼文明的宫殿通常是以长方形大厅为中心,厅内放置着巨型火炉和统治者的宝座,用以宴饮、集会和接待宾客。这种建筑形式对于日后的希腊神庙影响深远。此外,在线形文字B中,我们可以看到大量希腊诸神的名字,如宙斯、赫拉、波塞冬和雅典娜等等。

公元前 1200 年之后，迈锡尼文明逐渐衰亡。希腊人的传统说法认为，是多利安人的入侵导致了迈锡尼人的衰落，但现代学者也有人认为，是迈锡尼诸邦之间的争斗导致了文明的消亡。无论如何，公元前 1000 年左右，迈锡尼文明彻底消亡。而希腊的历史又将翻开新的一页，进入所谓的黑暗时代。

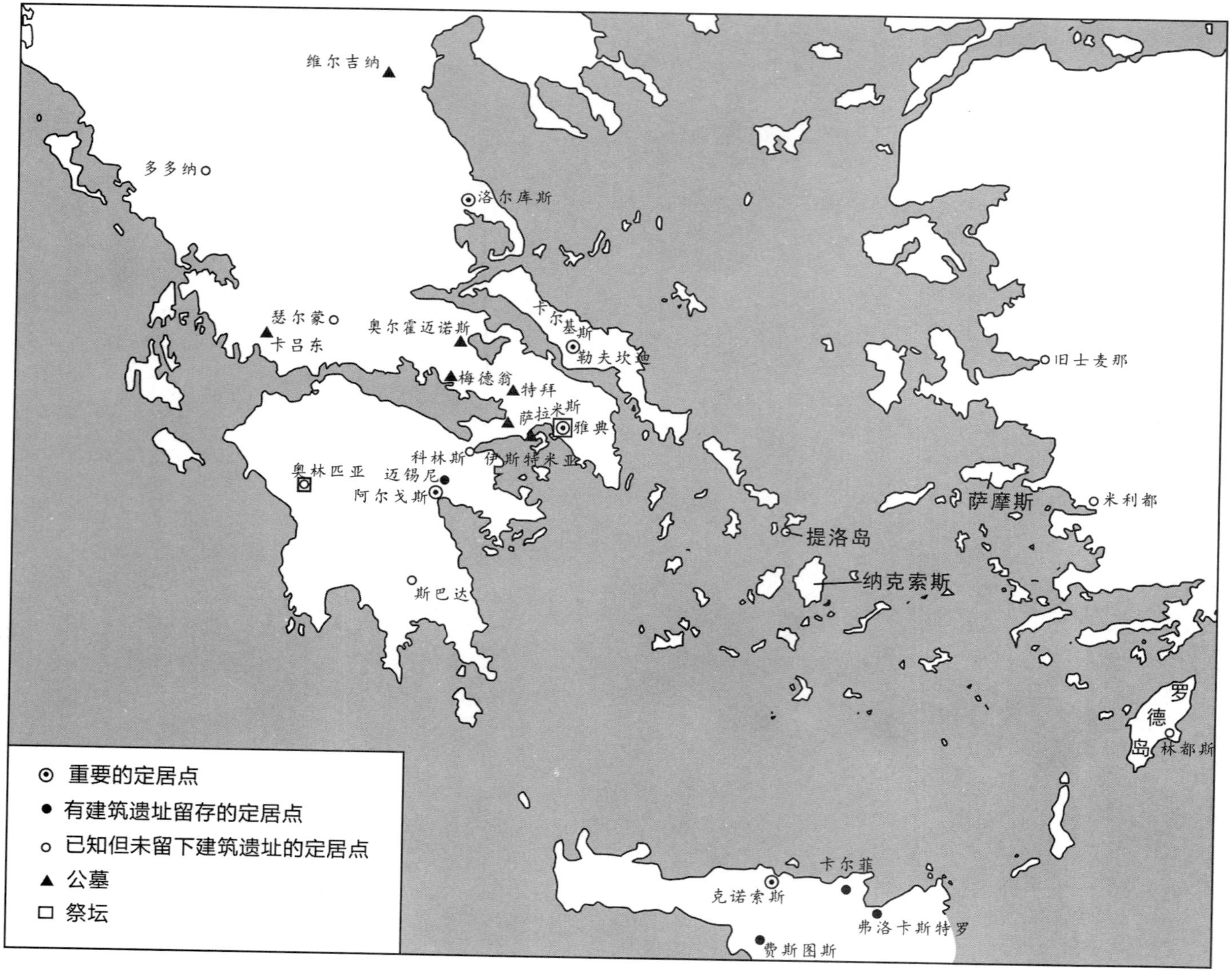
维尔吉纳
多多纳
洛尔库斯
瑟尔蒙
卡吕东
奥尔霍迈诺斯
卡尔基斯
勒夫坎迪
梅德翁
特拜
萨拉米斯
雅典
科林斯
伊斯特米亚
奥林匹亚
迈锡尼
阿尔戈斯
斯巴达
旧士麦那
米利都
萨摩斯
提洛岛
纳克索斯
罗德岛
林都斯
卡尔菲
克诺索斯
弗洛卡斯特罗
费斯图斯
重要的定居点
有建筑遗址留存的定居点
已知但未留下建筑遗址的定居点
公墓
祭坛

图4　黑暗时代

4. 黑暗时代

迈锡尼文明消亡后的公元前1000至前750年左右被称为古希腊的黑暗时代。之所以如此，一是因为在此期间，希腊本土人口锐减，粮食产量下降，城市被遗弃，生活水平大幅下降，二是因为这一时期文字消失，没有书面材料来向我们再现那个时代，对这个时代的认识只能通过考古和后世编订的两部荷马史诗。因此，古希腊文化的黑暗时代表现为物质和文明的双重黑暗。

导致这一灾难的原因是前文提到的迈锡尼文明的衰亡和灭绝。由于迈锡尼文明末期的战乱，人口锐减，大量土地抛荒，使得粮食产量下降，而这反过来又导致人口数量难以增长。没有足够的人口，城市就难以维持。迈锡尼文明衰亡最显著的标志就是像迈锡尼这样的城市被遗弃，人们不再以城市为中心，而是分散成各个小的群落。由于在迈锡尼时代城市就意味着文明，因此，城市的废弃也就意味着文明的废弃。

黑暗时代初期(前1000—前900)，我们再也见不到像狮子门那样高大的建筑，取而代之的是矮小的村屋。狮子门如同高大坚硬的橡木，村屋如同草芥，前者能够给后世留下永恒的印记，后者则易于在时间的长河中湮没无痕。故如图4所示，有建筑遗迹的居住点少之又少，大部分后世著名的城邦，此时留给后人的，要么是墓葬——如特拜和卡吕东，要么是祭坛——如雅典和奥林匹亚，但更多的是什么也没有留下——即便著名如斯巴达和科林斯者亦如是。迈锡尼时代的线形文字B主要是用来记录王宫的收支，一旦王宫不复存在，那么就没有用文字记录账目的必要，文字这一文明的标志也就随之消亡了。

在同一时期，受到如此重创的并非希腊一地。据古代文献记载，两河流域和埃及均遭到不同程度的入侵和破坏。但是，这两个文明根基深厚，较为容易恢复，而动乱导致希腊地区和外部联系中断，无法及时吸收借鉴外来文化，于是走出黑暗的步伐就迈得异常艰辛。不过这也使得希腊人有足够的时间来向内发展，走出一条自己的道路，形成真正的、有别于他者的希腊文化。

事实上，黑暗时代也不是完全黑暗，毫无建树。就在黑暗时代初期，希腊的生产技术取得了某些进步。较为明显的是制陶业的发展和冶铁术的进步。由于陶工使用了一种转速更快的陶轮，所以陶器的形制更为规整。另外，装饰陶器的花纹也有所变化，形成了所谓的原几何风格。另外，虽然希腊人早已经知悉冶铁术，但却迟迟没有大规模应用。黑暗时代初期，由于同近东和埃及的联系断绝，无法获得铜和锡，青铜制造难以为继，希腊人被迫发展冶铁术，利用本地的铁矿来满足需求。考古发掘表明，在公元前 950 年左右，希腊本土的墓葬随葬品都变成了铁器，而不是青铜器。铁器的应用对于希腊意义重大。因为希腊多山，没有美索不达米亚和埃及那样的沃野千里，在青铜时代难以得到大规模的开发。然而铁器却能砍断巨树，劈开顽石。冶铁技术的普及大大提高了希腊人征服自然、发展生产的能力。

在这些技术进步的帮助下，公元前 900 年以后，希腊的生产力逐步得到恢复，人口逐渐增多，粮食生产也上了一个新台阶。这些物质方面的变化都在随葬品上得到反映。与此同时，陶器的纹饰变成了几何风格。虽然原几何风格和几何风格都是以抽象的线条和图案为装饰的元素，但是后者明显比前者更为精细和优美。但是这两种风格之间并没有明显的断裂，这也从侧面说明希腊此时处在平稳的发展阶段。

由于生产力的进步，社会组织也逐渐发生变化。在黑暗时代初期，希腊人的社会组织变得极为原始，但也相对平等。在公元前 900 年之后，社会组织逐渐变得复杂。与迈锡尼文明不同，黑暗时期的希腊是以家庭（oikos）为社会的基础的。若干相互联系紧密的家庭组成一个村社，希腊人称之为德莫（demos）。对村社进行统治的便是荷马史诗中提到的王（basileus）。王不是绝对的统领，甚至一开始并不是统领，只是领导村社成员进行战斗的酋首，兼任某些宗教职能。到了黑暗时代的后期，王的职位成为世袭。不过即便如此，王的权力也极为有限，王之外往往有一批势力不弱的贵族。由他们组成的议会(boule)是王的重要咨询机构。若遇重大事宜,如开战与媾和,王和贵族往往要征求全体成年男性的意见。每逢此时,他们就会在市集(agora)集合,对事情做最终的裁决。但是,这时的政治体制绝不是我们常说的古希腊民主制。

公元前9世纪,希腊同近东的贸易联系逐渐恢复,希腊人开始向外殖民,开展广泛的贸易,希腊各地区之间的联系逐渐加强。公元前800年左右,希腊人从腓尼基引进字母表,加以改造之后,形成一套全新的书写体系,为整个西方文明的发展奠定了基础。在此之前,希腊的文明一直靠口口相传才得以延续,最为著名的口头文学就是两部荷马史诗——《伊里亚特》和《奥德赛》。虽然史诗记载的是发生于迈锡尼文明末期的特洛伊远征,但文中反映了大量属于黑暗时代的社会现象,比如铁器的使用。因此,黑暗时代又被称为荷马时代。公元前8世纪,荷马史诗逐渐形成文字。

荷马史诗所反映的不仅仅有希腊人的经济和社会状况,更反映了希腊人的宗教和意识形态。在史诗中,宙斯、赫拉、雅典娜、波塞冬、阿波罗等希腊人的神纷纷亮相,各显神通。诸神共同构成了希腊人的宗教体系,全希腊的人都敬拜这些不死的神灵,以各种方式纪念他们。另外,史诗中的希腊人各英勇善战,争强好胜,有相对统一的美德(arete)。这些都是希腊人自我身份认同中的重要标志。为了向诸神献祭,同时也为了向世人展示自己的卓越与美德,公元前776年,希腊人在奥林匹亚圣山举办第一届古代奥运会。这一年也是古希腊第一个确切的历史纪年。大约同时,希腊人逐渐走出黑暗时代,进入另一个全新的历史阶段——古风时代。

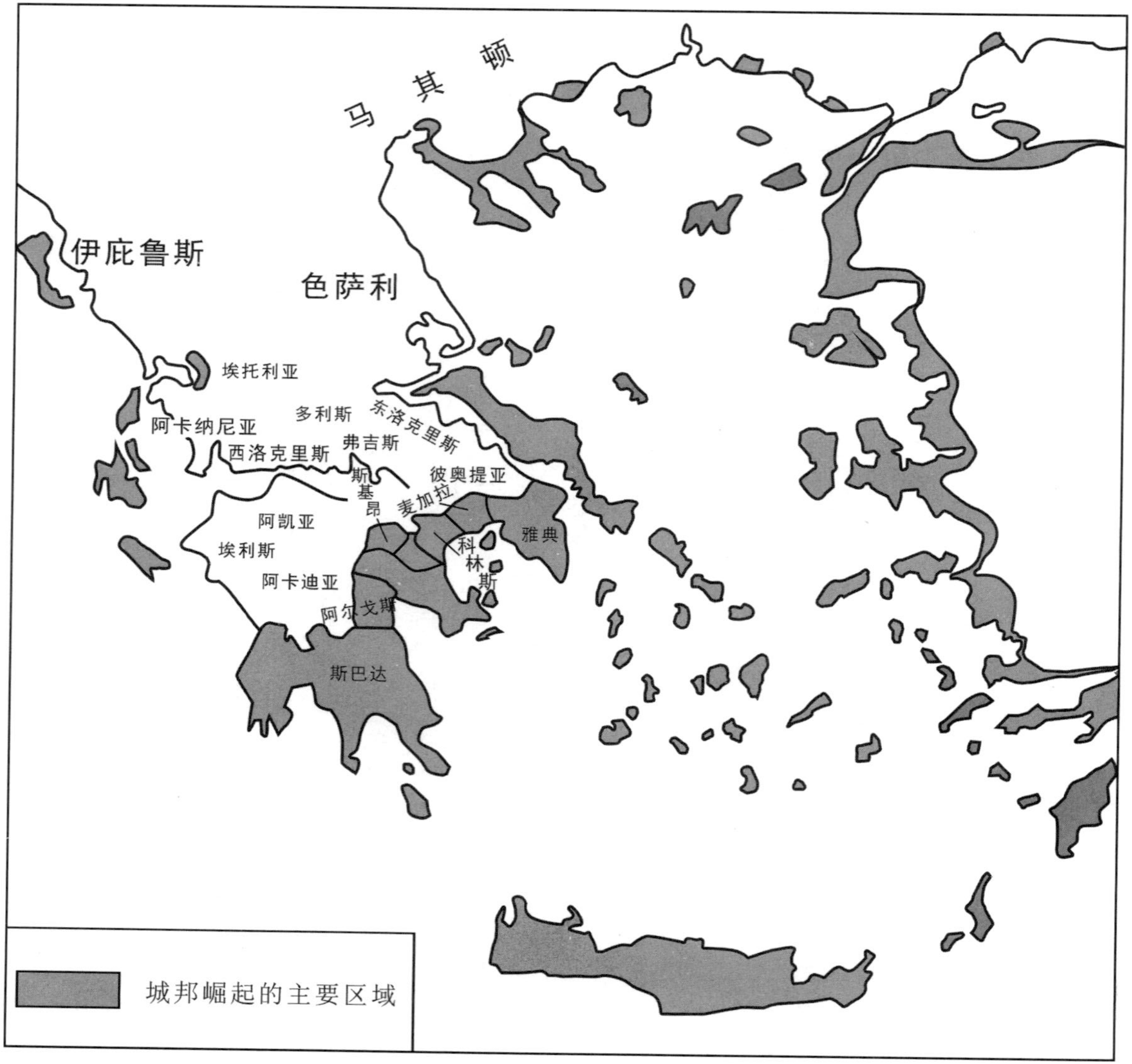
马 其 顿
伊庇鲁斯
色萨利
埃托利亚
阿卡纳尼亚
多利斯
东洛克里斯
西洛克里斯
弗吉斯
彼奥提亚
斯基昂
麦加拉
雅典
科林斯
阿凯亚
埃利斯
阿卡迪亚
阿尔戈斯
斯巴达
城邦崛起的主要区域

图 5　城邦的崛起

5. 城邦的崛起

公元前 8 世纪中期，希腊渐渐走出黑暗时代，开启了全新的历史征程。在这一阶段，最伟大的发明创造莫过于城邦了。

古希腊人的城邦一般以一个城市为中心，附带周边特定区域的农田和村舍，具有独立的政治地位。城邦内的公民，无论居住在农村还是城市，遵从相同的法律，拥有相同的政治权利，接受统一的政府管理，并且往往具有某种宗教上的联系。

不难看出，城邦的某些因素在黑暗时代甚至是迈锡尼时代就已经具备了。迈锡尼时代建在山丘上的城池与古希腊城邦中的卫城在形式上十分相像，某些在黑暗时代未遭受灭顶之灾的城市，如雅典，其卫城的前身便是其迈锡尼时代的王宫。黑暗时代形成的村社(demos)也为城邦的建立奠定了基础。事实上，在古典时代，希腊城邦最基础的行政单位就是德莫(demoi)，而人民则被称为德莫斯(demos)。因此，可以说，城邦就是始于黑暗时期的社会和政治演化的结果。

然而，卫城和村社简单相加并不等于城邦。城邦有别于前者的特征是其统一的政治体制。形成这种政治体制的过程叫作“村镇联合”(Synoecism)。该单词的词根是 oec，即希腊文 oikos，整个单词的意思即是将各个分散的家庭(oikos)整合(syn)在一起。希腊传说中最有名的村镇联合莫过于忒修斯在雅典主持的了。就整个希腊而言，这个过程早在公元前 900 年左右就已经开始，但无疑其高潮在公元前 750 至前 700 年。对于很多规模不大的城邦，这一过程并不复杂，因为当地很可能只有一个城市，农村的居民多。对于地域广大的城邦，统一的过程大多不顺利，甚至还伴随着暴力征伐，如斯巴达。但也有一些地方，始终没有进行村镇联合，一直保持着散居的模式，因此也就没有强有力城邦的崛起。

推动这一过程的大多为当地的王，比如雅典的统一便是由忒修斯完成的。但有意思的是，在完成统一之后，王的权力往往不增反降。在很多城邦，世袭的王位甚至全然消失，只留下“巴塞留斯”（Basileus）的空名。也有少数国家仍保留着世袭的王位，如斯巴达。但斯巴达的国王并非一个，而是两个，且常常互相牵绊。斯巴达国王不是绝对的政治权威，而只是出征时的将领。国家的内政掌握在贵族元老和监察官的手中。总的来说，城邦的政治权利往往为贵族精英所掌握，由他们组成的议会也因此成为国家最高权力机关。城邦的最高长官是执政官，其成员也是清一色的贵族。一个城邦往往有数个执政官，分管行政、军事、宗教和法律等诸项。在雅典，执政官就达九人之多。此外，日常的行政事务也往往不是由一个人完成，而是交给一个数人组成的委员会。在雅典，委员会一般为十人。贵族权力的崛起，不单导致了王权的衰落，还使得由民众组成的公民大会的重要性也相对下降。

古风时代之所以形成城邦，并不是出于贵族的突发奇想，而是由于现实的需要。黑暗时代末期，古希腊生产力发展，粮食产量提高，人口暴增。同时，希腊与外地的贸易增加，各地之间也加强了联系。这一方面使得希腊社会和经济欣欣向荣，另一方面也加剧了各种冲突，尤其是人口与土地的冲突。冲突导致战争。事实上，冲突与战争贯穿整个古风时代。为了能够更为有效地进行战争，希腊人就必须以更为有效地方式组织人力和物力资源。城邦就是这种需求的产物。

人口与土地的矛盾不但促成了城邦的诞生，而且还逼着希腊人去干另一件伟大的事业，那就是殖民。从古风时代初期开始，大量希腊人离乡背井，远涉重洋，在陌生的土地上开垦希望，同时也将城邦这种新型的政治体制带到各地。没过多久，城邦如“雨后池塘的蛙”般布满了各地。

6. 希腊大殖民

古希腊人其实有过好几次大规模的殖民行动，较早的一次是在迈锡尼时代。在这次殖民活动中，希腊人在塞浦路斯和小亚细亚的西海岸建立了众多殖民城邦。而公元前8世纪到前6世纪这次殖民活动中，希腊人的足迹遍布整个地中海，甚至连现在的黑海岸边也有数量不少的希腊殖民城市，这就是我们所说的“希腊大殖民”。到后来亚历山大远征，希腊城邦伴随着军队的征服遍布帝国各处，又掀殖民热浪，推动了大批地区的希腊化。不过这里，我们还是只看看中间这次“大殖民”的情况吧。

造成“希腊大殖民”的原因大致有以下四种：1. 城邦人口急剧增长，耕地资源不足，希腊人被迫新建城邦以解决耕地问题；2. 自然灾害导致饥馑，迫使希腊人到远方寻求生存机会；3. 为扩展海外贸易，希腊城邦会在交通要道建立殖民地，由于当时的航船都是贴着海岸航行，而且天黑后要停靠休整，所以沿着海岸每隔约一天的航程就需要有一座港口；4. 城邦内的政治斗争迫使失败者出走故里，开辟新天地。

一旦确定要进行殖民活动，母邦(metropolis)便会为殖民者指定一位殖民领袖(oikistes)，由他负责组织和领导殖民活动，带领殖民者打败当地土著，并在城邦建立之后以总督的身份管理城邦。在出发之前，殖民领袖都会先到德尔菲去请求神谕，后来与太阳神融为一体的阿波罗，此时最重要的职能是发布神谕和保护殖民活动。殖民城邦建立后，继续使用母邦的法律，保存母邦的宗教崇拜和其他传统，并且一般与母邦有某种特殊关系。

这一时期最早的殖民城市建立于公元前775年，位于意大利西海岸的皮特库赛岛(Pithecusae，今意大利伊斯基亚岛[Ischia])。兴建该殖民城邦的母邦是希腊中部优卑亚岛上的商业城邦埃莱特里亚(Eretria)

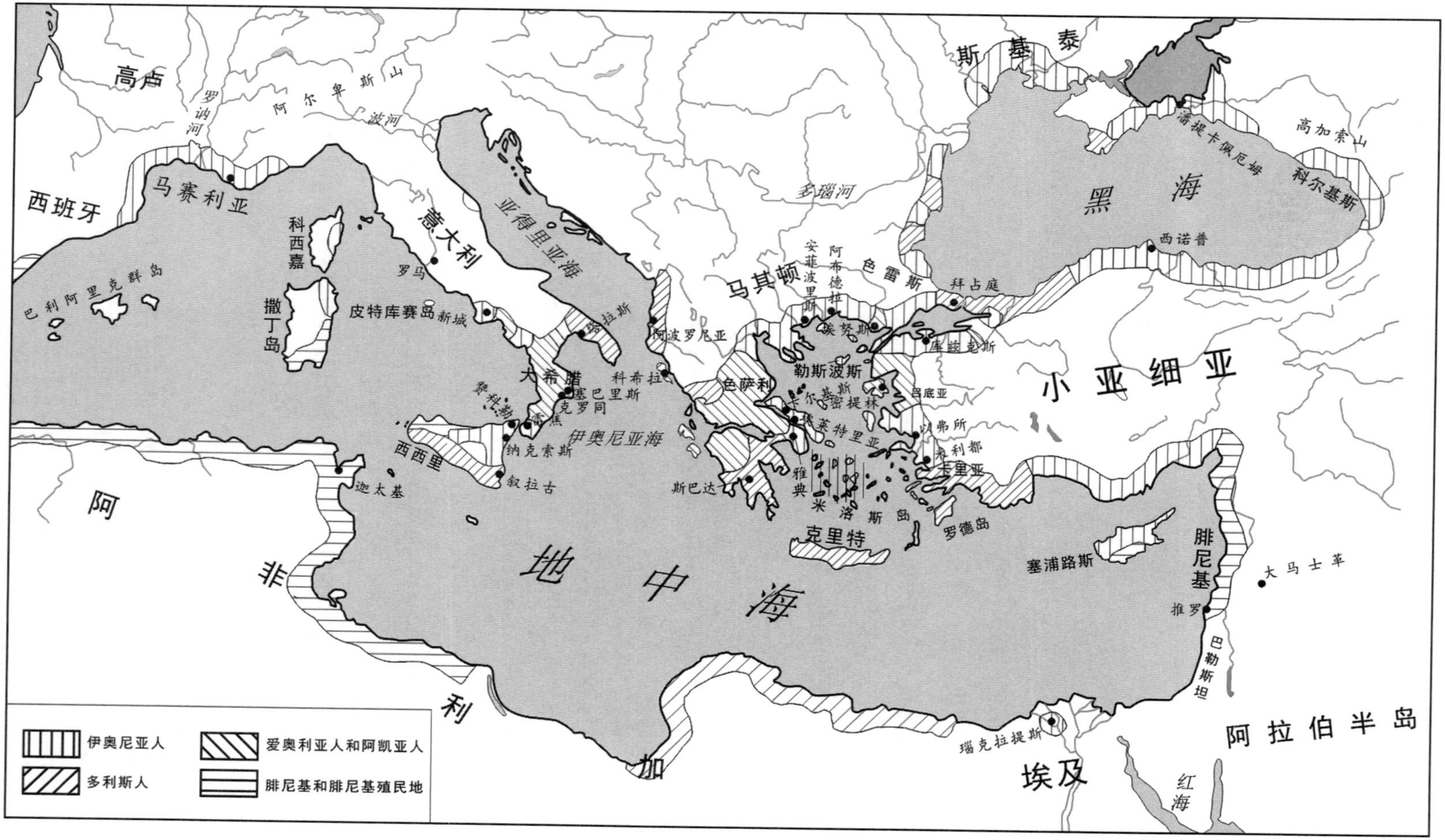
西班牙
高卢
罗讷河
阿尔卑斯山
波河
马赛利亚
科西嘉
撒丁岛
巴利阿里克群岛
罗马
意大利
亚得里亚海
皮特库赛岛
新城
塔拉斯
大希腊
赞科勒
塞巴里斯
克罗同
利基翁
纳克索斯
西西里
叙拉古
迦太基
阿
非
利
加
地中海
伊奥尼亚海
科希拉
阿波罗尼亚
马其顿
安菲波里斯
阿布德拉
色雷斯
多瑙河
拜占庭
黑海
西诺普
潘提卡佩尼姆
科尔基斯
高加索山
斯基泰
色萨利
勒斯波斯
埃努斯
库兹克斯
卡尔基斯
密提林
埃莱特里亚
吕底亚
以弗所
米利都
卡里亚
雅典
斯巴达
米洛斯岛
克里特
罗德岛
小亚细亚
塞浦路斯
腓尼基
推罗
大马士革
巴勒斯坦
阿拉伯半岛
瑙克拉提斯
埃及
红海
伊奥尼亚人
多利斯人
爱奥利亚人和阿凯亚人
腓尼基和腓尼基殖民地

图6 希腊大殖民

和卡尔基斯(Chalcis),其目的是为了扩大与意大利的伊特鲁里亚人的贸易。公元前730年左右,科林斯人在希腊的西北海岸建立了科希拉(Corcyra),正是这座城邦与科林斯的冲突,最终引爆了伯罗奔尼撒战争。此后,科林斯又在附近建立数座殖民城邦。

公元前8世纪30年代,卡尔基斯人在西西里岛东部建立纳克索斯(Naxos)和赞科勒(Zancle),科林斯则建立叙拉古。希腊人在此处建立城邦是因为此处土地肥沃,适宜谷物的生长。基于同样的原因,公元前8世纪末期,希腊人在意大利南部海岸兴建了大量农业殖民城市,主要有雷焦(Rhegium)、塔拉斯(Taras,今意大利城市塔兰托)、赛巴里斯(Sybaris)和克罗同(Croton)。这一批农业殖民城市就构成了我们之前提到的"大希腊"。与此同时,希腊人开始将目光投向盛产谷物、木材、奴隶和金银的色雷斯海岸。他们在那里建立了阿布德拉(Abdera)、埃努斯(Aenus,今土耳其城市埃内兹)和安菲波里斯(Amphipolis)等城邦。

公元前7世纪上半叶,位于伊奥尼亚的米利都将自己的触角伸到了遥远的黑海,几乎垄断了那里的殖民活动,建立了十几座殖民城邦,其中包括西诺普(Sinope)、库兹克斯(Cyzicus)和潘提卡佩厄姆(Panticapaeum)。日后威名赫赫的拜占庭,是由麦加拉在这一时期始创的。7世纪末期,希腊人还将自己的活动范围扩展到了地中海的最西端,并在那里建立数个城邦,其中就包括马赛利亚(Massalia),即现在的马赛港。

公元前6世纪,殖民城市变成大国之间扩张势力范围的工具。希腊大邦通常在理想的军事地点建立要塞性质的殖民城市,以此来保证自己的利益。雅典在这方面表现最为积极。公元前5世纪,雅典更是发展出一种新的殖民方式klerouchiai,即雅典在反叛的属邦附近修建一座军事堡垒,派去雅典士兵驻守,堡垒的性质不再是一座独立的城邦,而是雅典的军事据点,驻守的士兵则继续保留雅典公民的身份。这种殖民地非常类似罗马的军事殖民地。

希腊人的这次大殖民开阔了他们的眼界,扩大了他们的活动范围,发展了经济,增加了人口数量,对于古希腊历史有着重大意义。此外,希腊的殖民活动还将文明的火种带到了四方,促进了落后地区的发展。意大利南部的殖民城邦后来数量众多，被称为“大希腊”。日后称霸地中海的罗马人就是从那里接触到了先进的希腊文明。

然而，就在全希腊都热衷于向外殖民以解决土地问题的时候，却有一个城邦另辟他径，以征服邻邦的方式来扩展自己的国土，这就是斯巴达，下一节就让我们看看它的解决之道。

7. “战士之国”斯巴达

当全希腊都热衷于向外殖民以解决土地问题的时候，却有一个城邦另辟他径，以征服邻邦的方式来扩展自己的国土，这就是斯巴达。

斯巴达之所以采取如此反常的做法解决希腊人共同面对的问题，并不是因为他们天生就与希腊的大传统格格不入，而是因为他们离海不够近。如图 7 所示，斯巴达位于伯罗奔尼撒半岛东南部险峻起伏的山脉之间狭长的拉科尼亚平原上。平原呈南北走向，即便是最近的海港离斯巴达也有相当的距离。而且，这个港口水深浪大，在当时根本不适合停泊和航海。于是，迫于地理条件的限制，斯巴达不得不走上征服邻邦的道路。

根据考古发掘，最初的斯巴达只是四个小村庄。公元前 8 世纪，它首先吞并了南边不远处的阿穆克莱，很快又控制了整个拉科尼亚。为了加强对被征服者的控制，斯巴达将他们大部分降为国家奴隶希洛特，其余少数降为拥有相对自由的经济权利却无权参与政治的边民(perioikoi)。

接着，斯巴达人在公元前 735 年再启战端，向西入侵并吞并美塞尼亚。战争进行了整整二十年，是为第一次美塞尼亚战争。之后，斯巴达人将自己在拉科尼亚的做法照搬到美塞尼亚，把大量的美塞尼亚人变为希洛特，仅有少数人以边民的身份享有很有限的自由。残酷的压迫激起了美塞尼亚人的强烈反抗，斯巴达国内因此一直动荡不安。公元前 7 世纪中叶，美塞尼亚人起义，斯巴达人再次入侵美塞尼亚，第二次美塞尼亚战争爆发。这次战争持续了十年之久。公元前 6 世纪中叶，斯巴达又吞并了东边的基诺里亚和南边的基特拉。

征服和吞并使得斯巴达成为希腊最大的城邦，其国土面积几乎是雅

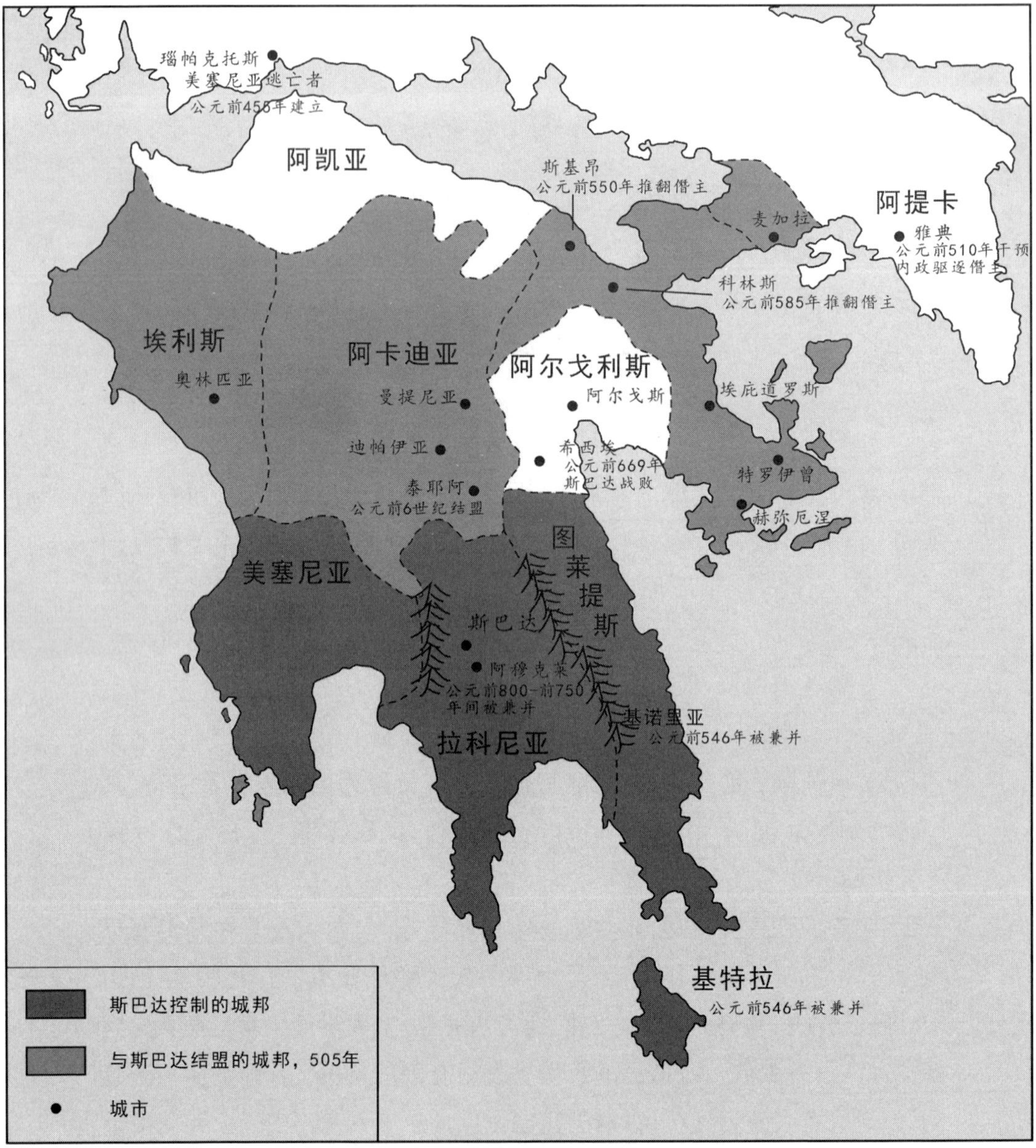
瑙帕克托斯
美塞尼亚逃亡者
公元前455年建立
阿凯亚
斯基昂
公元前550年推翻僭主
阿提卡
麦加拉
雅典
公元前510年干预
内政驱逐僭主
科林斯
公元前585年推翻僭主
埃利斯
奥林匹亚
阿卡迪亚
曼提尼亚
迪帕伊亚
泰耶阿
公元前6世纪结盟
阿尔戈利斯
阿尔戈斯
希西埃
公元前669年
斯巴达战败
埃庇道罗斯
特罗伊曾
赫弥厄涅
美塞尼亚
图
莱
提
斯
斯巴达
阿穆克莱
公元前800–前750
年间被兼并
基诺里亚
公元前546年被兼并
拉科尼亚
基特拉
公元前546年被兼并
斯巴达控制的城邦
与斯巴达结盟的城邦，505年
城市

图 7　斯巴达的征服

典的三倍。此外,斯巴达人还通过联盟拉拢自己所不能吞并的独立城邦,扩大势力范围,保证自己的政治利益在更大的空间上实现。如图 7 所示,至公元前 505 年,除了北部的阿凯亚和东部的阿尔戈利斯得以幸免外,整个伯罗奔尼撒差不多都成了它的地盘。但是,频仍的战乱也使得斯巴达不得不大举改革,以满足现实的需求。传说中,改革是由一位名叫莱库古的英雄完成的,因此被名之为"莱库古改革"。正是这次改革,使得斯巴达成为我们熟知的斯巴达。

根据记载,为了镇压希洛特的反抗,保卫自己的胜利果实,莱库古将斯巴达变成了一个大军营。斯巴达的男人是当时希腊世界仅有的职业军人。他们一出生就接受国家官员的体检,若体检不合格,就有可能遭到遗弃。7 岁的时候,他们被从母亲身边带走接受忍耐力训练。他们不得穿鞋,四季只能穿同样的衣服,晚上就睡在自己编织的芦苇席上。为了锻炼他们的机敏,他们被鼓励去偷窃食物。若是失手,则遭受重罚。此外,他们还会遭受鞭打,以提高对疼痛的忍耐力。14 岁后,他们就开始接受初级的军事训练。20 岁后,他们正式加入军队。虽然他们此时也能够结婚,但是直到 30 岁,他们都不能住在家里,必须全天候待在军队中。在军队中,每一个斯巴达人都必须参加一个名叫"菲迪提亚"的公民社团,每团 15 人,平时共餐共寝,一起操练,战时并肩作战,同生共死,直到 60 岁正式退役。为了培养合格的战士,斯巴达人还对妇女进行相当的训练。不同于希腊其他诸邦的女子,斯巴达的女子并不被束缚在室内,而是能和男子一样在室外进行体育操练,甚至能参加运动会。她们所要承担的最重要的责任就是生育健康的后代,此外的一切约束皆可放宽。

斯巴达还有着独一无二的政治体制。斯巴达保存着世袭的王位,但不是一个,而是两个。两位国王地位平等,战时,双王中的一位担任军事领袖,另一位留在国内领导内政,平时,他们共同行使某些宗教职权,行使司法职权,合作之外也相互竞争。双王之外有一个元老院(gerousia),由两位国王和 28 名贵族组成,共 30 名。从这个意义上讲,斯巴达的王并不是凌驾于贵族之上的权威,而是贵族中的"老大"。元老院的其他成员由公民大会通过呐喊选出,谁得到的呼声高,谁便当选。

元老院享有一定的司法权力。但真正握有国之重权的机构是五位(后增至七位)监察官(ephors)。监察官平时负责监督国王,主持召开公民大会和元老会。如遇战争,其中两位监察官会随国王出征。他们也是公民大会通过呐喊选出的。斯巴达的公民大会相对比较弱小,除了能通过呐喊表示自己的态度外,不能发表任何意见。

之所以要建立如此严密的制度来对付希洛特,一方面是因为希洛特对斯巴达十分重要。美塞尼亚被攻占之后便被分成9 000份,每一个斯巴达男人在还是婴孩时便获得一份地,以及附属在土地上的希洛特农奴。此后,他一生所需的物产就要靠这块地了。可以说,希洛特就是斯巴达制度的基础,若没有希洛特,便也没有了“战士之国”斯巴达。另一方面是因为希洛特的人数比斯巴达人多太多。据古典史家的记载,战场上的每一个斯巴达人都有七个希洛特为自己打下手。然而,斯巴达人却数量有限,且不断减少(主要是因为战争)。于是,久而久之,由于没有足够的人力,到了一定历史阶段,斯巴达的制度就难以为继了。

但这都是后话了,在古风时代,斯巴达像初升的朝阳,靠征服和严苛的军事训练,一跃成为伯罗奔尼撒半岛乃至整个希腊最强大的国家。在未来相当一段时间内,斯巴达都会是希腊当仁不让的霸主,直到它最大的敌手雅典通过战争与改革崛起为帝国。

8. 梭伦改革

雅典变得强大，成为我们所知的那个辉煌雅典，也不是一蹴而就的，而是在数次改革的基础上，在几代政治家的励精图治之后，慢慢积累而成的。出身雅典贵族的梭伦（约公元前638—前559）于公元前6世纪初年在雅典进行的政治改革是雅典走向强大的起点，为雅典的民主制奠定了基础。

在梭伦改革之前，雅典和其他希腊城邦一样，政权为国内世袭贵族所把持。这些贵族同时还拥有大片的土地，是城邦最富裕的阶级。与其他城邦一样，贵族在政治上的垄断和经济上的压迫使得雅典国内的矛盾逐渐激化。为了解决矛盾，避免雅典某个强权人物在受压迫者的支持下推翻贵族制、建立僭主制，走上其他城邦的道路，雅典的贵族和平民于公元前594年推选梭伦做个人调停官进行改革。

当时的矛盾主要有两种。较为激烈的矛盾是居住在雅典城郊的佃农与地主之间的矛盾。有些农民由于年景不佳或经营失败，便要向地主借债。当时的法律允许公民用人身作为债务抵押。佃农一无所有时便拿自己或者亲人的人身作为债务的抵押，若不能归还债务，则被抵押者失去人身自由，沦为债务奴。根据当时文献的记载，债务奴隶相当泛滥，有些雅典人甚至被卖到了海外，忘记了希腊人的语言。雅典还有一种被称为“六一汉”（hektemoroi）的农民，其收成的六分之一都要上缴地主。此外，雅典农民的田地也大多被抵押。

另外一种矛盾是城市中的中产者与贵族之间的矛盾。当时的雅典，城市中产者在陆战中充任重装步兵，其财富也逐渐积累，在军事和经济方面发挥越来越重要的作用，但是城邦的政治权力和司法权力仍旧为出身少数古老家族的贵族所把持。这导致城市中产者的普遍不满。

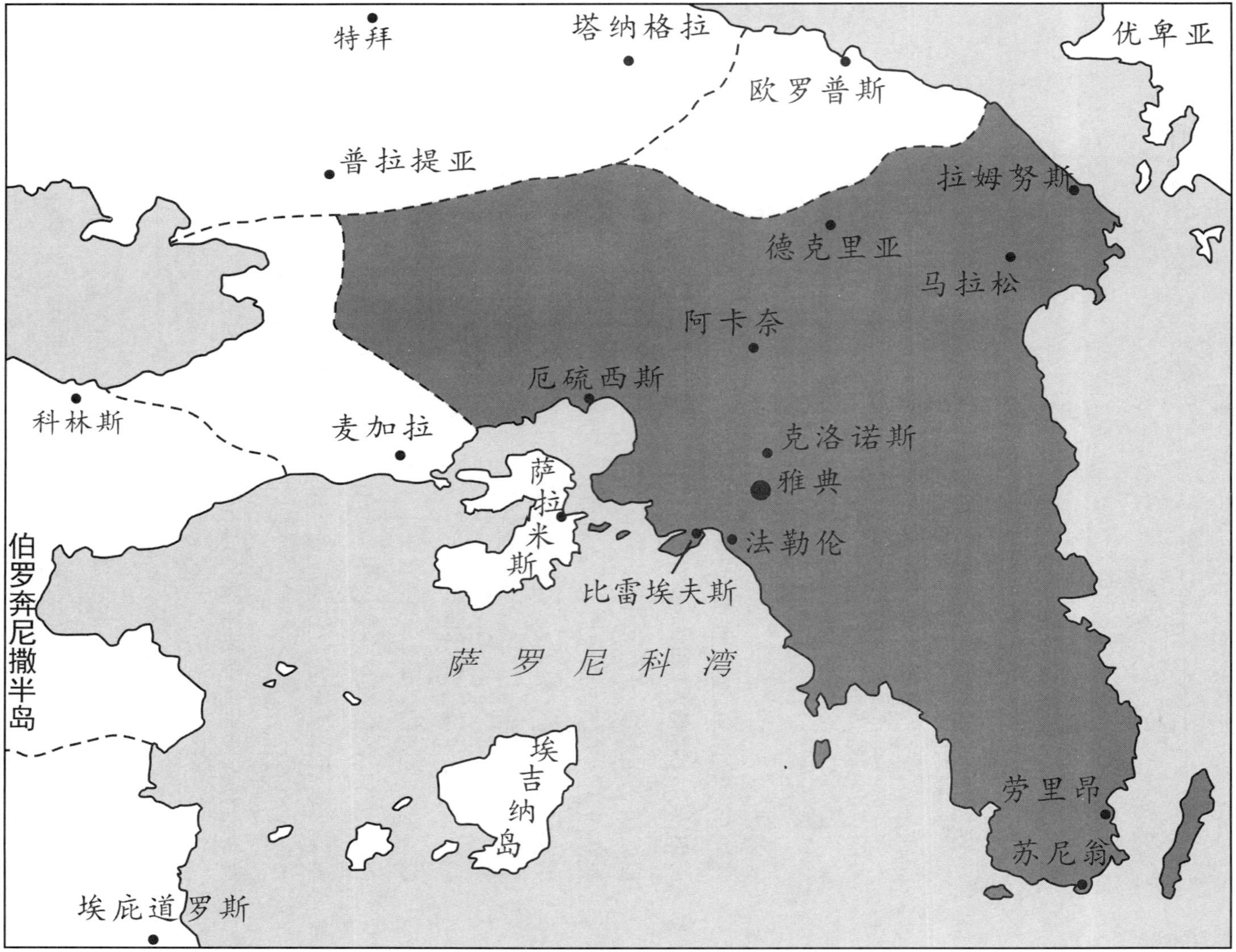
特拜
塔纳格拉
优卑亚
欧罗普斯
普拉提亚
拉姆努斯
德克里亚
马拉松
阿卡奈
厄硫西斯
科林斯
麦加拉
克洛诺斯
雅典
萨拉米斯
法勒伦
比雷埃夫斯
伯罗奔尼撒半岛
萨罗尼科湾
埃吉纳岛
劳里昂
苏尼翁
埃庇道罗斯

图 8-1　阿提卡

针对第一种矛盾，梭伦废除了债务奴隶制，规定雅典公民不得以人身作为债务的抵押。同时，梭伦释放了债务奴隶，废除了与人身有关的债务。但是，作为希腊七贤之一的梭伦并没有将改革激化，而是坚守着希腊人的一句箴言——凡事勿过度。当时的下层希望梭伦能够废除所有的债务，并重新分配土地。梭伦深知这些过激的措施会动摇城邦的根基，不加采用。但同时，梭伦为了国家的长远发展，一方面鼓励雅典人种植有经济价值的橄榄和葡萄，一方面以提供公民权的优厚条件吸引有手艺的外邦人定居雅典。这两项措施为雅典的长远发展提供了动力。

针对第二种矛盾，梭伦进行了较大的政体改革（参见图 8－2）。首先，梭伦废除传统的以血缘划分阶级的做法，改而用公民所占有的财产的多寡来划分。这意味着贵族世袭的政治特权被打破，也意味着阶层的流动成为可能。梭伦将公民分为四个等级，分别是五百斗麦级（pentakosiomedimnoi），所拥有的财产在五百斗麦以上；骑士级（hippeis），所拥有的财产在五百斗麦和三百斗麦之间；牛轭级（zeugitai），所拥有的财产在三百斗麦和二百斗麦之间；日佣级（thetes），财产在二百斗麦以下。除此之外，梭伦还设立两个新的机构——四百人议会（boule）和公民法庭（heliaia），其中前者负责为公民大会准备议案，后者则为上诉法庭，可受理所有公民的上诉。

这四个阶层分别有相应的政治权利。如图所示，第一和第二等级的公民有权参选执政官，任期一年。执政官卸任后直接进入战神山议事会（Areopagus）。雅典共有四个部落（phylai），每个部落前三个等级的公民有权通过抽签的方式选取一百人进入四百人议会。四个阶层的公民皆有权参加公民大会（Ekklesia）和公民法庭。在此之前，由卸任执政官组成的战神山议事会执掌雅典的司法权和立法权。梭伦将立法权转移到公民大会，并设立四百人议会来准备公民大会的预案。此举剥夺了战神山议事会的立法权，将立法大权置于比较广泛的民众手中。在梭伦改革之前，由贵族组成的战神山议事会充满了贵族的偏见，很少理会平民的司法请求，所做的裁决也有失公正。公民法庭的成立使得战神山议事会的判决不再成为唯一的权威，任何公民都有权就自己的案件向公民法庭提出上诉。由于公民法庭由四个阶层的公民共同组成，尽可能代表了

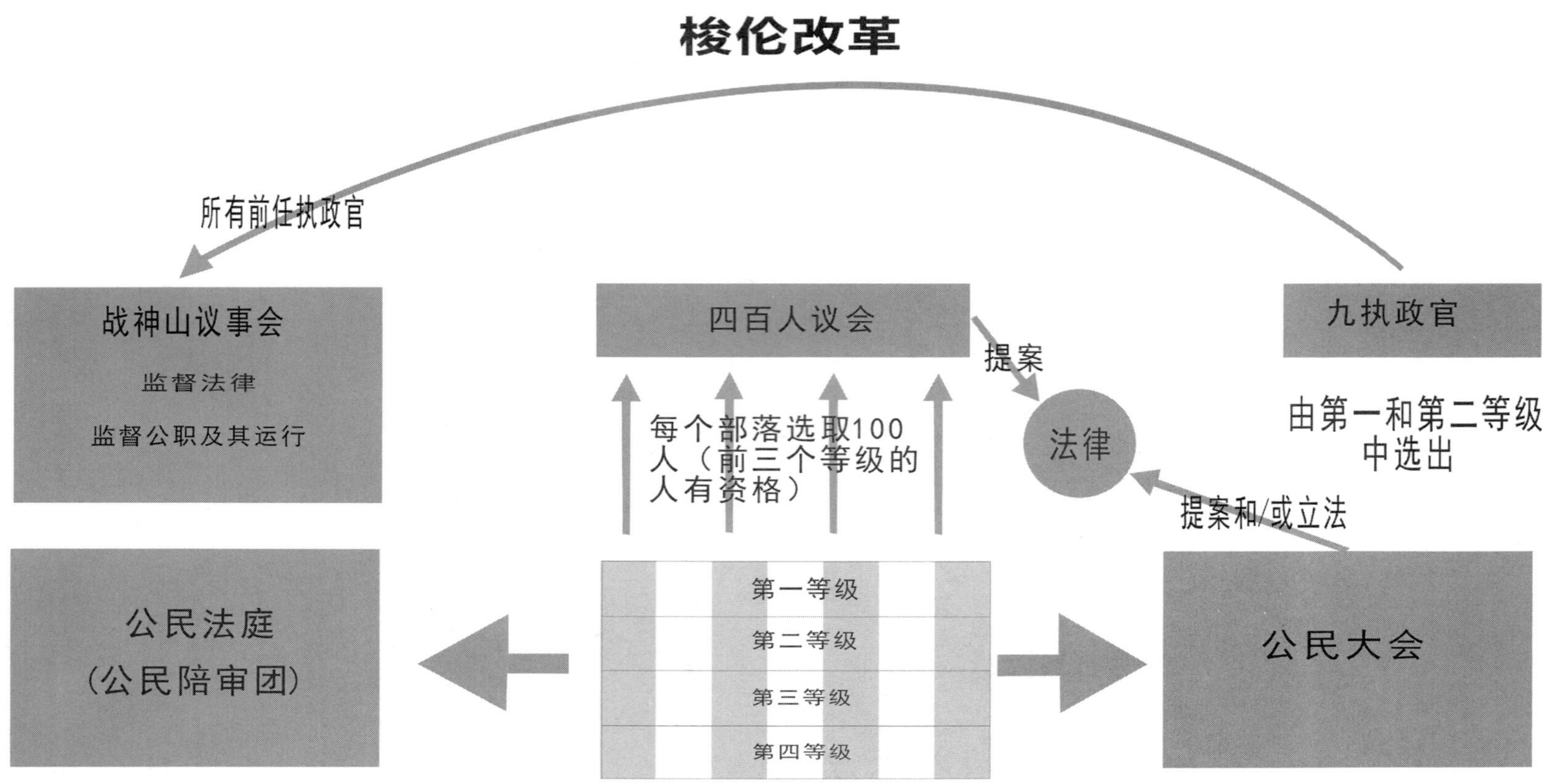
梭伦改革
所有前任执政官
战神山议事会
监督法律
监督公职及其运行
四百人议会
提案
九执政官
每个部落选取100人（前三个等级的人有资格）
法律
由第一和第二等级中选出
提案和/或立法
公民法庭
（公民陪审团）
第一等级
第二等级
第三等级
第四等级
公民大会
图 8－2　梭伦改革

全体雅典人的意见,因此所做的判决也较为公正。另外,公民法庭陪审员的选取有着复杂而又严格的制度,陪审员直到进入法庭方才知道自己所要审理的案子。这使得陪审员贪污受贿的可能性几乎降低为零。

此外,梭伦还编纂了一套法典,用以替代此前以残暴著称的德拉科法典(Code of Draco)。在此后的两个世纪中,雅典人的法典就是梭伦所立的法律加上德拉科关于杀人罪的法律。公元前5世纪末,雅典人对法典进行了大幅修改,但仍称之为梭伦之法(Law of Solon)。到公元前4世纪,雅典人用梭伦之法来代称他们所有现行有效的法律。

梭伦改革是雅典民主制进程中的里程碑,对世界政治制度,尤其是民主制影响亦尤为深远,但在当时似乎并未起到立竿见影的效果。因为梭伦采取的是一种调和的方法,中间阶级受益最大,但贵族和穷苦百姓却对改革极为不满。梭伦预见到了即将来到的暴风雨,在一年任满之后便出游他国,十年方归。他回国后不久,庇西特拉图(Peisistratus)就当上了雅典的僭主。但是,梭伦改革的成果并没有付诸东流,而是被很好地继承下来,成为雅典民主制的源泉。

色雷斯
马其顿
伊利里亚
塔索斯
卡尔基迪克
利姆诺斯岛
密提林
穆西罗斯
梅兰克罗斯
公元前612-前608年统治
科希拉
伊奥尼亚海
伊庇鲁斯
色萨利
爱琴海
阿凯亚弗提奥提斯
阿卡纳尼亚
埃尼斯
勒斯波斯
埃托利亚
玛里斯
洛克里斯
优卑亚
弗吉斯
麦加拉
泰阿根尼斯
约公元前630年
多里斯
彼奥提亚
洛克里斯
阿凯亚
雅典
庇希特拉图家族
公元前560-前510
年统治雅典
萨摩斯
铂吕克拉特斯
公元前530年-前
522年统治
以弗所
梅拉斯品多斯
约公元前560年统治
斯基昂
奥尔塔戈拉斯家族
约公元前650-前550年统治
埃利斯
厄硫斯
麦加利斯
匹萨
潘塔雷翁
达摩封
普洛斯
公元前6世纪早期
阿卡迪亚
拉科尼亚
阿尔戈利斯
米利都
特拉斯布鲁斯
约前610年统治
伊庇道罗斯
特美诺斯
纳克索斯
吕格达米斯
至公元前525年
美塞尼亚
阿尔戈斯
斐冬
约公元前670年
科林斯
库普塞鲁斯家族
约公元前657-前585
年统治科林斯
斯巴达

图9　希腊的僭主

9．希腊的僭主

据第欧根尼·拉尔修《名哲言行录》记载，雅典的梭伦为古希腊“七贤”之一。七贤中除了有他这样的政治家和立法家，还有泰勒斯这样的哲学家，但让人惊讶的是，其中甚至还有科林斯的僭主皮里安德。

古希腊文 tyrannos 所对应的英文是 tyrant，中文一般将后者翻译成“暴君”。然而在古希腊世界中，tyrannos 并不包含明显的价值判断，即无“残暴”之意，所强调的乃是获得权力的方式。僭主权力的获得不是通过合法的继承或者民众的推选，而是通过推翻既有的贵族统治的方式获得。故学界一般将古典世界的 tyrant/tyrannos 翻译为“僭主”，即城邦最高统治权力的僭夺者。

与后世“暴君”大相径庭的是，古希腊的僭主——至少是僭主家族的第一代——往往并不残暴。相反，他们之所以能够推翻贵族统治，建立独裁统治，往往是因为他们大多表现出一副“仁君”的样子。僭主制曾经两度兴盛于古希腊，第一次是在公元前 7 至前 6 世纪的希腊本土以及小亚和西部殖民地，第二次是于公元前 4 世纪初到希腊化时代的西西里岛。本文主要讨论的是公元前 7 至前 6 世纪希腊本土的僭主。

如图 9 所示，公元前 7 至前 6 世纪的古希腊僭主林立。最早（约前 670 ）成为僭主的是阿尔戈斯的斐冬（Pheidon of Argos），最后一位被推翻的（前 510）僭主是雅典的希皮阿斯（Hippias，庇西特拉图之子）。较为著名的僭主有科林斯的库普瑟罗斯（Kypselos）及其子皮里安德（Periander）、斯基昂（Sikyon）的克里斯提尼、雅典的庇西特拉图以及萨摩斯的珀吕克拉特斯（Polykrates）。此外，米利都和麦加拉等希腊名邦也在此时受到僭主的统治。

僭主制之所以会在这个历史阶段风行一时，很大程度上是由于希腊中间阶层的崛起。崛起的中产者在城邦的军事和经济生活中扮演着越来越重要的角色，但城邦的政治权力却一直为贵族阶级所独占。中产者对贵族的不满逐渐成为变革的动力。那些成为僭主的人往往就是利用了民众的这种不满，通过获得民众认同和组建私人武装进而推翻贵族政权。不过，这些僭主本人往往就是贵族。

在建立僭主政权之后，僭主通常会打击贵族特权，实行有利于中产者的政策，同时大兴土木，为城邦建造大型公共建筑。与此同时，僭主都试图建立家族王朝，但却都二世而亡。例如，科林斯的库普瑟罗斯在成为僭主之后大力发展工商业，扩大优质陶器的出口量，并大力向海外殖民。据说他是个很受民众信赖的人，以至于不需要私人保镖。其子皮里安德在继承他的政策的基础上加以发展，科林斯的商业盛极一时，殖民地的数量和海外贸易的影响力大幅增加。在他治下，科林斯的巨型阿波罗神庙开始建造。但是皮里安德的统治较为残暴，人民逐渐不满僭政。皮里安德一死，他们家族的统治立即崩溃。雅典的庇西特拉图家族也是类似的情况。

除民心向背之外，僭主制的存亡还与国际政治环境有关系。希腊强邦斯巴达从未建立过僭主制，对僭主制报敌视态度。希腊最后一位僭主希皮阿斯就是斯巴达帮雅典人民驱逐出去的。但希腊的敌手波斯人就比较支持僭主制，在希波战争中还试图帮助希皮阿斯复位，而此君为得到波斯人的支持，更是不惜在马拉松之战中与自己的同胞挥刀相向（参见第 14 节）。

但总体来说，公元前 6 世纪的希腊僭主们大多是顺应历史发展的人物。他们推翻贵族政治，为即将到来的民主制扫除障碍，并实行有利于工商业发展的政策，使得希腊城邦的经济实力大为提高。

10. 庇西特拉图时代的雅典

第 8 节说到，梭伦改革并没有立即转变雅典的政治状况。在他出国之后，雅典陷入了由贵族所领导的派系斗争。这些派系带有很强的地域特点，分别为海岸派（peralioi）、平原派（pediakoi）和山地派（hyperakrioi/diakrioi）。如图 10 所示，海岸派的势力范围包括苏尼翁海角（Sunium）以北的部分海岸和萨拉米斯湾附近海岸。该派别以雅典贵族阿尔柯美翁家族（Alcmaeonidae）为核心，其政治主张与梭伦相近，既反对僭主政治，又希望改革贵族政治。该家族在公元前 632 年曾杀死试图成为雅典僭主未遂而跑到祭坛寻求庇佑的基伦（Kylon），并因此世世代代受到诅咒。改革家克里斯提尼和政治家伯利克里都出自该家族。梭伦改革之后，海岸派的首领是出自该家族的梅格克勒斯（Megacles）。平原派势力范围在雅典城附近。因该处为阿提卡土地最为肥沃的地方，所以其居民也最为富有，所以该派也更偏向贵族政治，其首领名叫莱库古。山地派的势力范围位于海岸派和平原派之间的山区，居民多贫苦，故而该派政治要求最为激进。山地派的首领就是庇西特拉图。

雅典的派系斗争使得梭伦的改革无法推行，中间阶级和下层人民的诉求仍无法实现。庇西特拉图正是利用了人民的不满，在经历一番波折之后当上了雅典的僭主。起初，他宣称有敌人要加害于他，希望公民大会给自己建立一支保镖队。之后，利用这一支队伍成功地占领了卫城，在公元前 561 至前 556 年统治雅典，但终被其他两派联手推翻。后庇西特拉图转而与梅格克勒斯合作，再次当上僭主，并娶梅格克勒斯的女儿为妻。不过，联姻很快破裂，庇西特拉图再次被驱逐。此后，他在国外很快积累了巨大的财富，并与优卑亚岛上的城邦埃莱特里亚建立亲密关系。公元前 546 年，他用自己的财富雇佣一支希腊雇佣军从埃莱特里亚

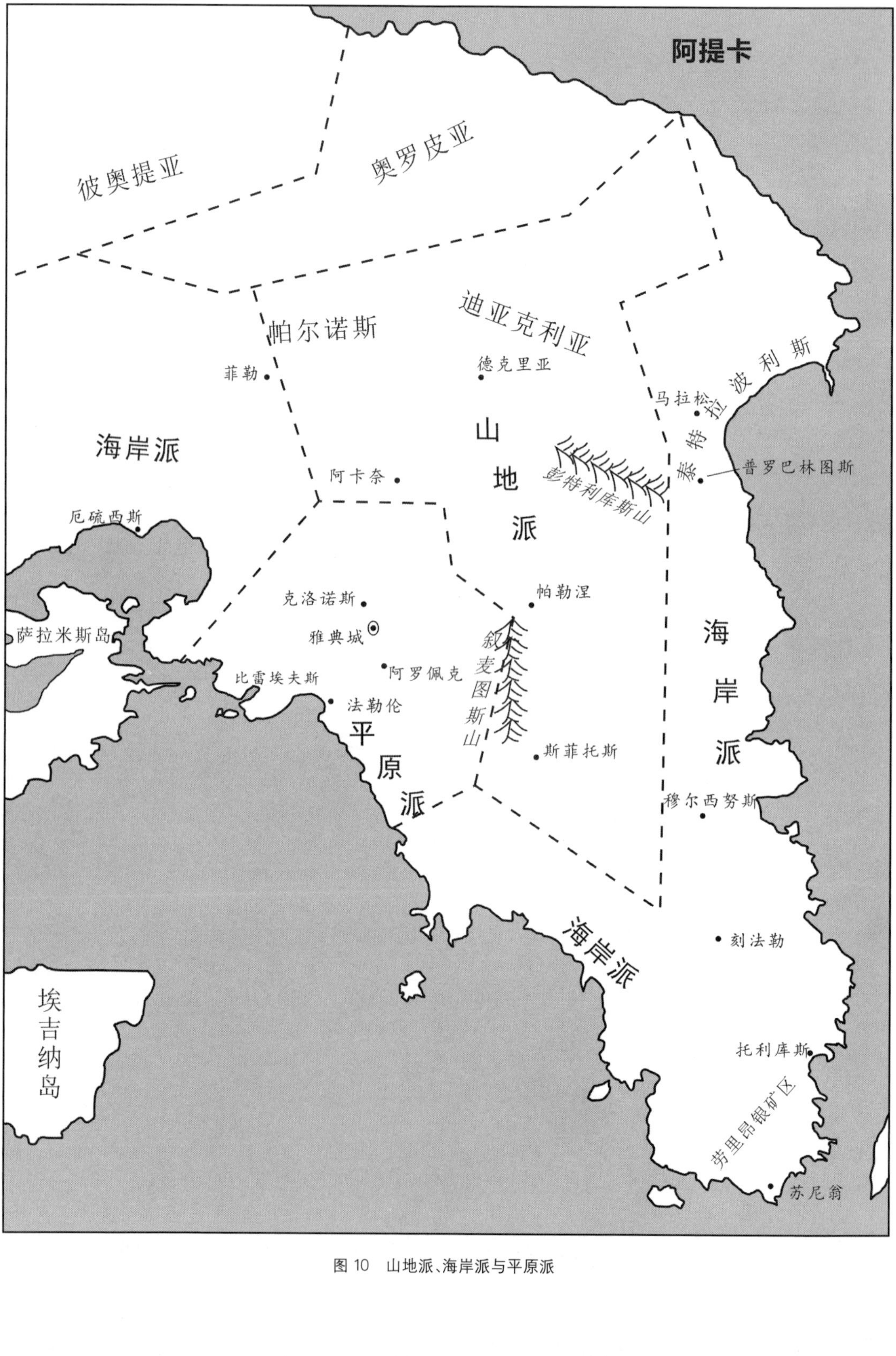

图 10　山地派、海岸派与平原派

扬帆，由马拉松入侵阿提卡，迅速的打败雅典的军队，建立起自己稳固的统治。行军途中，不断有希望结束贵族斗争的贫民加入他的队伍。

同大多数僭主一样，庇西特拉图的统治是温和而节制的。在经济方面，庇西特拉图尽力照顾工商业者和农民。在他统治期间，雅典的海外贸易极大地扩张，从赫勒斯滂到西西里岛都可以见到雅典商人的踪影。雅典的红绘陶也取代了科林斯的黑绘陶，成为全希腊最畅销的陶器。庇西特拉图还借钱给农民，引导他们种植橄榄和葡萄。在他统治期间，雅典的农业结构实现了转型，家庭小农场成为主要的土地所有形式。在政治方面，庇西特拉图削弱贵族，推行梭伦的政制和法典，尽量消除地方性的贵族统治，加强阿提卡的统一性。他上台之后，将与自己有过节的贵族悉数逐出，其中就包括阿尔柯美翁家族。但他并不采取独裁专断的手段进行统治。相反，他将被贵族们束之高阁的梭伦政体和法律应用于实际，让人民自己参政议政，管理绝大部分的行政事务，培养了人民的自治能力，使雅典逐渐走出贵族政治，为日后的民主政治准备了条件。此外，他还创造了巡回法庭，将地方司法权从贵族转移到法庭，削弱贵族统治。为了加强雅典人民在文化和宗教上认同，他创立泛雅典娜节体系(每年一度的泛雅典娜节，四年一度的大泛雅典娜节)。这些加强阿提卡统一性的措施虽然是为了通过削弱地方本位势力而打击贵族，但确实对雅典的发展产生了深远的影响，对雅典的民主转型和国家实力的提升意义巨大。值得一提的是，庇西特拉图还建立了雅典有史以来第一项固定的税收。

庇西特拉图去世后，他的两个儿子继承他的统治。公元前514年，他的儿子希巴库斯(Hipparchus)被两位贵族青年刺死，其兄弟希皮阿斯由于这次事变的打击，开始加强专制统治，结果导致人民反僭主的情绪日益积累，最终在公元前510年被逐出雅典。

总的来说，庇西特拉图的僭主统治是较为温和的，甚至称得上是雅典历史上最好的时期之一。他虽然身为僭主，但却采取有利于城邦的政策，对雅典的政治和经济的发展作出了巨大的贡献。但当人民的实力大为发展，僭主政治就变成了历史的绊脚石。这时，一种全新的政治体制——民主制——应运而生。

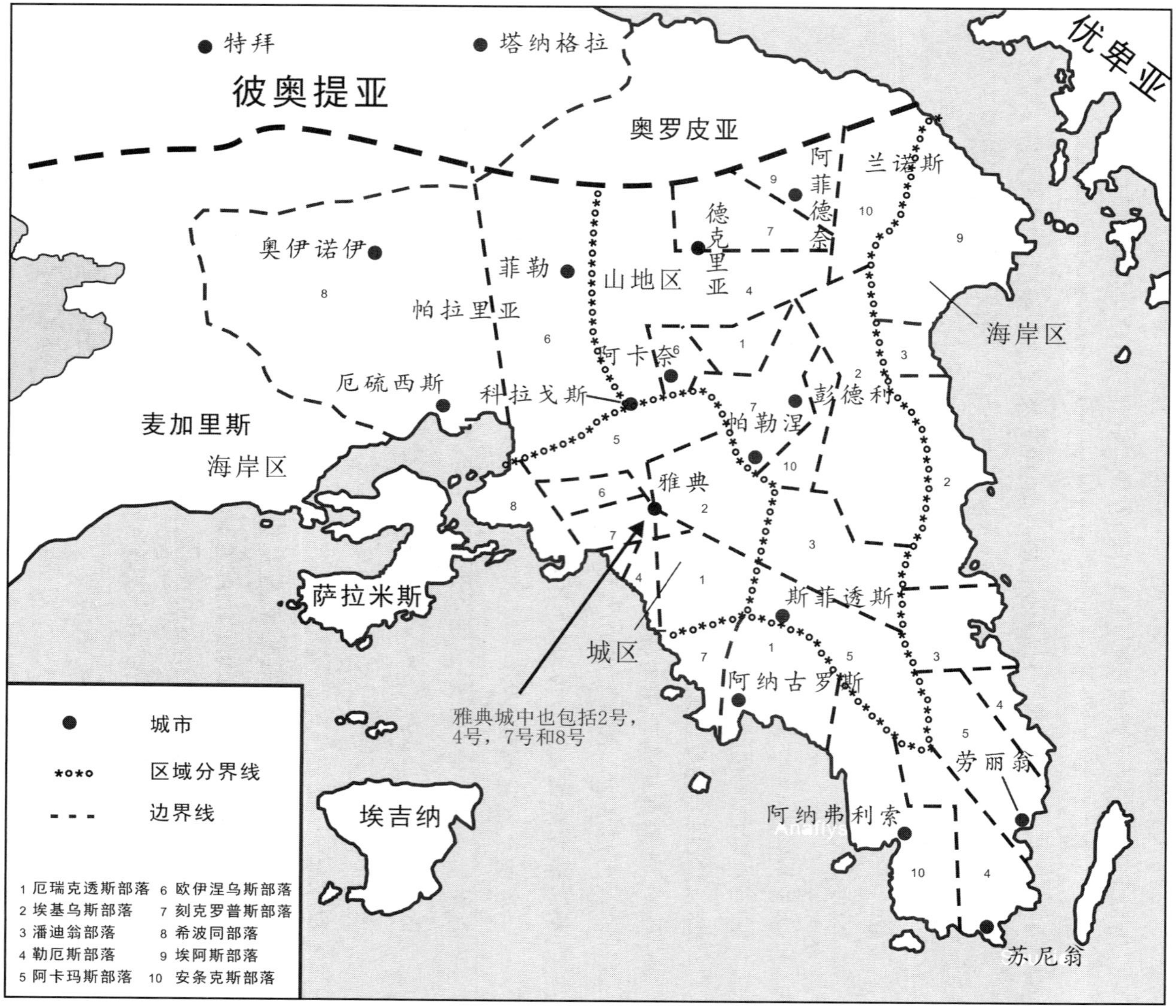

图 11－1　克里斯提尼改革的区域划分

11．克里斯提尼的民主制改革

克里斯提尼（Kleisthenes），梅格克勒斯的儿子，雅典历史上著名的政治改革家。他活跃于公元前6世纪末，是当时阿尔柯美翁家族的首脑，海岸派的领导者。

话说公元前510年，雅典僭主希皮阿斯被逐出雅典，遭到打压的平原派和海岸派的政治势力重新崛起，并开始新的争斗。与克里斯提尼所领导的海岸派对峙的平原派的首脑是伊萨格拉斯（Isagoras）。此人在最初的政治斗争中打败克里斯提尼，于公元前508年被选为执政官，延续平原派一贯的政治作风，复辟有利于贵族的寡头政治。他建立了一个贵族寡头主导的议会，人数只有三百人，并将一定数量的公民清除出公民名单。虽然雅典人民不满于他的作为，但是斯巴达却乐见雅典存在一个寡头政府，很是支持伊萨格拉斯。

作为反击，克里斯提尼依靠公民大会，即以在公民大会上提议并通过法令的方式，对雅典进行了极为激进的改革，并在此基础上建立了一个新的政体。

改革的核心是改变雅典的部落制度。跟大多数伊奥尼亚城邦一样，雅典传统上拥有四个部落，梭伦的四百人议事会就是以此为基础来选拔的（参见第8节）。克里斯提尼将原有的四个部落废除，代之以十个新部落。这十个部落均以雅典历史传说中的英雄和王命名，这十个英雄也因此被称为名祖英雄（Eponymous Heroes）。后世为纪念这十位英雄，在市政广场为他们立了一组雕像，即名祖英雄纪念碑（Monument of the Eponymous Heroes）（参见图20）。每个部落由三个三一区（Trittyes）组成，每一个三一区都位于不同的地理单元，即一个在海岸，一个在山地，一个在平原（如图11－1所示）。故全阿提卡共有三十个三一区，每一个

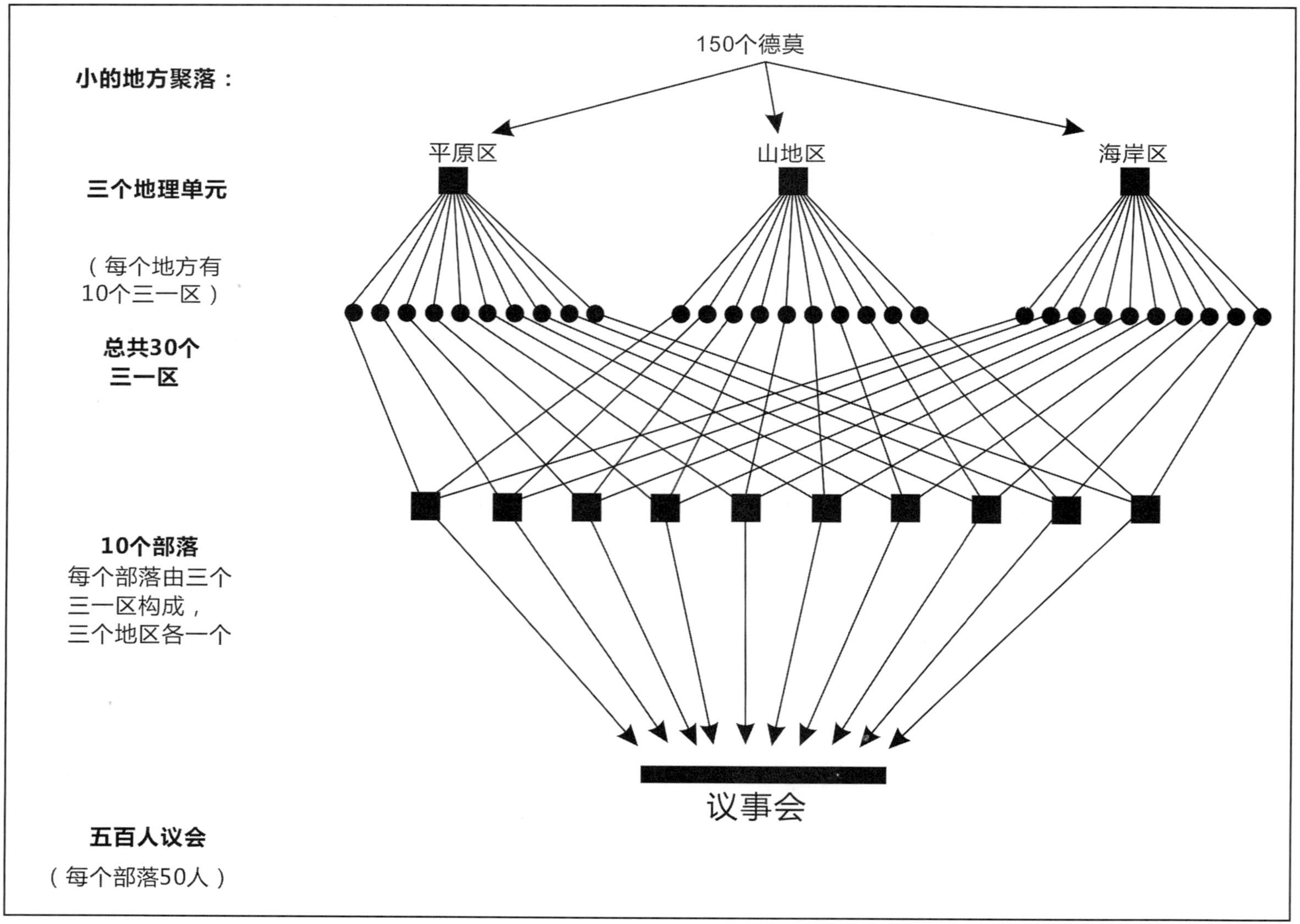

图 11－2　克里斯提尼改革的政治组织构架

地理单元都有十个，每一个地理单元的政治势力便无法在集中在一起。每一个三一区由数目不等的德莫组成。德莫雅典政体中最为基础的行政单位，而并不是人们习惯中所称的村子。有些德莫是由之前的自然居住点改编成的，有些则是由若干自然居住点集合而成。

全阿提卡有大约 150 个德莫。根据大卫·里维斯(David Lewis)的研究，克里斯提尼在将德莫分配给三一区的时候总是尽可能的将贵族控制的宗教祭祀场所和贵族的居所分给不同的三一区，以期切断贵族势力膨胀的宗教根脉。克里斯提尼规定每个德莫选举一名德莫长(demarche)，赋予德莫一定的宗教职能和权力，并希望德莫可以取代传统的氏族(phratry)，规定雅典新生儿和达到一定年龄的男青年应向德莫注册登记。但是，在后克里斯提尼时代，氏族依旧发挥着相当的作用，宗教的影响也仍然存在。另外，克里斯提尼还试图变革雅典人名的称呼方法。在克里斯提尼之前，雅典的人名是冠以其父的名字，如"克里斯提尼，梅格克勒斯之子"，克里斯提尼规定，雅典人名必须冠以其所在的德莫的名字，如"来自阿罗佩科的克里斯提尼"。但是，这条原则并没有得到彻底的贯彻，传统的称谓方式依旧在使用。克里斯提尼进行这些改革和立法，其目的在于尽可能地削弱贵族、血缘、宗教和地域等传统上导致地方主义和贵族政治的因素，根本上改变城邦的组织形式，从而将雅典的民主制置于坚实的基础上。虽然这些改革都未能达到预期的效果，但已经从根本上撼动了贵族政治的根基。

有破则必有立。克里斯提尼在破除了贵族政治的基础的同时，以十个部落为基础建立一套完备的民主制。他将原有的议会由四百人扩充为五百人，十个部落，每个部落抽签选取 50 名雅典公民，充任其中。该议会的主要职能是为公民大会准备议程，未经五百人议会通过的预案不得在公民大会上讨论。由于议会成员没有财产资格限制，因此议会是雅典公民集体的平均的样本(fair sample)，可以在很大程度上代表雅典全体人民的利益和决定。

此外，克里斯提尼对雅典的法律体制进行了改革。根据马丁·奥斯瓦尔德(Martin Ostwald)的研究，在改革中，克里斯提尼将表述法律一词含义的单词从 thesmos 变为 nomos。Thesmos 是由居于人民之上的权威颁布或强加给人民的法律，nomos则是经过公民大会认同的法律。在奥斯瓦尔德看来，这两个词汇的转变标志着雅典的立法真正进入了民主的时代。克里斯提尼还设立了陶片放逐制度（ostracism）。根据该制度，每年冬天，公民大会投票决定次年春天是否要进行陶片放逐投票。如果大部分人同意，则于数月后举行陶片放逐投票。如果参与投票的人不足六千，则投票不算数。如果投票人数超过六千，则得票最多者遭受陶片放逐。被放逐者在接下来的十年时间内不得回国，十年期满，方可回还。期间，被放逐者的财产和家庭不受到任何侵害。这项法规虽然看起来有些匪夷所思，但是却是对付有可能威胁雅典民主制的贵族政治家的有力武器，使之不敢肆意妄为，侵犯大多数人的利益。

最后，克里斯提尼还改革了雅典的军事体制。他以十将军委员会代替了原有的军事执政官（polemarch），改变了军队的统帅。十将军委员会以十个部落为基础，每个部落选派一名将军。将军通过选举产生，可以连任，在公元前5世纪成为雅典最有影响力的政治职位。此外，军队的编制也是以十部落为基础，以部落为军队的基本单位。为了保证各个部落的公民兵人数大致相等，构成部落的三一区的人数必须大致相等。

据希罗多德记载，克里斯提尼之所以做此番改革，是为了效仿他的外祖父，斯基昂（Sikyon）的僭主克里斯提尼。然而，更有可能的是，克里斯提尼的改革很大程度上是为了取得民众的支持以在政治改革中打败伊萨格拉斯。当然，改革也与海岸派一贯的政治传统有关系。另外，民主化的政治改革也可以使雅典摆脱斯巴达的控制。

然而，克里斯提尼的改革触犯了斯巴达的利益。斯巴达国王刻列奥门涅斯（Kleomenes）应伊萨格拉斯之邀率军赶跑了克里斯提尼（公元前507年）。可是，雅典的民众自发组织起来，赶跑了侵略者，重新恢复了克里斯提尼改革所塑造的民主制。从此，雅典开始了真正的民主政治时代。

12. 希罗多德眼中的世界

克里斯提尼改革后不久，希腊就迎来史上规模最大的异族入侵战争——希波战争。记载这场战争的史家是被称为“历史之父”的希罗多德。了解他眼中的世界，对我们认识这段历史很有帮助。

希罗多德（Herodotus）是西方第一位伟大史学家，被誉为“西方历史之父”。希罗多德虽然是最古老的史家之一，但同时他也是一位非常“现代”的作家，他的心智与思想跟现代人非常接近，因而我们很容易理解和欣赏他。

希罗多德大约于公元前484年生于小亚细亚城邦哈里卡纳苏斯（Halikarnassus），其家族为当地望族。青年时代的希罗多德卷入城邦政治斗争，因为反对僭主而流亡萨摩斯（Samos）。后来他返回故乡，参与驱逐僭主活动获得成功，但因为政治原因再度流亡。希罗多德大约于公元前447至前443年定居雅典，他是雅典民主制度的热情拥护者，还跟当时雅典的上层人物交往密切。希罗多德的历史创作活动大概始于定居雅典时期，而且受到雅典人的欢迎和鼓励。公元前443年，雅典在意大利东南海岸兴建殖民地图里（Turii）。希罗多德积极参与殖民活动，成为该城市的首批公民之一。之后希罗多德一直居住在图里伊，继续写作并修改《历史》，直至去世。

希罗多德不仅是“历史之父”，也是出色的旅行家，他涉足的地方之多，在古代世界是罕见的。除了他生活经历过的主要地区——小亚、希腊和意大利西西里等地——他还有过多次远距大范围的游历。据考证，他的游历分两大部分：其一为南部，包括北非、埃及、腓尼基和美索不达米亚等地，主要为古老文明地区；其二为北部，包括马其顿、色雷斯和黑海沿岸的“蛮族”地域。希罗多德何以到过如此众多的地方，后人并不清

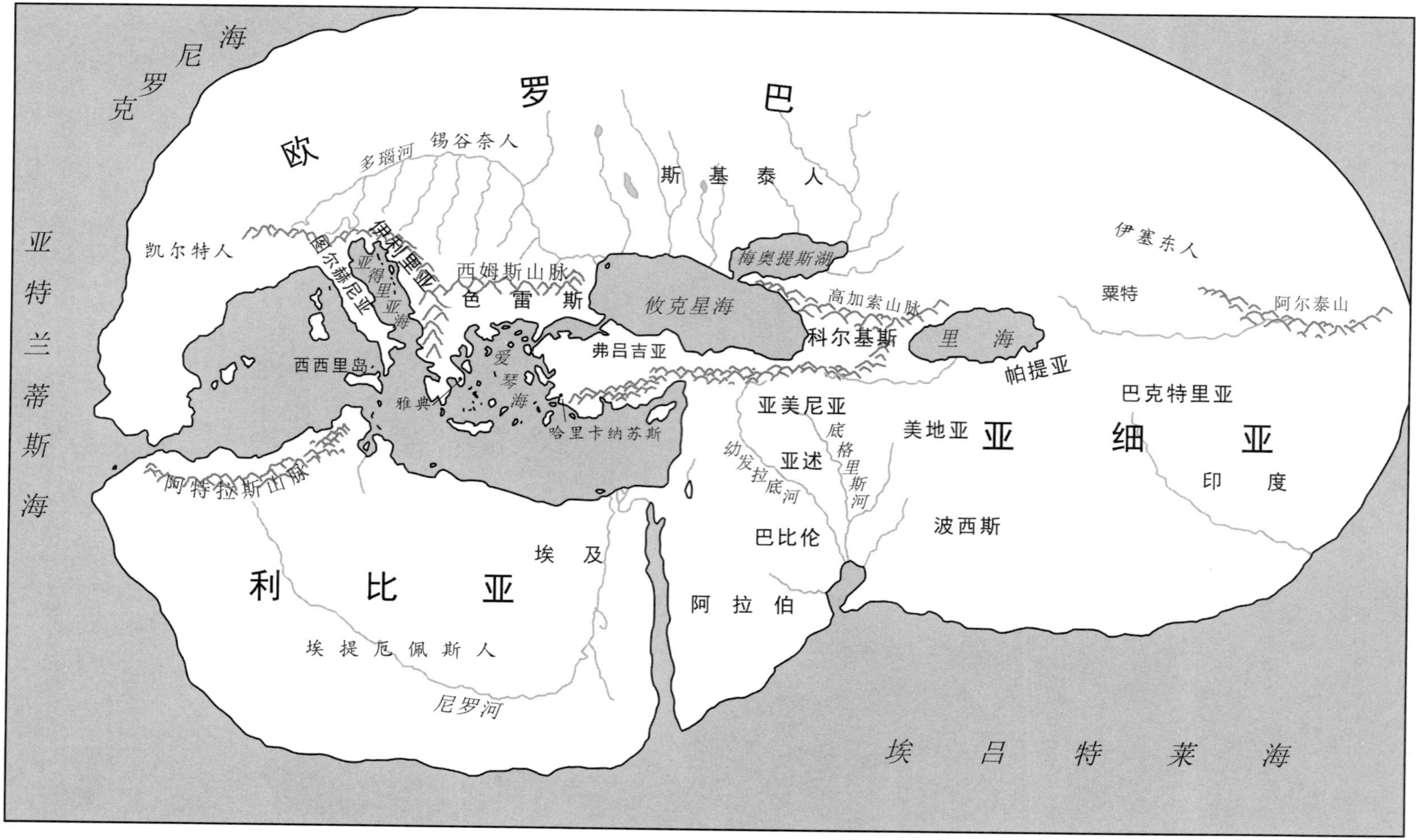

图 12　希罗多德眼中的世界

楚，据推测他可能是在外出做生意。如此丰富的阅历和广博的见闻为一部伟大史著的诞生奠定了坚实基础。

《历史》的希腊名称为“Historia”，本意为“研究”“探索”，这个词后来在众多语言中演变为“历史”一词（比如英语中的“history”）。尽管《历史》的内容纷繁复杂，但其基本架构却很清晰，全书以希腊与波斯间的战争为主线。传统上《历史》分九卷，每卷以一位缪斯女神命名。前四卷主要介绍波斯人的扩张，穿插了一些希腊人殖民活动及内部纷争的内容，其中记录了大量地理区域以及众多民族的风俗与趣闻轶事。从第五卷开始叙述希波战争的由来与过程，最后一卷记述到公元前 478 年波斯势力退出欧洲，以一则揭示所有古代民族兴衰的寓言结束全书。

希罗多德是第一位具有“世界主义”眼光的历史学者，他拥有宽广的国际视野。这既是因为希罗多德本人的公正态度与探索精神，亦是因为他生活于古代文明交流融汇的伟大时代。当时最古老的两大文明——两河文明与埃及文明——已经衰落，但文明成就依然保存。后起的新兴民族——例如希腊人和波斯人——在交流与冲突中积极吸纳古老文明的成果，他们的殖民与征服活动也极大拓展了文明世界的视野。在希罗多德时代，从大西洋沿岸到印度次大陆都有希腊人活动的足迹，这使得希罗多德能够具有超越前代的世界主义眼光。

当时希腊人还有另一条了解世界的重要渠道，这条渠道往往被后人忽视，那就是北方游牧民族。大约在公元前一千纪初期，草原地带的印欧民族发明并完善了各类马具和大规模放牧技术，发展出最早的游牧文明。之后数世纪，他们凭借军事与技术优势迅猛扩张，几乎占据了整个亚欧大草原。简言之：此时从蒙古草原到多瑙河平原跨度超过一万公里的广大地域内，生息着语言、文化与习俗皆大体相近的游牧民族，因而亚欧大陆北部成为文明传递的走廊。在这片蛮荒地域内，文化与信息传播的速度与广度都远远超过南方的文明民族。如此局势为古代历史中所仅见，它使得希腊人的眼界远远超越了诸文明古国，他们的视野不仅在南方越过文明世界抵达印度，还在北方越过游牧草原抵达中亚腹地甚至远东地区。

对于北方的印欧游牧民族，希腊人一般统称为“斯基泰人”

(Scythians)。斯基泰人跟希腊人的交往主要是通过与黑海沿岸的希腊殖民城市相互贸易;另一种方式是斯基泰人越过高加索与多瑙河侵袭小亚与色雷斯地区。如前所述,希罗多德曾前往黑海一带游历,直接或间接从斯基泰人那里获取了大量地理学与民族学知识。《历史》对于亚欧游牧民族着墨极多,称他们是最年轻的民族,对他们的分布与习俗有详细叙述,其中的很多内容已得到考古发现及中国历史文献的证实。比如《历史》称亚洲斯基泰人以东生息着另一个强大游牧民族伊塞东人(Issedones)。史学界一般认为:伊塞东人为最东端的印欧游牧民族集团,中国史书中的巴克特里亚、月氏与乌孙等族皆属于这个集团。这些民族的语言可能为吐火罗语,跟斯基泰人的伊朗语有别,希腊人已意识到这种区别,因而将他们归入另一民族。《历史》中还记载了这些游牧民族的习俗,比如将敌人的头颅制成饮器,首领的奢华墓葬等等,这些都被考古发现以及《史记》等书中的记载所证实。甚至希罗多德一些很荒诞的说法都包含着历史真相。比如《历史》还记载:伊塞东人之外还有独眼族人和守护着黄金的格里芬(griffin,鹰头狮身怪物),独眼族人与伊塞东人长期交战。考古发现显示,这里所说的黄金产地应该是阿尔泰山(意为"金山"),这里自古就出产黄金。印欧游牧民族为了获取黄金,一直与当地土著作战。苏联时期在远东地区发现的"黄金之王"墓葬就是印欧游牧国王的墓葬,墓葬的很多细节都证实了希罗多德的相关记述,其中的大量黄金制品的原料都来自阿尔泰山。此外在阿尔泰地区还发现了一些古代居民留下的独眼人形石碑(鹿石),证明希罗多德所谓独眼族的说法也不是凭空想象。

因此,希罗多德的世界是一个极为广大的世界,它包括了除东亚、东南亚与南部非洲以外的全部亚欧大陆与非洲大陆。如此广阔的视野,在世界古代史上可谓空前。希罗多德时代希腊人所认识的世界,较之希波战争前希腊人心目中的世界,已有了飞跃式的拓展。

13. 希波战争·伊奥尼亚起义

在大殖民时代，大量伊奥尼亚希腊人定居在小亚细亚沿岸，形成了众多的希腊城邦，其中较为著名的是米利都、萨摩斯和开俄斯。这些城市共同组成了伊奥尼亚地区，长期以来独立发展，但和希腊本土，尤其是同为伊奥尼亚人城邦的雅典保持着良好的关系。

吕底亚（Lydia）是伊奥尼亚地区的邻国，其国王阿律阿特斯二世（Alyattes Ⅱ）统治期间大举进攻米利都，并最终将伊奥尼亚城邦降为附属。公元前553年，吕底亚的邻国米底（Medes）遭到波斯国王居鲁士（Cyrus）的进攻，米底亡国。公元前547年，吕底亚国王克洛伊索斯（Croesus）想趁波斯立足未稳之际将其一举攻灭，结果反而丧失了自己的王国。

公元前546年，波斯开始征服小亚沿岸的希腊城邦。很显然，这些看似孤立无援的希腊城邦远比吕底亚坚强，征服活动一直持续到前539年。这一年，波斯打败庞大的巴比伦帝国，使自己一跃成为帝国。居鲁士死后，其子冈比西斯（Cambyses）继位，继续其父的事业，奇迹般地征服了埃及。大流士（Darius）成为波斯国王，将帝国最西端的边界线一直扩展到多瑙河附近，征服了希腊北部的马其顿和色雷斯，并占领了赫勒斯滂的两岸。

为了便于统治，大流士将波斯帝国分成20个行省（satrapies），每个行省设一个省都。直接管辖伊奥尼亚地区的行省是吕底亚行省，首府在萨尔迪斯（Sardis）。波斯人在希腊城邦中立亲波斯者为僭主，帮助自己统治。但是，希腊人对僭主政治的反感和对奴役地位的厌恶使他们时刻都在寻找机会摆脱波斯的统治。

公元前499年，米利都僭主阿里斯塔格拉斯（Aristagoras）与波斯省

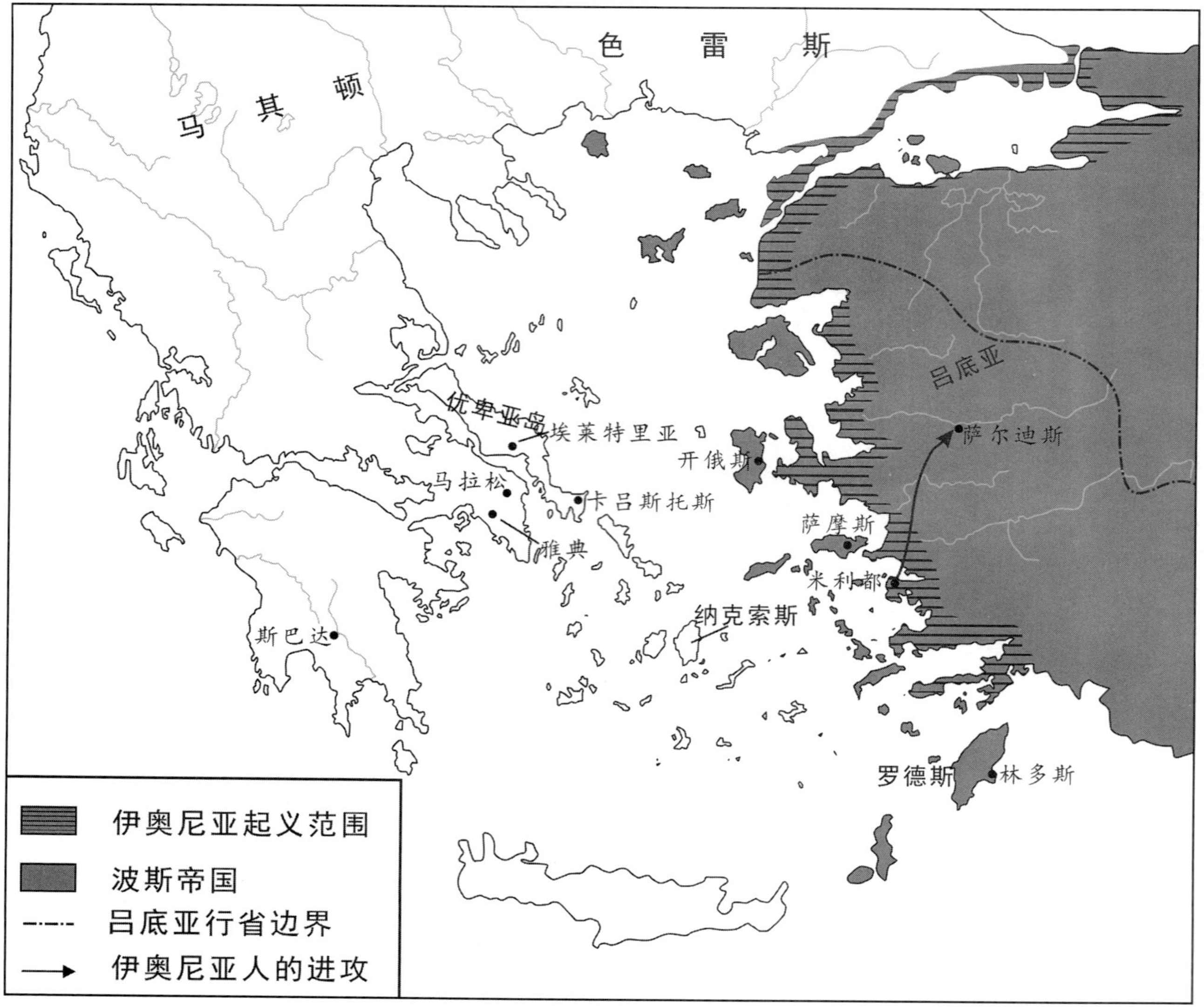
色 雷 斯
马 其 顿
吕底亚
萨尔迪斯
优卑亚岛
埃莱特里亚
开俄斯
马拉松
卡吕斯托斯
萨摩斯
雅典
米利都
纳克索斯
斯巴达
罗德斯
林多斯
伊奥尼亚起义范围
波斯帝国
吕底亚行省边界
伊奥尼亚人的进攻

图 13 伊奥尼亚起义

督密谋攻取爱琴海上的纳克索斯(Naxos)。但消息走漏,阿里斯塔格拉斯无功而返。他一方面害怕波斯大王归罪于他,一方面痛恨波斯人的统治,于是便起兵反抗波斯的统治。伊奥尼亚诸邦也纷纷响应,一时间起义势成燎原,甚至波及黑海沿岸。为了确保胜算,阿里斯塔格拉斯向希腊本土寻求帮助。他首先向斯巴达求援,但却遭到国王刻列奥门涅斯(Cleomenes)的拒绝。之后,他来到雅典,向公民大会寻求帮助。雅典曾为了抗衡周围诸邦的威胁而寻求与波斯结盟,结果却被要求贡献水和土,臣服于帝国。雅典人出于对专制奴役的厌恶和对即将到来的威胁的警惕,以及同为伊奥尼亚人的亲情,慨然允诺。此外优卑亚岛上的埃莱特里亚(Eretria)也同意出兵。

公元前498年,伊奥尼亚城邦在雅典和埃莱特里亚的帮助下向吕底亚首府萨尔迪斯进军,攻克城池并将之付诸一炬。次年,战事扩大,波斯大军进攻刚刚独立的赫勒斯滂。公元前494年,波斯军队重整旗鼓,在海陆两方面打败伊奥尼亚军队,并于同年攻克米利都。次年,波斯将剩余的起义城市一一攻陷。伊奥尼亚人的起义结束。

伊奥尼亚起义是历史上大希腊和波斯之间的第一次大规模冲突,虽然被镇压,但却为更大规模的希波战争拉开了帷幕。为了惩罚援助叛乱的雅典和埃莱特里亚,消除威胁帝国安全的潜在因素,波斯国王大流士决定进攻希腊。

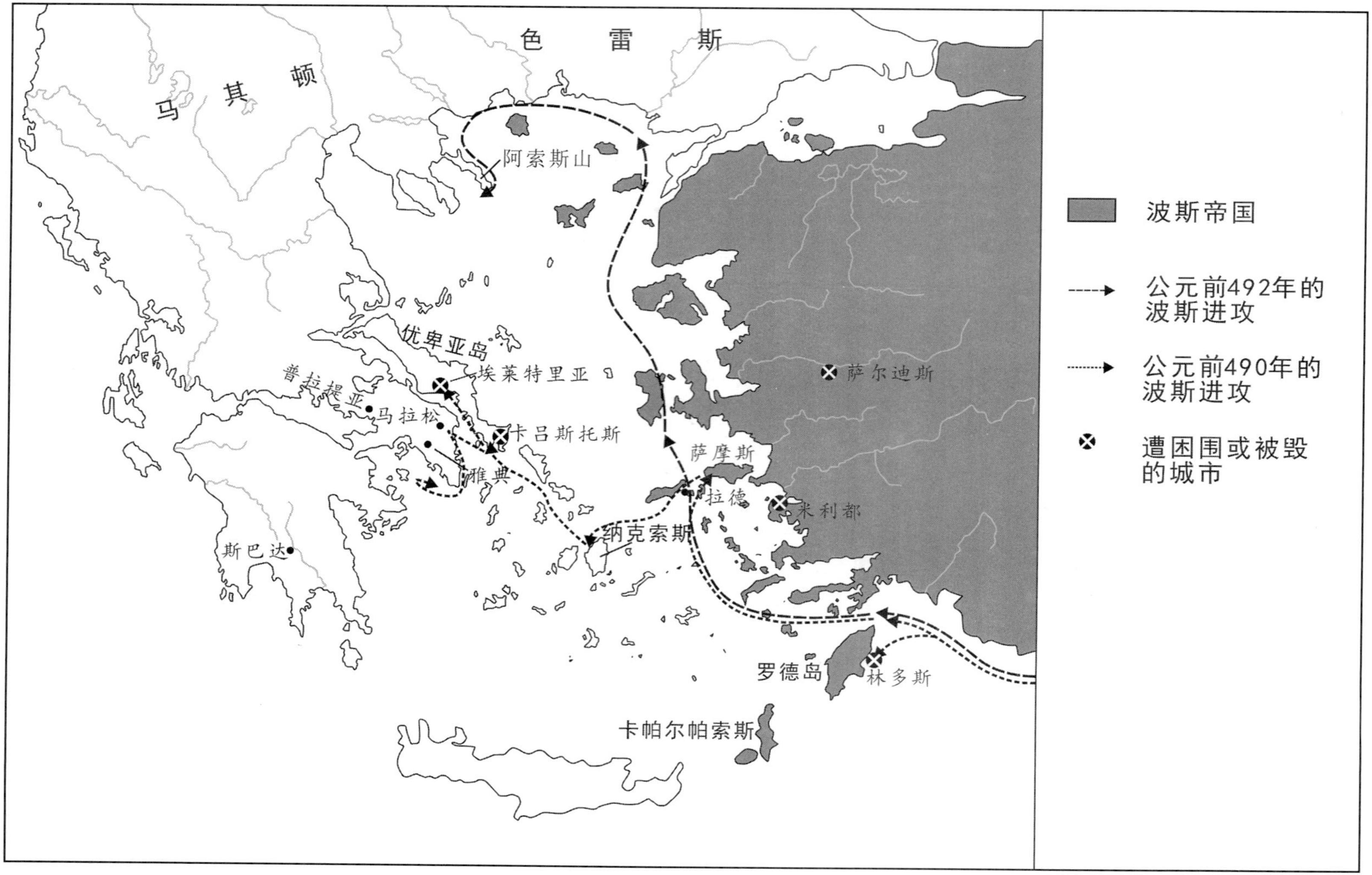

图 14－1 波斯的第一次大举入侵

14. 希波战争·马拉松之战

广义的希波战争，包括前文介绍的伊奥尼亚起义，并一直延续到公元前478年提洛同盟成立，直至公元前449年希波正式签订和约，但狭义的希波战争只包括公元前490年和公元前480年的两次波斯大举入侵。

虽说第一次大举进攻是在前490年，但其实早在两年前的前492年，即平定伊奥尼亚叛变的第二年，大流士便派军舰大举进攻希腊，指挥官是大流士的女婿马多尼乌斯(Mardonius)。舰队沿海岸线前行，从伊奥尼亚地区一路向北，然后沿爱琴海北海岸向西前行。当舰队行至阿索斯山(Athos)附近，遇上巨大的风暴，损失惨重，只能无功而返。次年，波斯大王派使节前往希腊，要求各个城邦向波斯献上水和土。迫于波斯的强权，很多城邦都臣服了。如果希腊人就这么全体臣服，那希波战争也就不会上演了，然而，仍有少数城邦不为所动，其中就包括希腊最强大的两个城邦——雅典和斯巴达。

于是，公元前490年，大流士重新调兵遣将，从新的航线入侵希腊。被雅典人放逐的僭主希皮阿斯(参见第9节)随舰队一同前来，以期在雅典被攻克后重新登上僭主的宝座。如图所示，舰队从萨摩斯出发，向西攻至纳克索斯，然后横穿爱琴海，直抵优卑亚。波斯军队在将优卑亚半岛上的埃莱特里亚夷为平地后很快就向阿提卡发动进攻。

波斯军队选择的登陆地点是马拉松。之所以选择马拉松，是因为此处地势开阔，有利于骑兵和步兵作战。此外，马拉松是庇西特拉图当年登陆的地点，是希皮阿斯家族的“幸运地”。

得知波斯人入侵的消息，雅典展开了激烈的讨论。虽然有人反对作战，但主战派最终占了上风。三年前刚从波斯返回雅典的米太亚得

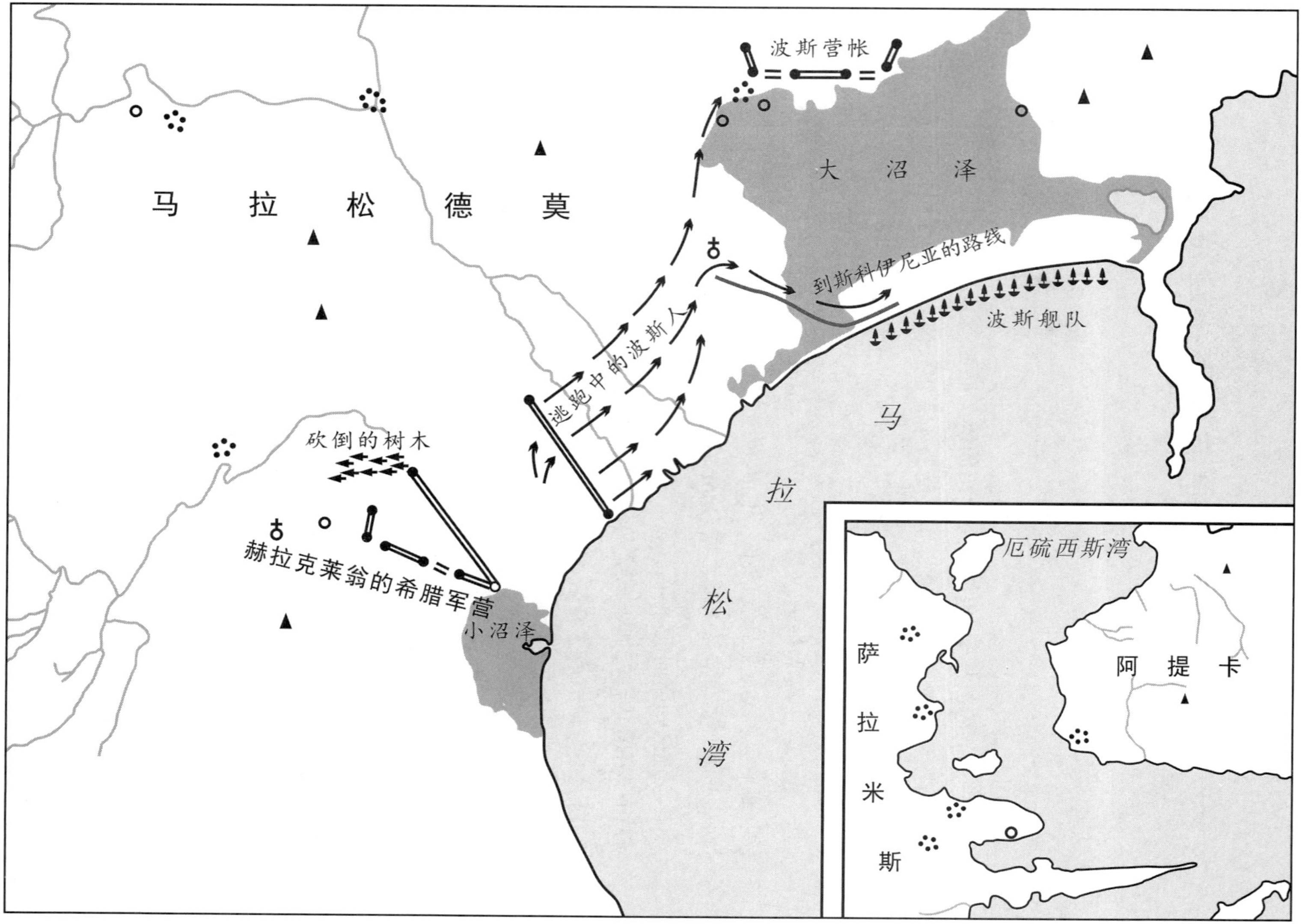
马拉松德莫
波斯营帐
大沼泽
到斯科伊尼亚的路线
波斯舰队
逃跑中的波斯人
砍倒的树木
赫拉克莱翁的希腊军营
小沼泽
马拉松湾
厄硫西斯湾
阿提卡
萨拉米斯

图 14-2　马拉松之战

(Miltiades)被授予指挥战争的全权。此人是个不可多得的军事人才,曾在波斯军中担任将领,对波斯军队了如指掌,而他又和波斯王大流士有私人过节,遭到波斯的通缉,所以反对波斯的立场非常坚定。

决定开战后,雅典派人飞驰至斯巴达寻求帮助。但是,斯巴达由于宗教上的禁忌,在当时不能立即开拔。所幸的是,雅典的盟邦普拉提亚派出了全部的军队前来助阵。加上普拉提亚的军队,雅典共有一万重装步兵,在数量上远远逊于敌人。但是雅典的军队由重装步兵构成,装备精良,且是为自由和祖国而战,所以同仇敌忾,斗志昂扬。而波斯的军队虽然数量庞大,但主要是轻步兵,没有充分的防护装备。此外,波斯的军队多由帝国的臣属组成,作战主动性不强。

在军队集合完毕后,米太亚得随即率军赶到马拉松,在离敌军不远处扎下营寨。在对峙数日后,雅典军队发起进攻。由于数量上不及波斯,所以米太亚得减少军队的纵深,使得战线与波斯相当,并加强两翼,弱化中央。战斗中,雅典人各个奋勇杀敌,波斯人则被打得措手不及,无招架之力。虽然雅典的中央最终被攻破,但两翼却大获全胜。波斯军队向后逃窜,结果被追到沼泽,死伤甚多。战斗中,雅典方面阵亡了 192 名将士,而波斯则损失了 6 400 多人。

波斯军队在马拉松被战败之后,并没有就此善罢甘休,而是试图将剩余的部队用船运到法勒伦,趁机占领雅典。但是雅典的士兵迅速从马拉松冲到港口,在敌舰登陆之前列下阵势,吓退波斯人,再一次成功地保卫祖国。

至此,马拉松之战以雅典的完胜而告终。

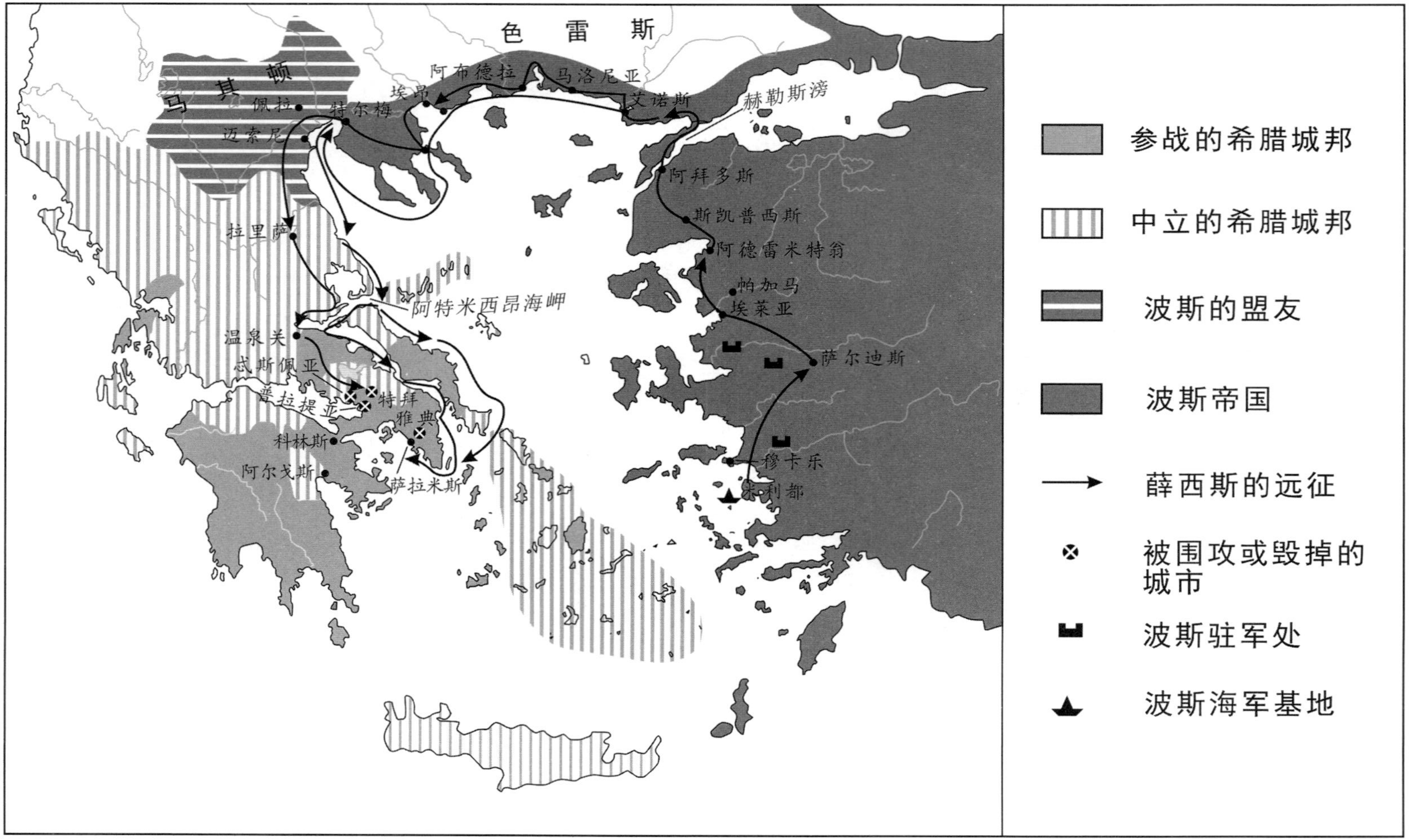

图 15－1　波斯的第二次大举入侵

15. 希波战争·温泉关传奇

波斯国王大流士在第一次进攻希腊失败之后，便开始谋划第二次更大规模的全面进攻。但是，他还未能等到出兵便先去世了。其子薛西斯（Xerxes）继承其父遗志，决意倾全国之力入侵希腊。可帝国内部的叛乱却打乱了他的计划，他只能拖延出兵之期，而这一拖就是十年。

到公元前 481 年夏季，薛西斯终于能腾出手来对付希腊人了。他开始在帝国全境召集兵力，直到次年春天方才集结完毕。薛西斯非常重视这场战争，决定亲率大军出征。另外，吸取上次征讨失败的教训，为保证陆军能够顺利通过赫勒斯滂，他在海峡上建造了两座大桥。同时，为了避免海军重蹈 12 年前的覆辙，他令人将阿索斯山附近的地峡挖通，以保证船只安全通过。根据希罗多德的记载，波斯的战舰有 1 207 艘，步兵人数 170 万，骑兵人数 8 万，再加上其他作战人员，共计 250 万之众。然而，学者们普遍质疑这个数字，多认为波斯军队的人数大约在 20 万左右。即便如此，这个数字对希腊人来说也有着压倒性的优势。

希腊人为了保卫自由和独立，也做了相应的准备。公元前 482 年，雅典最终采取了地米斯托克里斯（Themistocles）的意见，建立了一支庞大的舰队，用“木墙”来保卫家园。次年，希腊城邦在科林斯召开大会，成立“希腊同盟”。同盟有权向各盟邦征召军队，统一部署军事行动以对抗波斯人。虽然参加同盟的只有数十个城邦，但是绝大部分的大邦都参与了进来，包括最重要的雅典和斯巴达。然而，并非所有的大邦都决心抵抗，特拜和阿尔戈斯就有十分明显的投降倾向。

得知波斯大军已经跨过海峡，进军欧洲，希腊同盟决定派军前去阻击。经过再三权衡，同盟决定将阻击的地点选在温泉关（Thermopylae）。之所以选在这里，是因为此处是波斯陆军必经之地，

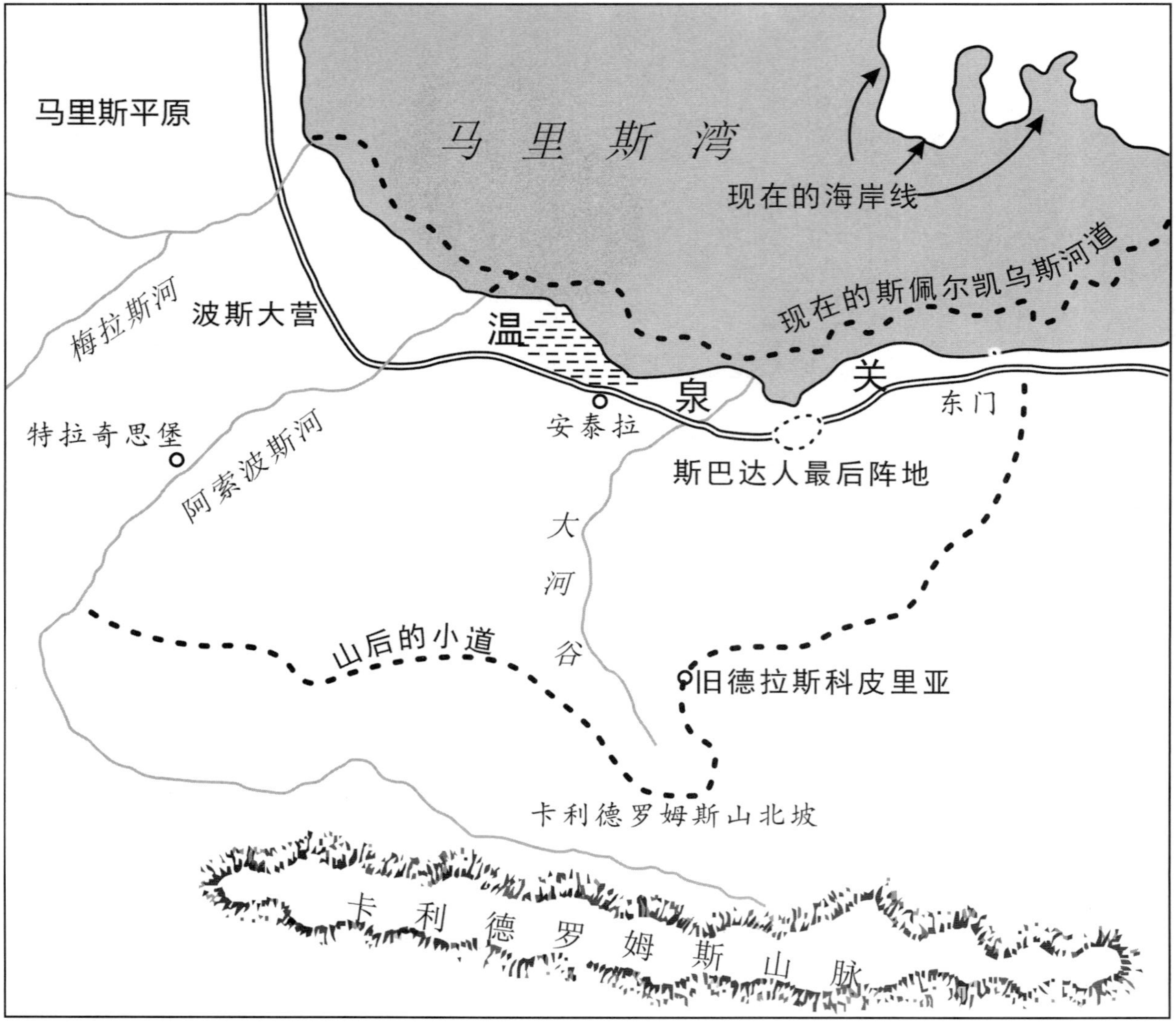
马里斯平原
马里斯湾
现在的海岸线
现在的斯佩尔凯乌斯河道
梅拉斯河
波斯大营
温
泉
关
东门
安泰拉
斯巴达人最后阵地
特拉奇思堡
阿索波斯河
大河谷
山后的小道
旧德拉斯科皮里亚
卡利德罗姆斯山北坡
卡利德罗姆斯山脉

图 15－2　温泉关之战

且地势险要，只有很窄的一个通道，一旁是悬崖峭壁，一旁是大海，易守难攻，十分适合希腊的重装步兵作战同时又能抵消波斯军队在数量上的优势（参见图 15-2）。同时，为了阻止波斯的海军，同盟决定派遣一支舰队在阿特米西昂（Artemisium）海岬阻击波斯舰队。

希腊陆军的统帅是斯巴达国王列欧尼达斯（Leonidas）。军队总人数在 7 000 人左右，而斯巴达的三百勇士是这支队伍的核心力量。由于列欧尼达斯预知此战可能是“壮士一去兮不复返”，所以只挑选了三百名已有子嗣的精兵。

希腊军队到达温泉关后便驻扎了下来。当地的弗吉斯人很早就在此筑起了一座壁垒，希腊联军便以此为屏障，等待波斯人的到来。弗吉斯人知晓那条可以从后面包抄温泉关的小道，便主动请缨去守卫那里。

8 月底波斯人真的来了，他们起初并没有把势单力薄的希腊军队放在眼里，认为只要将阵势摆出便足以吓退他们。黑压压的阵势也确实让一些希腊人惊呆了，但最终希腊人没有退却。他们的目的是阻止波斯人前进，所以采取防守的策略，并不主动进攻。双方对峙了四天。第五天，波斯王失去了耐心，一阵乱箭之后，派一万米底人（Medes）和奇西亚人（Cissians）前去生擒那群自不量力的希腊人。结果，米底人遭受重创，败下阵来。波斯王大怒，派出了自己最精锐的“不死队”前去应战，结果一样铩羽而归。之所以如此，一方面由于希腊人采用的是重装步兵作战，防护装备远比波斯人精良，而且希腊人的矛比波斯人的长，能在较远的距离给敌军造成伤害，另一方面，温泉关十分狭窄，波斯军队人数上的优势得不到发挥，而希腊人的兵力虽然不多，却相对充足，甚至可以轮番作战。第二天的情况依旧如此。

正在波斯国王一筹莫展之际，来自马里斯（Malis）的埃皮阿尔特斯（Epialtes）来到他的王帐，为求奖赏将弗吉斯人所守卫的那条小道告诉了波斯王。薛西斯大喜过望，连忙召集军队、挑选士卒，连夜跟随此人前去包抄希腊军队。

当波斯部队来到弗吉斯人跟前，他们才察觉。弗吉斯人大吃一惊，以为波斯人是前来围攻他们的，于是便向山顶撤去，准备在那里决一死战。于是，波斯人没有遇到任何抵抗便迂回到希腊人的后面去了。

第三日破晓，列欧尼达斯得知波斯人包抄的消息。他当即召开军事会议，下令遣散大部分军士，只留下斯巴达人跟波斯人死战。然而，并不是所有的军队都撤去了。400名特拜忠诚者和700名忒斯佩亚人自愿留下。所以，日后流传的斯巴达三百勇士传奇并不确切，其中还有这一千一百人洒下热血。

为了能够尽可能多的击杀波斯人，这些人前进到更为宽阔的地带。在激战中，他们很多人的枪折断了，于是便用刀来砍。列欧尼达斯战死之后，剩余的斯巴达人四次击退波斯人的进攻以保卫他的尸体。最后他们撤退到附近的一座小山，用手中的刀乃至拳头和牙齿同波斯人战斗，但终因寡不敌众，被波斯人弓箭压制，全部阵亡。温泉关一役，希腊人就这样悲壮地迎来了失败。

但战争并没有就此结束，希腊人也并没有绝望，相反勇士们的壮举更加唤起了他们为自由而战的决心。他们的舰队随即撤退到萨拉米斯，为最后的决战做准备。

16. 希波战争·决战萨拉米斯

温泉关之战后，波斯人继续南下，征服了彼奥提亚地区，将不愿投降的普拉提亚和忒斯佩亚夷平。与此同时，希腊的舰队南撤至萨拉米斯附近的海域，雅典人撤出雅典，将一座少数人看守的空城留给波斯人。波斯人占领了这座空城之后，大肆劫掠一番便将之付诸一炬了（参见图15－1）。

看到波斯大军势不可挡，希腊同盟希望将全部兵力撤到科林斯地峡以西的伯罗奔尼撒半岛，利用地峡天险来阻击敌军。为了实现这一目的，他们加紧在地峡修建城墙，建筑工事。但是联盟的海军并不希望如此，至少地米斯托克里斯不希望如此。据希罗多德记载，当时，希腊同盟共有378艘战舰，雅典人就拥有180艘，是所有盟邦中拥有战舰最多的。因此，地米斯托克里斯是同盟海军的实际领导人。另一方面，波斯王希望尽快结束战争；若要如此，则需攻破科林斯地峡；若要攻破科林斯地峡，则须由海路包抄。波斯大军占领雅典后，薛西斯召开军事会议，决定在萨拉米斯将希腊的舰队消灭殆尽。当时波斯海军在数量上占有相当的优势。波斯海军的1 207艘战舰虽然由于风浪和战争损失不少，但是仍有六七百艘之众。

波斯大王认为，此时的希腊人已经是惊弓之鸟，只要堵死他们的出路，他们就会乖乖投降。而地米斯托克里斯则认为，将波斯的军舰引诱到狭窄的萨罗尼克海湾（Saronic Gulf），波斯人在数量上的优势就会消失，希腊人主动出击便有胜算。于是，地米斯托克里斯悄悄地将一位精明的仆人派到波斯大王的营帐，谎称希腊人已经手足无措准备投降，波斯人只要将船开到萨拉米斯就可以立旷古未有之伟业。

薛西斯大喜，于是命令舰队连夜出发。他们先是登陆普赛塔列阿

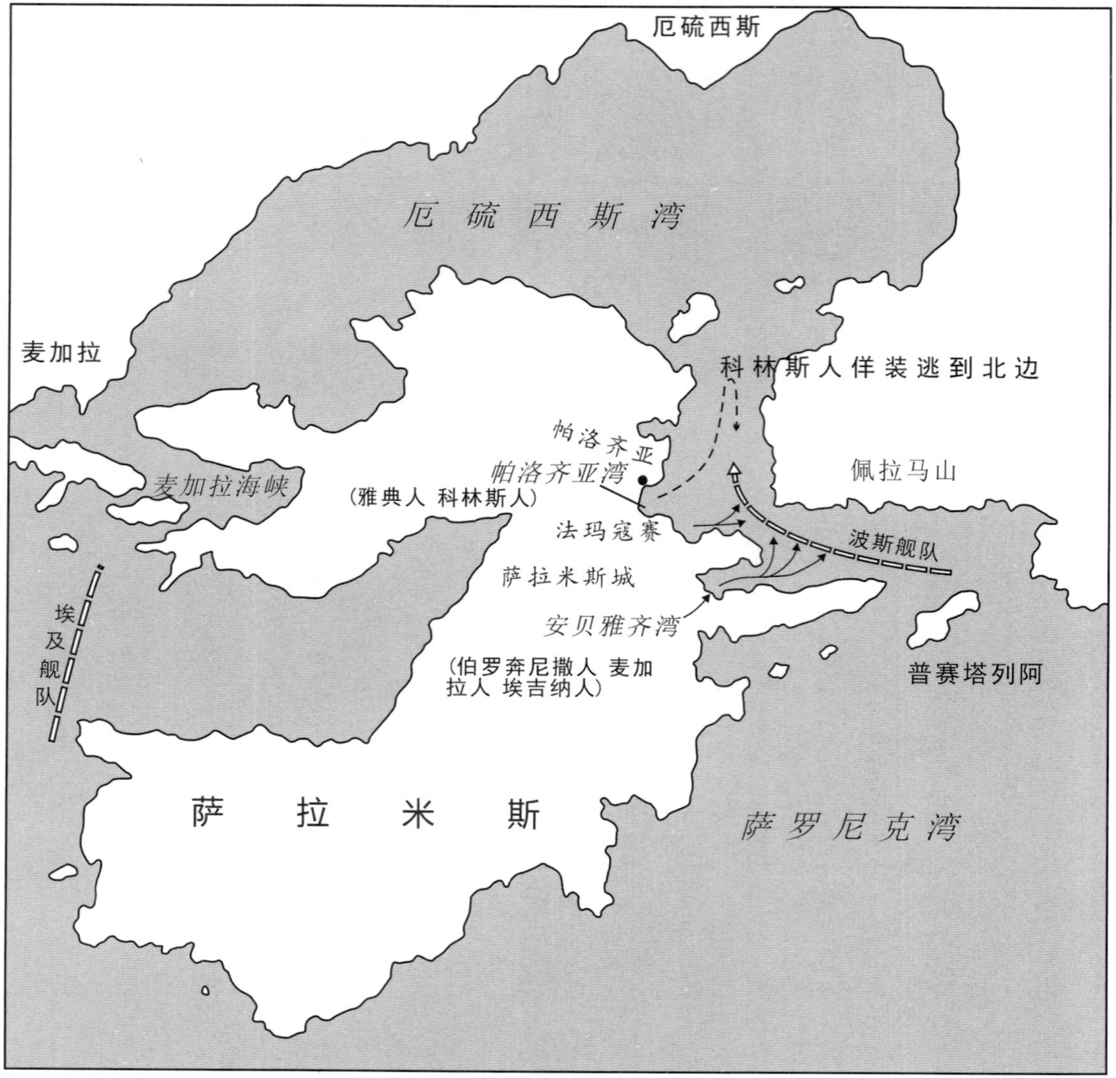
厄硫西斯
厄硫西斯湾
麦加拉
科林斯人佯装逃到北边
帕洛齐亚
帕洛齐亚湾
佩拉马山
麦加拉海峡
(雅典人 科林斯人)
法玛寇赛
波斯舰队
萨拉米斯城
安贝雅齐湾
埃及舰队
(伯罗奔尼撒人 麦加拉人 埃吉纳人)
普赛塔列阿
萨拉米斯
萨罗尼克湾

图 16　萨拉米斯之战

(Psyttaleia)岛,以期在此打捞希腊的沉船,然后将海湾东侧的出口堵住,同时派埃及人的船绕过萨拉米斯岛去堵住另一侧的出口。最后,他们悄悄地进入海湾,将船横列在希腊人面前。波斯大王则在萨拉米斯对面的山坡上设下王座,亲自督阵。

破晓时分,刚刚得知波斯人动向的希腊人迅速行动起来。他们将战舰大致呈南北走向一字排开,并派科林斯战舰向北驶去,佯装逃窜诱敌深入,同时又派埃吉纳的军舰到海湾出口处埋伏下来。而此时的波斯舰队则由于数目众多,在对面的海域拥挤在一起,混乱不堪。战斗开始后,希腊的军舰勇敢地驶向敌船,迅速将前排敌舰击退。后面的波斯军舰想要上前表现,结果却和前面败下阵来的船只撞在了一起,使得场面更加混乱。当他们想要逃走,却又被埋伏在那里的埃吉纳战舰截住去路。

一仗下来,波斯人损失巨大,甚至连薛西斯的王弟也战死了。而希腊人由于作战勇猛,且熟悉水性,所以损失不大。薛西斯看到此景,惊慌失措。他害怕希腊拆毁跨海大桥,将自己堵在欧洲并置于死地,便赶紧带着剩余的舰队逃跑了,留下自己的大将马尔多尼乌斯(Mardonius)来收拾残局。

萨拉米斯海战击垮了波斯的海军,扭转了战争的局势,使希腊免于奴役和压迫,是希波战争的转折点。这一仗也充分显示了海军的重要性。战役的领导者地米斯托克里斯在战后成为雅典的领导人,雅典沿着他设计的道路逐步崛起,成为希腊最大的城邦,并很快发展成为一个海上帝国。

萨拉米斯海战之后,马尔多尼乌斯放弃阿提卡,在色萨利和彼奥提亚过冬。第二年,即公元前 479 年,他试图分裂同盟未果,便再次南下,又一次占领阿提卡。联军在斯巴达将军波桑尼阿斯(Pausanias)的带领下出击,马尔多尼乌斯撤退到普拉提亚附近。他试图将希腊的重装步兵引诱到平原,然后用骑兵将之摧毁。双方对峙了很长时间,期间波斯一方利用骑兵的机动优势屡屡袭扰得手,截获大批希腊辎重,并毁掉希腊人的水源。希腊人最后只得分两路撤退,波斯军分两路追击,希腊人被迫回身迎战。斯巴达主力对阵波斯主力,结果亚洲人无法应付希腊的重步兵方阵,马尔多尼乌斯被杀,这支亚洲多民族大军随即崩溃。就在普拉提亚大捷的同一天,同盟的海军在小亚附近的穆卡乐(Mycale)大破波斯舰队。后希腊援军开至,波斯战舰被付诸一炬(参见图 15 - 1)。至此,我们所说狭义的希波战争方算奏完终曲。

17. 提洛同盟

前面我们说到，萨拉米斯一役后，雅典逐步崛起为希腊霸主，那证据在哪里呢？就在提洛同盟的形成与兴衰上。

希波第二次大战即将拉开帷幕之际，为了共同抵抗波斯人，希腊人于公元前 481 年建立希腊同盟，当时以斯巴达为盟军首领。在战争中，雅典凭借其强大的海军贡献颇多，逐渐有抗衡斯巴达之势。萨拉米斯海战（前 479）后不久，小亚沿岸的勒斯波斯（Lesbos）、开俄斯（Chios）和萨摩斯（Samos）三岛上的城邦请求加入希腊同盟。斯巴达一方面认为波斯大患已除，另一方面在对外军事行动上不甚热心，故拒绝上述要求。而雅典一方面认为波斯威胁未解，另一方面出于伊奥尼亚人之间的亲缘关系，愿意伸出援手。争执的结果是斯巴达人返回国内，由雅典负责领导希腊城邦反抗波斯入侵。

公元前 478 年，接受雅典领导的城邦在提洛岛（Delos）成立提洛同盟，将提洛岛设为同盟的大本营。之所以选择该岛，一方面是因为该岛地理位置重要，具有很高的军事价值，另一方面是出于宗教和族群认同方面的考虑：提洛岛为太阳神阿波罗的出生地，而阿波罗之子伊昂（Ion）乃伊奥尼亚人的始祖。提洛同盟是海上同盟，要维持一支庞大的海军，故而需要一定的经费。雅典人、“公正者”阿里斯提得斯（Aristides the just）走访各盟邦，确定各盟邦为同盟所缴纳的贡赋。根据不同的情况，一些城邦为同盟海军提供船只和桡手，另一些则以银钱代替。同盟的金库最初设在提洛岛。另外，同盟设有同盟大会，会议集体讨论同盟问题，实行一邦一票的制度。同盟大会会址也设在提洛岛。然而，提洛同盟从本质上讲是军事攻守同盟，存在的目的是反抗波斯人的入侵，使希腊人免受波斯人的统治，并利用战利品重建希腊人的家园。换言之，反抗波

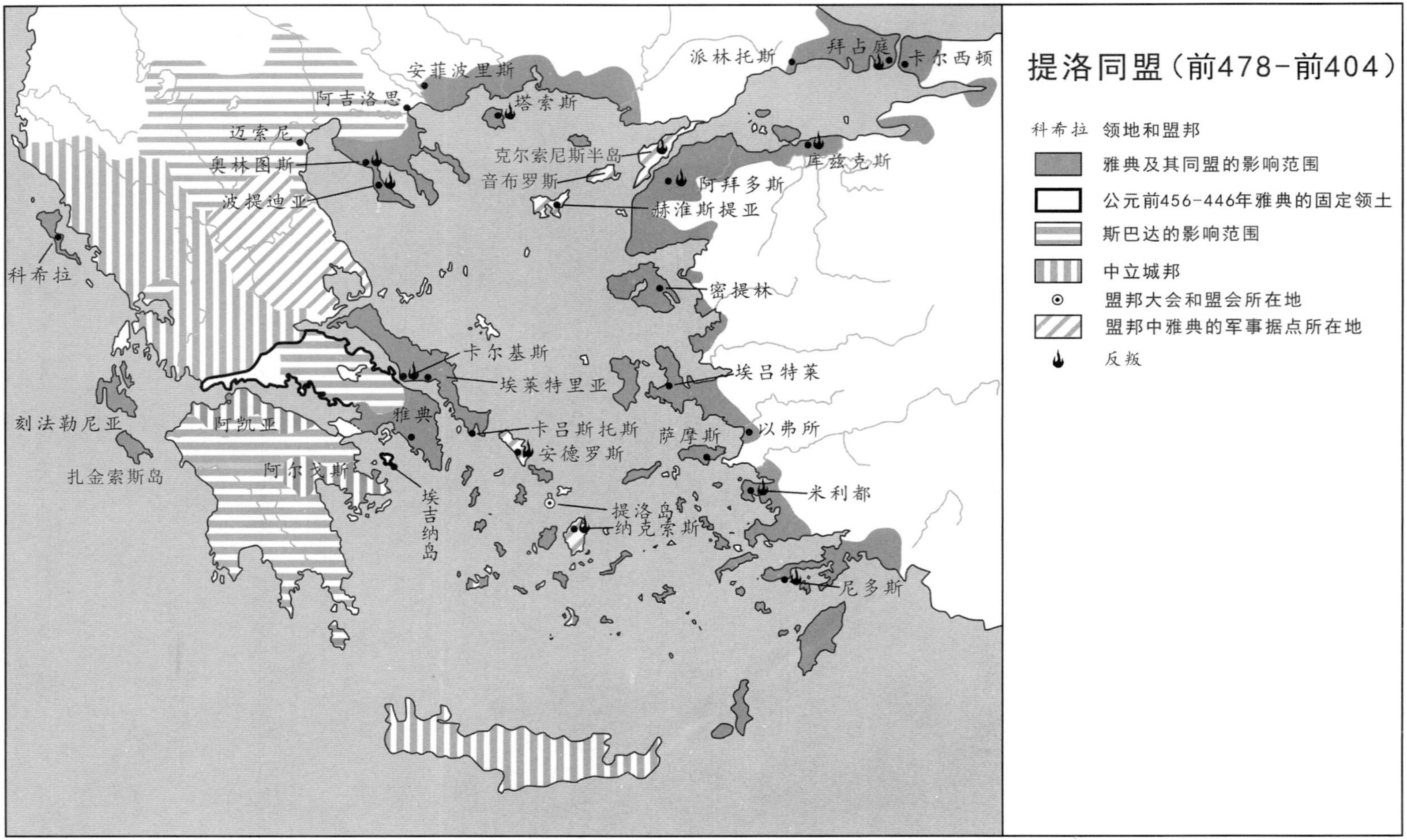

图 17　提洛同盟(前 478—前 404)

斯就是提洛同盟存在的理由。为了彻底打击波斯人，提洛同盟被建成永久性同盟。盟邦共同起誓，被他们沉入海底的铁块浮出水面之日，方是同盟解散之时。

可波斯人的威胁并不是永久性的。提洛同盟自成立之日起便开始有效地打击波斯人在地中海的势力，并主动出击，解放被迫臣服波斯人的希腊城邦。公元前 469 年，雅典将军西蒙(Cimon)率领提洛同盟的海军，于尤利美东河(Eurymedon river)大败波斯军队，最终肃清了波斯帝国对希腊世界的影响。公元前 449 年，希波双方签订《卡利阿斯和约》(the Peace of Kallias)，正式结束双方的战争。

随着希腊与波斯之间冲突的缓和，希腊世界内部的矛盾，即雅典和斯巴达之间的矛盾开始凸显。公元前 460/459 年，雅典率海军远征埃及，以配合埃及当地势力反抗波斯帝国的统治。同年，雅典与伯罗奔尼撒半岛之间的所谓"第一次伯罗奔尼撒战争"开始。之后提洛同盟在埃及的征战损失惨重，同盟在地中海东南部的势力岌岌可危。因提洛岛距离敌方势力太近，同盟的金库由提洛岛迁往雅典。与此同时，雅典通过陆战不断扩充自己的势力范围，逐渐控制了希腊中部。在此期间，雅典与斯巴达发生数次摩擦。

从公元前 5 世纪中期开始，雅典势力达到顶峰，提洛同盟就逐渐变质为雅典帝国。提洛同盟的盟邦最初大体分布情况为：爱琴海地区 20 个；伊奥尼亚地区，即小亚西海岸 36 个；赫勒斯滂地区 35 个；卡利亚(Caria)地区即小亚西南岸 24 个；色雷斯地区，即爱琴海北部海岸 33 个；总共大约 148 个城邦。这个数字到前 5 世纪中期增加到 200。但与此同时，越来越大的城邦有雅典的盟邦变为雅典的属邦。其中最早(约前 470)由盟邦沦为属邦的是位于提洛岛附近的纳克索斯，影响最大的是公元前 440 年的萨摩斯。这些城邦都试图脱离提洛同盟，但因为同盟是永久性的，这些企图都被雅典扑灭。在远征埃及结束不久，雅典便将提洛同盟的金库从提洛岛移到了雅典(前 454/453)。为了削弱盟邦的实力，雅典渐渐将盟邦的贡赋统一为银钱。这样一来，一方面雅典为自己筹集了巨量财富，一方面盟邦却无力发展自己的军事实力。待到盟邦准备反叛雅典的时候，双方的实力差别已经很悬殊。此外，雅典还干涉盟邦的司法。雅典最初规定，个别盟邦的某些类型的案件，如关乎盟邦贡金者要交由雅典审判，随后又规定个别城邦中的流放、死刑和剥夺选举权三项惩罚的使用要交由雅典法庭定夺。渐渐地，雅典对盟邦司法的干涉扩展到整个盟邦，意在以此来控制盟邦的内政，保护亲雅典势力。这样一来，雅典通过军事上的打压、经济上的巧取豪夺和政治上的干涉内政，奠定了自己对盟邦的霸权，成功地将提洛同盟转变为雅典海上帝国。

在伯罗奔尼撒战争期间（前 431—前 404）（参见第 24 至 26 节），提洛同盟成为雅典与斯巴达争夺霸权时的利器。与此同时，雅典加重了盟邦的负担。雅典远征西西里失败（前 413）之后，盟邦多有反叛，其中包括开俄斯、米利都、拜占庭、密提林（Mytilene）、以弗所（Ephesos）、塔索斯（Thasos）以及优卑亚岛诸城邦。但当雅典输了伯罗奔尼撒战争，提洛同盟彻底瓦解，霸主的荣光也随之消亡。

18. 伯利克里与雅典

伯利克里是雅典历史上最伟大的政治家，他是雅典最辉煌时期的城邦领导人。在他的领导下，雅典在政治、经济、文化和城市建设以及军事外交等诸多方面均达到了极高的水平，成为“全希腊的学校”。后人一般称这段时间为“伯利克里时代”。伯利克里最大的贡献，就在于完善发展了雅典早已有之的民主制。

伯利克里的父亲是赞希普斯（Xanthipus），其母为政治改革家克里斯提尼的侄女阿佳丽斯特（Agariste）。因此，若按照母系的血缘，他也算是阿尔柯美翁家族的后裔。但是，他并没有继承该家族的政治传统（参见第 10 节），而是适应了克里斯提尼改革之后的新情况，转而寻求广大平民的支持。

在政治方面，伯利克里更像是地米斯托克里斯的继承者。在公元前 472 年，年仅 23 岁的伯利克里便担任了埃斯库罗斯所创作的悲剧《波斯人》的合唱团资助人（choregos）。该剧强调的是雅典海军在打败波斯人入侵的过程中所起的巨大作用，为倡导建设海军的地米斯托克里斯做政治宣传。地米斯托克里斯的政策主要分为两方面，即推行激进的政治路线和重视发展雅典的海上力量。这两点在伯利克里的施政中均有所体现。

公元前 463 年，伯利克里试图起诉地米斯托克里斯最大的政敌西蒙（Cimon），但没有成功。次年，伯利克里协助政治家埃菲阿尔特斯（Ephialtes）进行政治改革，削弱了战神山议事会的政治和司法权力，使之分别归属公民大会、五百人议会和公民法庭。此后，战神山议事会只处理带有宗教性质的案件和事务，如杀人案。三年后，西蒙遭到陶片放逐，埃菲阿尔特斯遇刺身亡，伯利克里成为雅典政坛的主角。在此后的

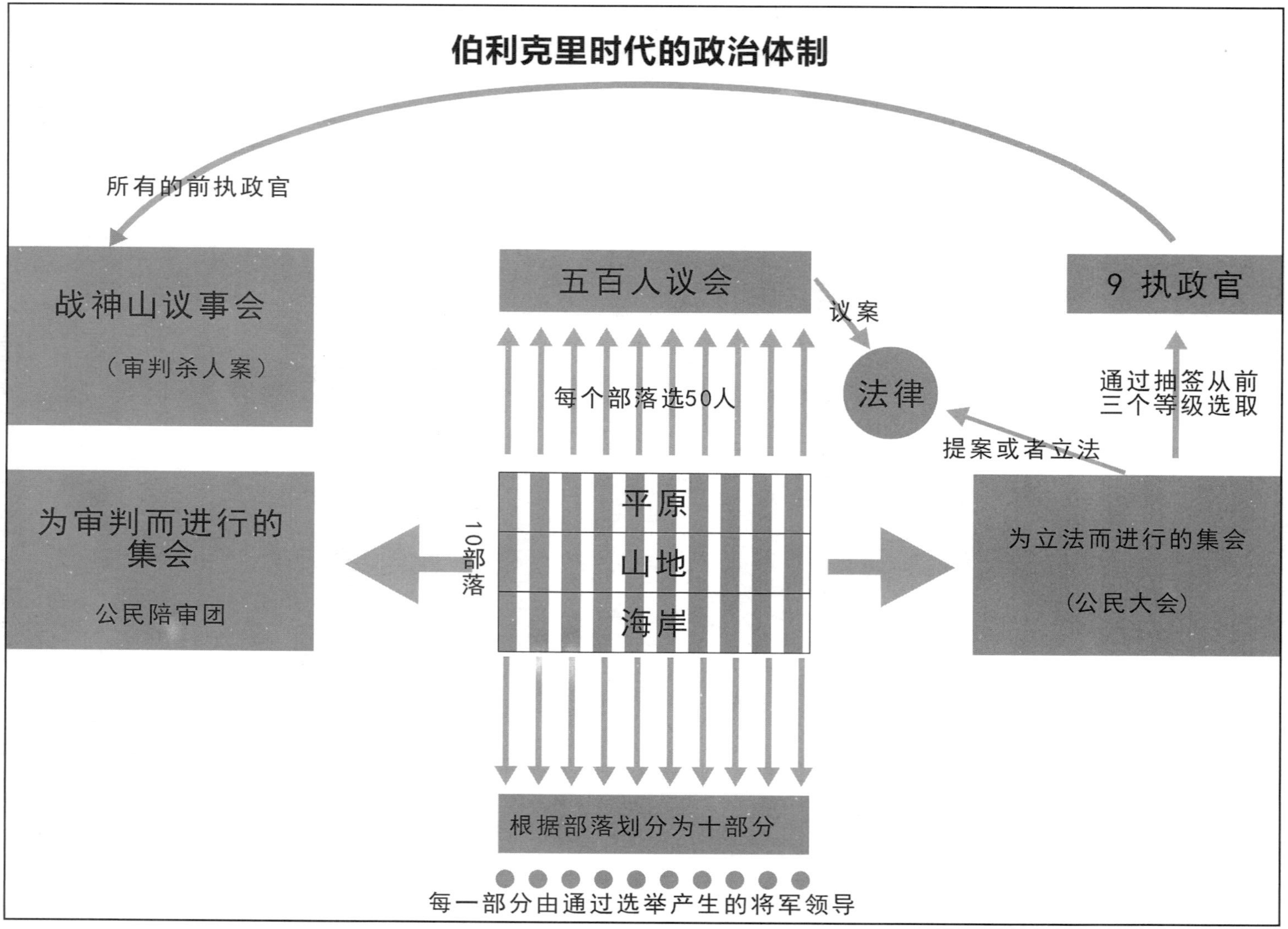
伯利克里时代的政治体制
所有的前执政官
战神山议事会
（审判杀人案）
五百人议会
议案
9 执政官
法律
每个部落选50人
通过抽签从前
三个等级选取
提案或者立法
平原
山地
海岸
10部落
为审判而进行的
集会
公民陪审团
为立法而进行的集会
（公民大会）
根据部落划分为十部分
每一部分由通过选举产生的将军领导

图 18　伯利克里的改革

岁月中，伯利克里多次被选为雅典十将军之一，在实际上成为雅典的政治和军事领导人。

公元前 457 年，伯利克里向公民大会提案，建议向参加公民法庭的陪审员发放补助。该提案得到通过，陪审团补助也成为雅典历史上最早的公职津贴。到公元前 5 世纪末，各种官员均可领到相应的津贴，前 4 世纪初，参加公民大会甚至观看戏剧都有补助。这些补助和津贴虽然数目不大，只相当于一个体力劳动者一天的工钱，但是却可以保证平民在参与政治生活的同时仍旧可以得到相应的经济收入，提高了公民参政的积极性。因此，伯利克里所创立的陪审员津贴在促进雅典政治平民化的过程中具有里程碑意义。同年，伯利克里将执政官候选人的资格由原来的前两个等级（即五百斗级和骑士级）扩大至第三等级（牛轭级）。这意味着，城邦最高的职位向绝大部分公民开放了。同时，伯利克里还在前 5 世纪中期改革了五百人议事会和公民大会的会议主持制度。传统上，议事会和公民大会均由执政官主持，但在五世纪末，会议的主持权转交到主席团（prytaneis）的手中。五百人议事会的成员分别来自十个部落，每个部落选派 50 人，这来自同一部落的 50 人便构成一个主席团。十个主席团按既定的顺序主持每天召开的五百人议事会和每隔大约九天召开的公民大会。

公元前 450 年，伯利克里改革公民权法案。在此之前，只要一人的父亲为雅典人，则此人便拥有雅典公民身份；在此之后，新生儿必须父母双方均为雅典人才有资格获得雅典公民权。伯利克里之所以有此举措，很大程度上是因为雅典与外邦的接触日益频繁，通婚也越来越多。若按照原有的公民权法案，则雅典必将拥有过多的人口，原有的城邦政治将无法正常运行。但伯利克里本人并不反对通婚，也不歧视非雅典的希腊人。相反，他挚爱的女人阿斯巴希娅（Aspasia）便是米利都的移民。

如图 18 所示，伯利克里时代的政治制度与克里斯提尼改革所确定的制度基本上没有区别。但是，由于他所采取的一系列措施，雅典的民主政治更加平民化，普通民众更有条件去践行自己的民主权利，使得该制度发展到新的高度。

在军事和外交方面，伯利克里也颇有建树。公元前 461 年，伯利克里发动雅典人民修建了从雅典城区到比雷埃夫斯的长墙，完成了地米斯托克里斯的计划，使雅典和港口成为合二为一的堡垒（参见图 21－1）。他还加强对提洛同盟的控制，将同盟发展成为雅典海上帝国。同时，雅典派舰队到海外建立殖民地，扩张势力范围。公元前 449 年，伯利克里提议雅典人与波斯人正式缔结和约，结束了长期的军事对峙。与此同时，他还试图避免雅典与斯巴达的冲突，但终因矛盾不可调和，希腊两大城邦之间于公元前 431 年爆发伯罗奔尼撒战争。另外，伯利克里还主持建造了一大批公共建筑。

伯罗奔尼撒战争爆发后，伯利克里主张城郊的居民撤进城内，不料此举却导致瘟疫。公元前 329 年，就在这场将终结雅典霸权的战争开始后的第二年，缔造了雅典全盛时期的伯利克里死于瘟疫。

19. 卫城：雅典的山巅之城

卫城的英文为 acropolis，其中 acro 的意思为“高处的”，polis 的意思为“城邦”。因此，acropolis 的字面意思就是“高处的城池”。但是，按照现在的标准，雅典卫城并不算高，整个山丘高约 150 米。国人之所以译之为“卫城”，大约是因为此处被防卫性的城墙所包围，又处于高处，易于防卫，而本文称之为山巅之城，却并非因其高耸峻险，而是因为它在雅典宗教、政治和文化生活中的重要作用，和在西方文明中的崇高地位。

据考古发掘，卫城最早的建筑大约修建于迈锡尼时代，其遗址在现在的伊瑞克提翁神庙（Erechtheion）和旧雅典娜神庙处（参见图 19）。大约与此同时，人们用巨石在卫城的周围筑起一道墙。根据神话传说，这两处建筑是雅典国王伊瑞克特乌斯（Erechtheus）的王宫。在古风时代，卫城转变成阿提卡的宗教祭祀中心。公元前 580 年左右，在帕特农（Parthenon）神庙所在的地方，一座雄伟的神庙拔地而起。庇西特拉图在公元前 566 年设立了大泛雅典娜节（the Greater Panathenaia），祭祀雅典娜的意义变得重要。公元前 530 年，人们在迈锡尼宫殿的旧址上建造了一座规模较大的神庙，即后世所称的“旧雅典娜神庙”。在此期间，庇西特拉图还在卫城的西南角修建了“胜利女神雅典娜”的祭坛和神龛。除了上述四座供奉雅典娜的神庙，卫城西南还建有一座祭祀阿尔忒米斯（Artemis）的神庙。除了神庙，庇西特拉图还给卫城建了一座山门（Propylaea①）。

公元前 490 年，雅典军队在马拉松大败波斯入侵者。为了庆祝这一

---

① Propylaea 是复数。因汉语词汇无单复数之别，笔者为了方便，统一将其译为山门。

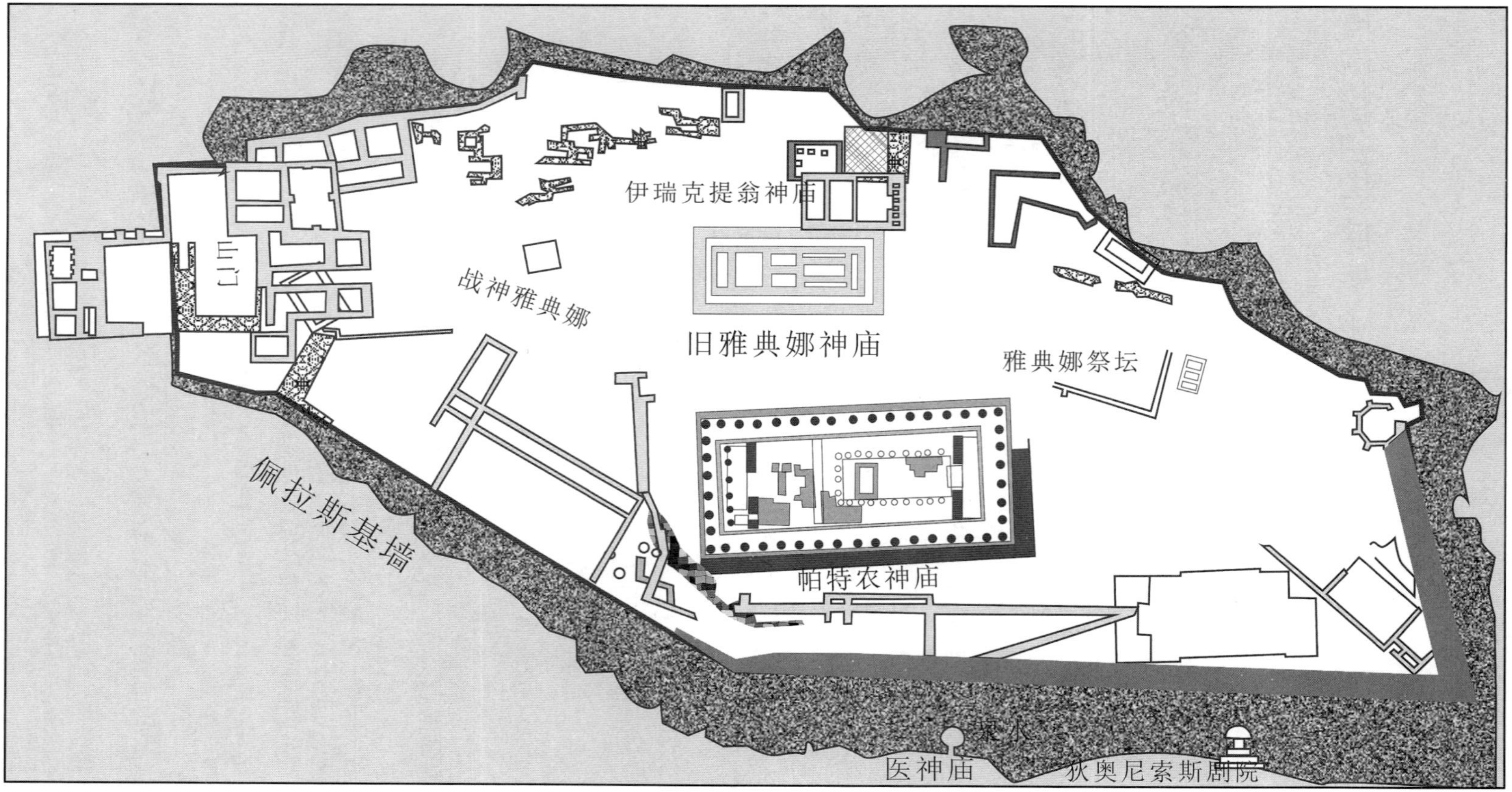

图 19　卫城平面图

胜利，雅典人计划在卫城修建一座更为气派的山门、一座雅典娜神庙和一座更为宏伟的神庙。神庙选址于上文提到的帕特农神庙处，后世称为旧帕特农（Old Parthenon）。神庙的修建到公元前 480 年仍在继续，但是波斯联军已经兵临城下。大部分雅典人在地米斯托克里斯的指挥下撤出雅典，只有一小支队伍坚守卫城。最终卫城被攻破，卫城上的建筑被付之一炬。后雅典人收复失地，开始在焦土之上重建家园。但是地米斯托克里斯将重建的重点放在海港，卫城的修复工作不受重视，帕特农神庙一直未完工，得到修复的只是卫城的城墙。其中北墙是由地米斯托克里斯主持修建。他把饱经波斯战火的神庙残骸用作建材，将北墙建成一座战争纪念墙。他的同辈人西蒙在公元前 468 年的尤利美东（Eurymedon）战役击溃波斯舰队，便用战利品修复了卫城的南墙，将南墙建成了胜利纪念墙，即后人所称的“西蒙墙”。

公元前 5 世纪中期，雅典城迎来了自己的黄金时期，在政治上成为海上帝国，文化上成为“全希腊的学校”。当政的伯利克里发起了一项持续时间达几乎半个世纪的建筑工程，动用了全阿提卡乃至全希腊最优秀的建筑家、雕塑家和艺术家。卫城上留存至今的主要建筑——帕特农神庙、伊瑞克提翁神庙、卫城山门和胜利女神雅典娜神庙都是在此期间兴建的。

然而，当时第一个完工的建筑却没有能保存至今。约公元前 448 年，一座名叫战神雅典娜（Athena Promachos）的青铜巨像首先完成。这尊巨像高达 9 米，制作过程历时九年，其雕塑者便是鼎鼎大名的菲迪亚斯（Phidias），所用的青铜是马拉松之战中从波斯人手中缴获的战利品。它位于旧神庙的西面，卫城入口的正面，是卫城上最醒目的塑像。女神的具体形象已经不可详考，但据波桑尼阿斯（Pausanias）《希腊游记》记载，即便是远在苏尼翁角（Cape Sounion），人们仍可以看到女神的头盔和矛尖所闪烁出的光芒。

又过了十年，直到公元前 438 年，雅典卫城上最堂皇的建筑物——帕特农神庙——才终于竣工。神庙有两个互不相通房间。东面较大的房间是雅典娜神庙，内部有一座雅典娜神像。西面较小的房间叫 Parthenon，意为“处女的”，是为那些肉眼看不见的雅典娜的处女随从们准备的。随着历史的发展，这个处于附属地位的小隔间“帕特农”逐渐被用来代指整个神庙。帕特农神庙的建筑风格为典型的多利亚风格，建材为产自阿提卡境内的优质大理石。神庙上刻有精美的浮雕，其题材都与宗教和神话相关。

在雅典娜神庙内矗立这一尊雅典娜神像。它的创作者是古典著名的艺术家菲迪亚斯。神像主体为木质，外面用象牙和黄金包裹，看起来栩栩如生。作为雅典的女保护神，雅典娜右手持矛，左手扶盾，头顶战盔，身披长袍，脚边是伊瑞克特乌斯之蛇，形象威武。

伊瑞克特乌斯是一位颇具传奇色彩的雅典国王。据传说，他是火神赫淮斯托斯和地母盖娅的儿子，由雅典娜抚养长大，后成为雅典国王。他的形象常常和另一位传说中的国王刻克洛普斯（Cecrops）联系在一起。后者据传说是半人半蛇。这条蛇就是上文提到的伊瑞克特乌斯之蛇，是雅典的圣物。此外，在雅典人的信仰中，伊瑞克特乌斯和海神波塞冬还可以画上等号，至少在伊瑞克提翁神庙中，他们两个就是一起被祭祀的。伊瑞克提翁神庙始建于公元前 438 年，公元前 406 年建成，但到公元前 395 年才彻底竣工。神庙共分为三部分：神庙主体、西北的门廊和位于西南的少女门廊（Caryatids）。神庙主体分为两部分，东面是供奉守护神雅典娜的房间，西面是供奉波塞冬-伊瑞克特乌斯和火神的房间。西南的少女门廊由六个身材婀娜、姿态各异的少女形状的柱子组成，是整个神庙中最引人注意的部分，堪称希腊雕塑的代表，雕刻者仍是菲迪亚斯。伊瑞克提翁神庙在雅典的宗教祭祀仪式中扮演着重要角色。神庙中供奉的雅典娜神像由橄榄树雕成，是每年一度的泛雅典娜节和四年一度的大泛雅典娜节中游行队伍祈祷、献祭和贡献长袍的对象。神庙西边，还有一棵据说是雅典娜亲手种植的橄榄树。传说中，正是靠这棵橄榄，雅典娜才击败波塞冬，成为这座城邦的守护神。

与伊瑞克提翁神庙同年开始修建的还有新山门和新胜利女神雅典娜神庙。新山门的位置在旧山门的遗址处，即卫城的最西端。据波桑尼阿斯记载，“山门有一个白色大理石屋顶，直到今日，其优美与壮丽都是无可匹敌的”。紧接着，他又开始介绍胜利女神庙。胜利女神庙历史十分悠久，所在地视野开阔。当他抬头仰望神庙，他仍能感觉过去的辉煌，因为神庙檐壁上的浮雕所刻画的就是普拉提亚战役①。

但并不是所有的神庙都被修葺一新。处于卫城正中间的老雅典娜神庙在战火之后就再没有重新屹立，而是静静地躺在那里，诉说着波斯人的暴行。伯利克里时代之后，卫城的总体布局没有大的改变，只是在罗马人统治的时候增添了若干小庙宇。基督教时代和伊斯兰教时代，卫城都大体维持原貌，直到近代毁于战火。

---

① 当时的主流做法是用神话题材来表现希腊人和蛮族的斗争（如帕特农的柱间壁），而雅典人直接用普拉提亚战役这一历史题材，大约是因为该战是希腊人与波斯人的生死之战，而雅典人是战争的主力，也是最大功臣。

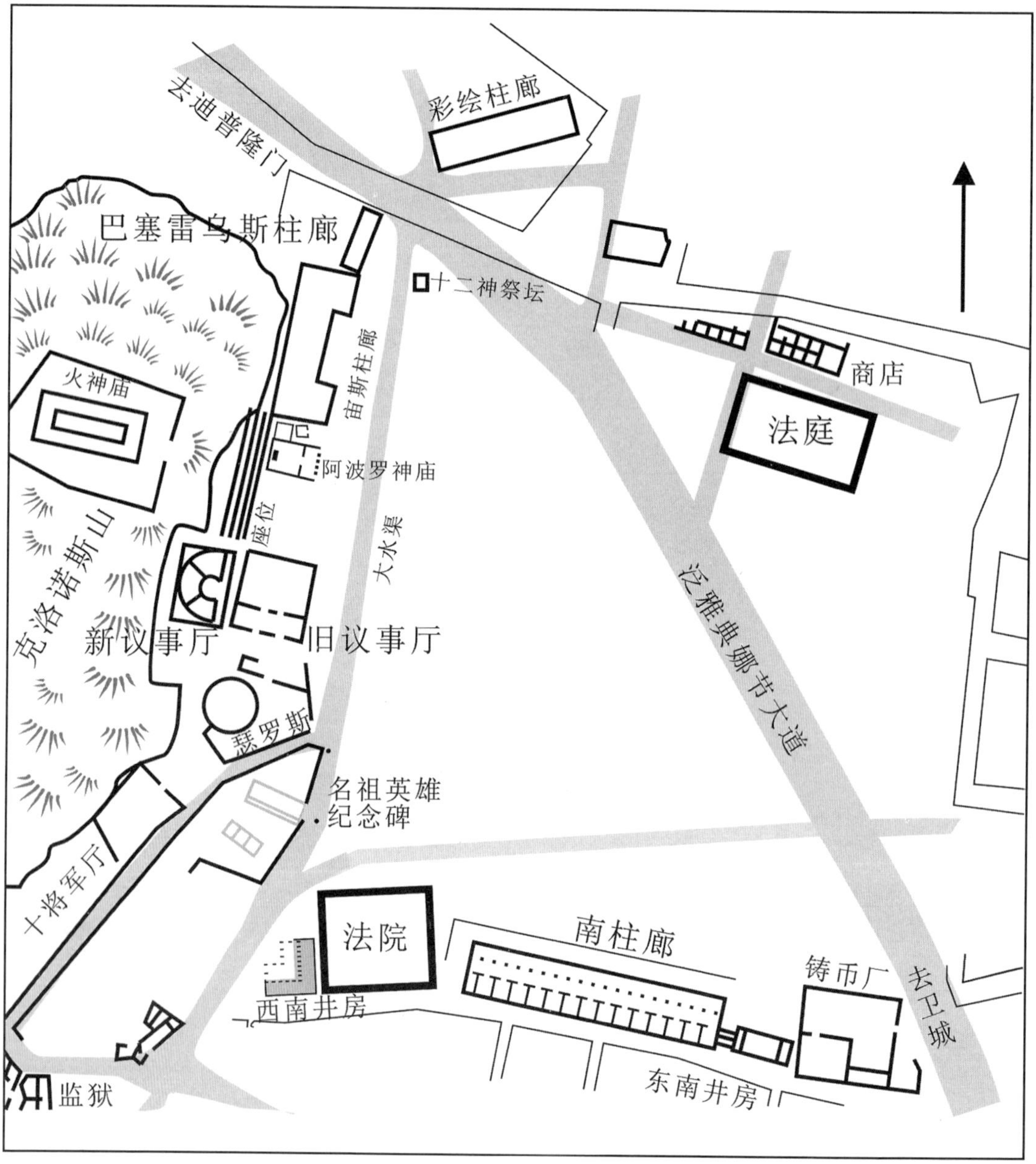

去迪普隆门
彩绘柱廊
巴塞雷乌斯柱廊
十二神祭坛
宙斯柱廊
商店
法庭
火神庙
阿波罗神庙
座位
大水渠
克洛诺斯山
新议事厅
旧议事厅
泛雅典娜节大道
瑟罗斯
名祖英雄
纪念碑
十将军厅
法院
南柱廊
铸币厂
去卫城
西南井房
东南井房
监狱

图 20　市政广场平面图

20. 市政广场：雅典城邦的中心

市政广场(Agora)是古希腊城邦的公民集会的地方，是城邦的政治中心和贸易中心，同时兼具宗教功能。与大多数古希腊城邦一样，雅典也有自己的市政广场。雅典的市政广场伴随着雅典自身的发展历经变迁，也可将其历史大致分为古风时期、古典时期和希腊化时期以及罗马统治时期。

古风时代的雅典市政广场在卫城的东侧。在克里斯提尼改革时期，雅典的市政广场被迁到了卫城的西北面。然而，也有证据表明，在庇西特拉图统治时期，此处建立了第一批公共建筑。在此之前，该处是一片墓地。公元前 6 世纪末，市政广场已经出初具规模。公元前 480/479 年，波斯人占领雅典，将市政广场夷为平地。雅典人收复失地后重建市政广场。经过公元前 5 世纪和前 4 世纪的营造，雅典市政广场大体定形。本文的重点便是古典时期的雅典市政广场。

总体来说，市政广场是一个不规则的方形，四边均有多少不等的建筑，将广场围成一个相对封闭的空间。根据雅典法律，犯有杀人或渎神等罪行的人不能进入市政广场，故广场四周立有界碑，以防止这些人在不知情的情况下进入市政广场。

广场西侧为克洛诺斯·阿格莱欧斯山(Kolonos Agoraios)，东南为卫城，西南为普尼克斯山(Pnyx)，正南为战神山(Areopagus)。进出广场的主要道路是泛雅典娜节大道(Panathenic Way)。大道起点为雅典城的大门迪普隆(Dipylon)，由广场西北角入，从广场东南角出，终点为雅典卫城山门。四年一度的大泛雅典娜节游行就是沿着大道进行的。此外，若遇体育赛事，大道还可用作赛车或者赛跑的跑道。行文至此，有一点需要特别告知读者。古代希腊的城市规模非常小，与当下的、尤其是中国的城市不可同日而语。所谓的山，可能只是小小的土丘，所谓城，可能只有村镇大小。上述的建筑群，如果不留恋风景，步行很快就能串一遍。卫城和广场基本上可以视作市中心，而相隔不远的普尼克斯山南麓，就已经是城墙所在地了。但希腊人在狭小的地理空间内所创造的人文胜景之壮美，也是靠想象无法体会到的。

若沿着泛雅典娜节大道进入市政广场，首先映入眼帘的就是巴塞雷乌斯柱廊。巴塞雷乌斯柱廊大致呈南北走向，面东北西，是每年选出的九位执政官之一——巴塞雷乌斯执政官（意为“王者执政官”）办公的地方。公元前5世纪末，雅典人在柱廊的两头增建了两个侧翼，用来放置法律铭文。在巴塞雷乌斯柱廊的南边是自由之神宙斯（Zeus Eleutherios）柱廊，建于公元前425年，陈列着为雅典的自由战死是战士的盾牌。自由之神宙斯柱廊的南边为祖先阿波罗（Apollo Patroos）神庙。该神庙建成时间较晚，大约为公元前4世纪后半叶。阿波罗神庙的南面为行政区（参见图20）。离神庙最近的一座建筑是众神之母神庙（Metroon）。此处原为五百人议事会（Boule）的议事厅（Bouleuterion）。公元前5世纪末，人们在旧议事厅的西侧兴建了一座新议事厅，在旧议事厅原址上建造了众神之母神庙。神庙除了充当供奉众神之母的神庙，还是国家档案的存放处。在神庙的东侧，矗立着名祖英雄纪念碑。克里斯提尼改革的时候，重新划分行政单位，建立了十个部落，每一个部落都以一个传说中的英雄命名。名祖英雄纪念碑所刻画的便是这十个英雄（参见第11节）。纪念碑的底座是雅典公共事务的公告栏，凡有关雅典政治、军事、司法、立法、行政的公告均张贴与底座上，以供公民阅读。神庙南面的圆形建筑名叫瑟罗斯（Tholos），是五百人议事会的执行委员会起居之所。雅典分为十个部落，每年每个部落抽签选取50个公民组成五百人议事会，每年每个部落的50人按顺序充任五百人议事会的执行委员会。任职期间，委员会的成员在公费食堂中就餐，居住在瑟罗斯内，时刻准备着处理国家政务。

在广场西侧的克洛诺斯·阿格莱欧斯山上雄踞一座神庙。这座神庙是献给火神赫菲斯托斯和雅典娜两位神祇的，一般称之为火神庙（Hephaisteion）。神庙大致成东西走向，是希腊本土保存最为完整的多利亚式神庙。在自由之神宙斯的东面，泛雅典娜节大道的旁边有一座十二神祭坛。据修昔底德记载，这座祭坛是由僭主庇西特拉图之孙小庇西特拉图于公元前522/1年出任执政官时修建的。考古学家在瑟罗斯的东面发现了一块界碑，再往南就是一片商业区，不远处就是珀罗斯(Poros)。有学者认为珀罗斯就是雅典的国家监狱，即苏格拉底饮鸩之处。

界碑南面的西南井房是古典时期雅典最大的井房之一。该井房呈L形，建成于公元前350至前325年左右。紧挨着井房的东面的是一座边长为30米的正方形露天建筑，是雅典的法院(Heliaia)。它的东边是南柱廊，建成于公元前430—420年，长80米，有两排廊柱，柱廊后部有16个小房间。柱廊的东边是东南井房，建成于约公元前530—520年，是市政广场最早的公共建筑之一。东南井房的东面是铸币厂。该铸币厂建成于公元前400年左右，在随后的三个世纪，一直为雅典铸造铜币。

在古典时代，广场的东部没有大型建筑，仅有一座被某些学者认定为法庭的建筑。该建筑后来被夷为平地，地基也被希腊化时期建造的阿塔罗斯柱廊[①](Stoa of Attalos)所覆盖，几乎无法辨认其原有的建筑形制。但是考古学家从此处出土了一个雅典陪审员投票用的投票箱，并以此认定此处为雅典法庭。

广场的北部有一座柱廊，即著名的彩绘柱廊(Stoa Poikile)。该柱廊建成于约公元前470—460年。之所以称之为彩绘柱廊，是因为柱廊内陈列着大量的彩绘。廊柱外部为多利安柱，内部为伊奥尼亚柱，大致呈东西走向。与广场内其他柱廊不同，该廊柱是一个纯粹的公共场所，没有任何个人或组织享有优先使用权。因此，许多人都愿意到彩绘廊柱下闲逛或者交谈，其中最著名的就是哲学家芝诺(Zeno)。他于公元前300年从塞浦路斯来到雅典，在彩绘柱廊教授哲学，自成一派，后人称之为斯多噶学派(Stoics)，即廊柱(stoa)下的学派。

在平时，雅典的市政广场在大部分时间沉默地履行着自己的职责，

---

① 曾求学雅典的帕加马国王阿塔罗斯二世(159—138 b. c.)赠予雅典人民的一座柱廊，南北走向，长百余米，上下两层，是雅典的主要商品交易地。

为雅典市民的贸易和交谈提供场所，为宗教活动和体育赛事提供跑道，是城邦共同体形成认同的公共空间。某种意义上，正是市政广场打通了城邦的政治、经济和宗教，使得城邦生活成为可能。当危机到来，城邦才能够在广场的政治空间内迅速地凝聚成一股力量，挽狂澜于既倒。

德摩斯梯尼的一段记载，为我们认识广场在雅典人政治生活中的作用提供了一份生动的素材。马其顿军队占领埃拉提亚后，信使马不停蹄赶到雅典，来到市政广场，跑到主席团所在的瑟罗斯。闻毕，正在吃晚饭的主席团立即起身。他们中有些人清理广场，点燃烽火，一些人传召将军和传令官。雅典一夜无眠。次日清晨，主席团传召五百人议会到议事厅开会，全体公民则前往普尼克斯山等候。许久，五百人议事会进入公民大会，主席团宣布消息，传令官问有谁愿意献计。最终，德摩斯梯尼上前发言，为雅典人分析马其顿的野心和希腊的自由所遭受的威胁。公民大会被他说服，通过颁布法令的方式决定同全希腊结盟，共同抵抗马其顿，保卫希腊的自由。

21. 雅典之港：比雷埃夫斯

比雷埃夫斯(Piraeus)是位于城区西南约 7 公里处的一个半岛，是古典时期雅典主要的港口和海军基地的所在地。雅典极盛之时，半岛被一道环形墙围住，并通过两道长墙(Long Walls)与雅典的主城区(Asty)连在一起(参见图 21－1)。

在古风时期，雅典的港口并不在比雷埃夫斯，而在东边的法勒伦(Phalerum)。彼时的比雷埃夫斯由于山峦的隔碍，其价值并未被充分认识到。僭主庇西特拉图的儿子西庇阿斯于公元前 510 年试图在比雷埃夫斯建立港口，未果。公元前 493 年，雅典政治家地米斯托克里斯出任雅典的名年执政官(每年选出的九位执政官之一，意为"以其名字命名年份的执政官")，建议雅典在比雷埃夫斯修建港口、堡垒和防御性城墙。地米斯托克里斯是雅典最早注意到发展海上力量的政治家。在马拉松战役之后，他就建议雅典人发展海军，以"木墙"来抵御入侵之地。战后，他依旧延续自己的政策，注重发展海上力量。

按照地米斯托克里斯的要求，比雷埃夫斯城墙修建得十分坚固。修昔底德说，城墙的厚度足以让两辆满载石料的马车面对面地走过。城墙的中间不是用碎石和泥土填塞，而是用大石头凿成的方石镶砌起来的，外面用铁质和铅质的板子固定。公元前 472 年，雅典人民利用陶片放逐法将地米斯托克里斯驱逐出境，但他建设比雷埃夫斯的政策却被继承。根据修昔底德的说法，公元前 460 年雅典人开始修建连接城区和港口的长墙。长墙共三座，分别为北长墙、南长墙和法勒伦长墙，其中法勒伦长墙的具体位置不详。南北两座长墙的长度大约为七公里强，相隔 170 米左右。

比雷埃夫斯半岛南北长三公里左右，西南、东北和西北有埃克特

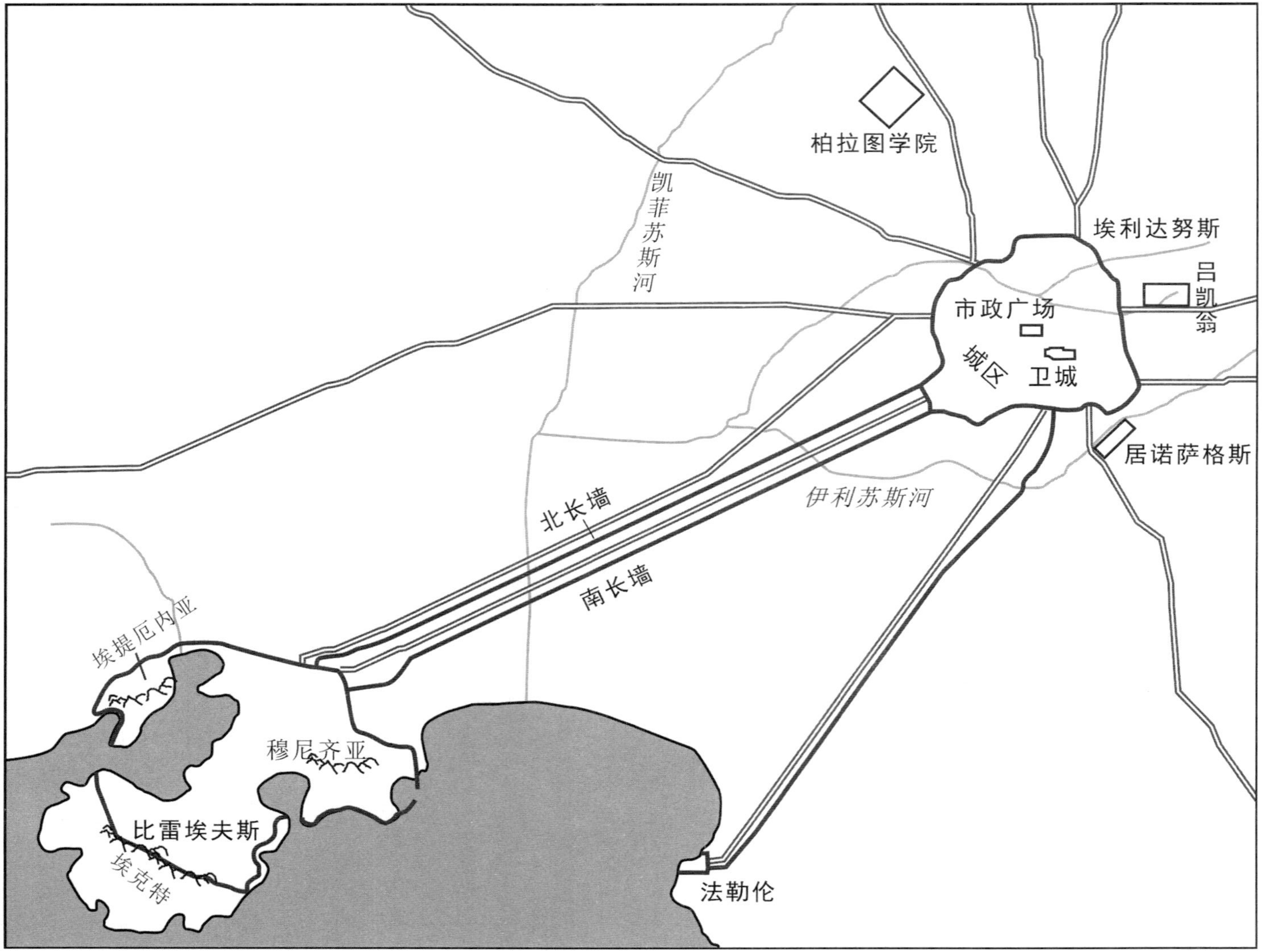

图 21-1　比雷埃夫斯的地理位置

(Akte)、穆尼齐亚(Munychia)和埃提厄内亚(Eetioneia)三座山丘，东西共有三个港口，从大到小分别为坎瑟鲁斯(Kantharus)、吉雅(Zea)和穆尼齐亚。坎瑟鲁斯港从西北到东南的宽度大约为700米，从海港出口到最北面长约1 160米，是当之无愧的比雷埃夫斯第一大港。该港兼做军用和商用，其中军舰停泊在海港出口附近，商船停泊得较为靠里。在该港的西北角还有一处浅浅的海港，人称哑港(Kophos Harbour)。吉雅港呈蘑菇状，蘑菇头的直径大约为400米，是雅典最主要的军事港口。据四世纪末的一份铭文记载，雅典当时共有三列桨战舰停靠棚①(shipshed)372间，其中坎瑟鲁斯94间，穆尼齐亚82间，吉雅一港便有196间。此外，公元前4世纪末的吉雅港附近还有一座军械库，其设计者为建筑师菲洛(Philo)，主持建造者为当时的政治家莱库古(Lycurgus)。最小的穆尼齐亚港呈椭圆形，直径在250米到300米之间，也是单纯的军港。这三座海港均为山地所环绕，加之人工建筑的城墙，可谓固若金汤。除此之外，雅典人还在出口处设置机关，在需要的时候可在海面升起数道铁索，将港口完全封锁。

比雷埃夫斯城还是欧洲历史上第一座按照事先的规划建造的城市，其设计出自米利都建筑师希波达穆斯(Hippodamus of Miletus)之手。此人在公元前5世纪中叶应雅典著名政治家伯利克之邀来到雅典，主持设计比雷埃夫斯。在此之前，希腊的城市布局大致均分为两部分，即卫城和下城。下城的核心是市政广场，建筑均以之为中心无计划地建设。而比雷埃夫斯的出现改变了这一现象。比雷埃夫斯所留下来的古迹很少，但根据古书中的记载，该城有着笔直的街道、井然有序的街区和错落有致的房屋。这在当时是很了不起的创造。在这些建筑中，还能确定其具体方位的已经不多，主要有两个市集、两座剧院、一座军械库和若干神庙。两个集市分别为恩波利翁(Emporium)和希波达美亚(Hippodameia)。前者在坎瑟鲁斯港的东面，附近有五座柱廊，是雅典最热闹的贸易集散地，西西里、意大利、埃及、小亚和黑海地区的商品云

---

① 古希腊罗马的船停靠时都要拖到岸上。三列桨战舰停靠棚内有一个倾斜入水的斜坡，高处有滑轮，是专门用来停靠和维修三列桨战舰的设施。棚与棚并排而立，连成一排。

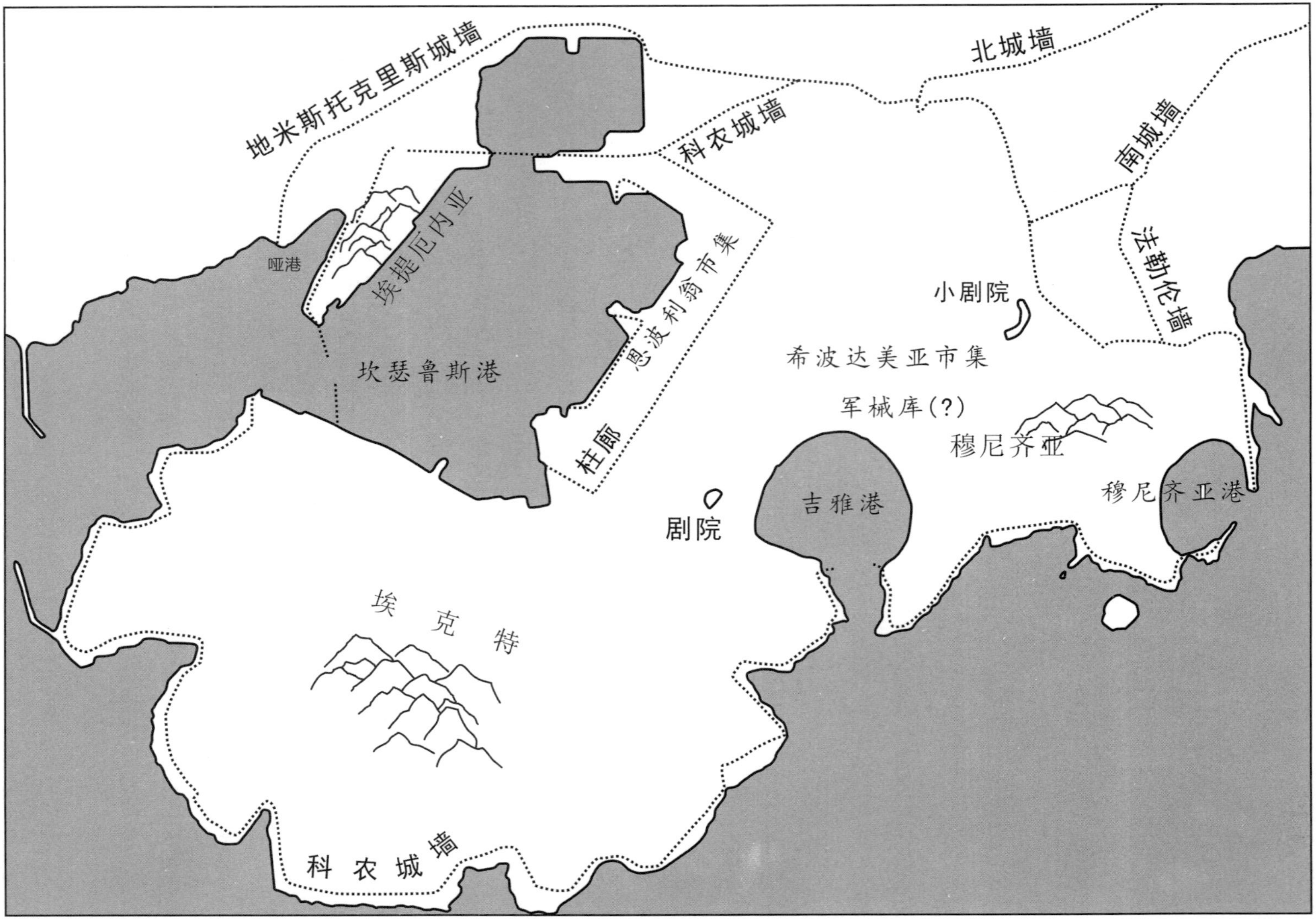

图 21-2　比雷埃夫斯平面图

集于此。后者则较为冷清，其具体位置也较为模糊。两座剧院一大一小，较大的建于古典时代，较小的建于公元前2世纪，其中前者位于穆尼齐亚山的西坡，后者位于吉雅港西侧（参见图21－2）。军械库的具体位置也不可考，但是一块碑铭详细地记载着它的建造规格和方法。此外，比雷埃夫斯还分布着大大小小的神庙，其中不少为异邦神（如埃及的阿蒙神）的祭祀场所。这也放映出当时比雷埃夫斯的国际化程度。

地米斯托克里斯最初建设比雷埃夫斯是出于军事上的考虑，但是随着历史的发展，比雷埃夫斯对雅典的政治和经济也产生了重要的影响。在伯罗奔尼撒战争的最后八年，比雷埃夫斯在战争中的重要性表现得尤为突出。公元前411年，四百人寡头中的极端寡头派为了巩固寡头统治，便计划在埃提厄内亚建立军事基地，以期接应斯巴达海军，抵御驻扎在萨摩斯的雅典海军。在公元前403年，雅典民主派的首领特拉斯布鲁斯（Thrasybulus）为了反抗三十僭主的暴政，率领雅典的民主派占领了比雷埃夫斯的制高点穆尼齐亚山，挫败了寡头派的进攻，并于是役击毙寡头派首脑克里提亚斯（Critias），为民主制的重建扫清了最大的障碍。公元前404年，雅典战败，投降斯巴达。斯巴达因感念雅典为全希腊所作的贡献，并不打算毁灭之，但是坚持要把比雷埃夫斯的城墙和联通城区与港口的长墙拆毁，使雅典无力与自己抗衡（参见第26、27节）。后波斯与斯巴达冲突，投奔波斯人的雅典将军科农（Konon）便趁机于公元前393年向波斯人建议重修比雷埃夫斯的城墙和联通城区的长墙，其理由是“通过这一举动，你可以在为雅典人做一件好事的同时报复斯巴达人，因为你使他们经过巨大的艰难困苦才完成的功业化为乌有”。另外，在反抗前411年和前404年的两次暴政的过程中，在比雷埃夫斯居住的雅典公民、异邦人（metics），乃至奴隶都起到了很重要的作用，是反抗僭主的主要军事力量，以至于多年以后，哲学家亚里士多德在他的《政治学》的第五卷中还说“在雅典，比雷埃夫斯的居民要比住在城区的居民更为民主些”。可以这么说，比雷埃夫斯既是雅典民主制的产物，也是雅典民主制的中流砥柱。

比雷埃夫斯之所以在政治上如此坚定地守卫着民主制，很大程度上是由于其经济的缘故。在公元前5世纪末，雅典经济活动的中心转移到比雷埃夫斯，港口的贸易成为雅典经济的主要支柱。相对于城区的贵族和农民，在港口从事工商业活动的人自然就更青睐民主制。在鼎盛时代，比雷埃夫斯成为东地中海贸易的中心，为雅典带来了巨大的财富。

在希腊化时代和罗马统治时期，由于雅典政治地位的下降和军事上遭受的打击，比雷埃夫斯逐渐衰落。虽然它在罗马帝国初期曾一度中兴，但颓势难挽。到中世纪，人们已经忘了比雷埃夫斯这个名字，见它港口有个石狮子，便称之为“狮子港”（Porto Leone）。1687 年，威尼斯的弗朗西斯科·莫罗西尼（Francesco Morosini）围攻雅典，炸毁帕特农神庙，抢走比雷埃夫斯港口的石狮子。该港自此一蹶不振，直到希腊独立，雅典成为首都，该港才真正复兴起来。

22. 诸神的居所：雅典卫城、德尔菲和奥林匹亚

前文提到，雅典卫城主要的功能是宗教性的，是供奉雅典娜的神庙所在地。卫城周边有一圈围墙，清楚地标明卫城的范围。卫城上的神庙与围墙内的土地，合在一起被称为“特美诺斯”(temenos)，是保留给诸神的居所。这样的地方在希腊世界几乎随处可见，最著名者，除了雅典的卫城，就是供奉阿波罗的德尔菲和供奉宙斯及其他诸神的奥林匹亚。

雅典卫城的建筑格局，不再赘言。此处主要论述它的宗教功能。雅典卫城最主要的崇拜对象是作为城邦守护神的雅典娜女神(Athena Polias)。其他称号的雅典娜女神(希腊的神祇都拥有多种属性)，如战神雅典娜和帕特农神庙中的雅典娜女神，虽然也得到供奉，但居于次位。祭祀城邦保护女神雅典娜的泛雅典娜节，每年会在雅典娜诞辰——仲夏的赫卡托姆拜昂月第28日——如期举行。

从荷马时代，希腊人祭祀诸神最核心的步骤就是在祭坛上焚烧裹有厚厚油脂的牛腿骨。因此，祭坛往往位于某一处宗教崇拜地的核心。雅典卫城的守护神雅典娜大祭坛位于守护神雅典娜(亦即伊瑞克提翁神庙)的东面，横长15米，宽8.5米。神庙内，一尊橄榄木雕神像东面而立，正对着祭坛(参见图19)。这就是守护神雅典娜神像。神像工艺古朴，历史悠久，以至于有传说她是从天而降。神像真人大小，在泛雅典娜节中扮演着重要角色。因为，雅典人除了为雅典娜焚烧牺牲，敬献贡品，还要给这尊神像换上一件新的长袍(peplos)。长袍由四名挑选出来的少女精心织成，由女祭司呈现给女神神像。这是整个泛雅典娜节最核心的仪式。

泛雅典娜节的参与者并不仅限于少数祭祀，而是包括几乎所有广义

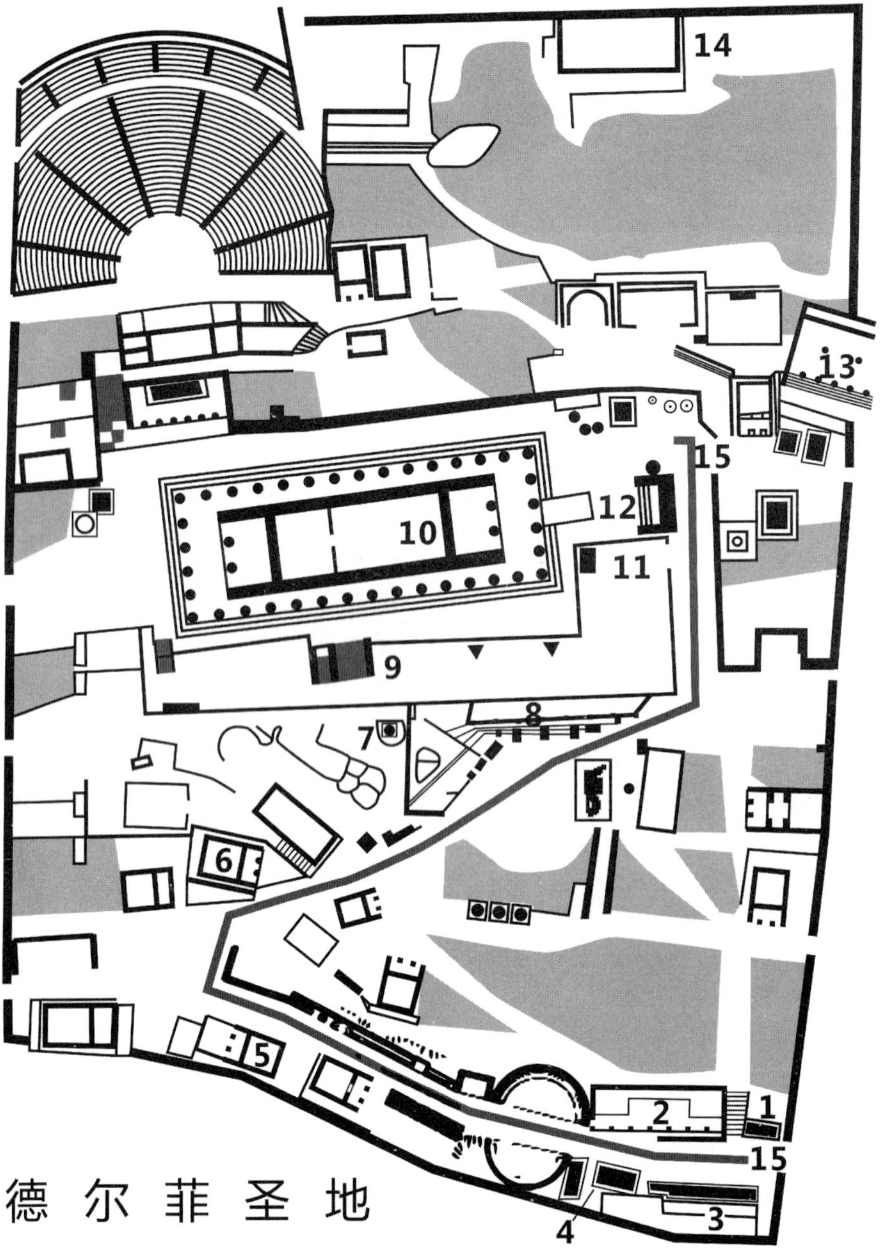

1科希拉牛像;2阿卡迪亚纪念碑;3斯巴达纪念碑;4马拉松纪念碑;5西弗诺斯金库;6雅典金库;7纳克索斯的斯芬克斯像;8雅典柱廊;9卡索提斯圣泉;10阿波罗神庙;11艾米利尤斯·保卢斯纪念碑;12开俄斯大祭坛;13阿塔罗斯柱廊;14尼多斯人捐建的莱斯彻;15圣路

图 22－1　德尔菲圣地

上的雅典人——雅典公民、雅典定居外邦人，甚至雅典的奴隶。这些人在节日祭祀中，各有分工，但都会参加从迪普隆城门（Dipylon Gate）开始的大游行。游行从当日的早晨开始，浩浩荡荡，经由圣道，穿过市政广场，到达卫城。大约中午时分，完成祭祀，将祭祀剩下的肉烤熟，分给众人食用。除祭祀游行外，雅典人还会举行丰富多彩的竞赛，内容有田径、赛马、诗歌和音乐比赛等内容。这些活动往往持续数天。每四年，泛雅典娜节会扩大为大泛雅典娜节，活动更精彩，时间更长，祭祀也更为隆重。

虽然雅典卫城和泛雅典娜节的希腊世界影响很广，但终归是地方性的宗教祭祀。在希腊世界，影响力最大的泛希腊宗教圣地是德尔菲。据说，当初阿波罗神周游世界，寻找一处合适的地方，以建立神庙，发布神谕。最终，他选择后来建立德尔菲的地方。为了安顿下来，首先他杀死了当地一条名为普同（Python）的巨蛇，此地因此得名普托（Pytho）。之后，他化身海豚，将一船克里特人引至此处，命他们建立神庙，供奉自己。神庙的名字德尔菲（Delphi）就源于他化身的动物的形象——海豚（Dolphin）。

德尔菲神庙位于科林斯湾以北的弗吉斯地区（参见图 1－1），建于帕纳苏斯山高耸的崖壁上。由于是山地，整个德尔菲圣域并非平地一块，而是大致分成三等阶梯，神庙占据其中较平坦的一块。如图 22 所示，整个特美诺斯区域大致呈长方形，长约 200 米，宽约 140 米。围墙四周皆有开口，但正式的入口在最下方东南角处。入口正对着的就是圣路。德尔菲的圣路呈之字形，沿山地蜿蜒向上，通向神庙。在圣路两旁，是希腊世界各处城邦捐建的金库。据研究，城邦地位和实力不同，金库所在的位置也会有差异。一般来说，影响越大的城邦，所建的金库离神庙越近。大邦雅典的金库离神庙最近，并在神庙所在阶梯旁修建了一座柱廊。此外，据希罗多德记载，古典时期的德尔菲神庙系由雅典的阿尔柯美翁家族捐建。公元前 548 年，之前的神庙被大火焚毁，直到公元前 513 年，才由流亡在外的阿尔柯美翁家族再度承担起修建神庙的重任。此举，并非单纯出于宗教热情或社会责任，而是为了同将他们赶出雅典的政敌，僭主庇西特拉图一家相抗衡。因为，大约同时，庇西特拉图家族开始在雅典卫城修建一座规模宏大的雅典娜神庙。

阿尔柯美翁家族修建的德尔菲神庙外观为多利亚风格，三角墙和饰带上均有浮雕。神庙东西走向，东面为正面，朝向着太阳升起的方向。神庙正前方，为开俄斯人捐献的大祭坛。祭坛与神庙，组成了一般祭祀的必要部件。但作为以神谕而闻名整个地中海世界的德尔菲，除了神庙与祭坛，还有其特殊的宗教场所，阿杜同（adyton）。

阿杜同是德尔菲阿波罗神庙中的一块禁地，是大殿最深处的一个小隔间。这间小室内摆放有阿波罗的神像和狄奥尼索斯的神像，一座有盖的三脚鼎，一块状似隆起的肚脐的巨石。（在古希腊人的地理观念中，德尔菲是大地的肚脐，亦即中央）远道而来的香客，在付了占卜费用、完成祭祀仪式后，将自己的疑惑（仅限一个）说给德尔菲的男祭祀听。男祭司再将这个问题转述给德尔菲的女占卜师皮提娅（Pythia）听。皮提娅得到问题，便在阿波罗的祭坛上焚烧月桂叶和大麦，之后就进入一种通灵的状态。通灵之后，她所说的话就是阿波罗的话，亦即神谕。关于她进入这样一种状态的原因，之前认为是月桂叶中含有的微量毒素所致，否定曾任德尔菲男祭司的传记家普鲁塔克的说法，即是密室下的岩层罅隙冒出的烟雾将皮提娅带入通灵之境。然而，最近的地理学和考古学的研究，却证实了后一种说法的可靠性。

不过，在希腊世界中，并非只有德尔菲的阿波罗神庙有阿杜同，亦并非只有此处的阿杜同能发布神谕。但德尔菲神谕始终拥有非同寻常的影响力。在希腊文献中，流传有许多出自德尔菲的神谕。这些神谕大多含糊不清，如小亚吕底亚的国王克洛伊索斯问是否应该进攻波斯，神谕答道，若进攻，则一个帝国就会消亡。克洛伊索斯大喜过望，立即出兵，结果被消灭的是自己的帝国。但神谕的模糊性也使得它拥有很大的解释空间。如波斯入侵希腊在即，雅典人请示神谕当作何打算。神谕说要用“木墙”保卫祖国。最终，雅典人将“木墙”理解为战船，终在萨拉米斯海战中击溃波斯侵略军。尽管德尔菲的神谕模棱两可，但它仍是希腊世界乃至整个东地中海世界最又名的神谕，许多国家或个人纷纷前来求问，并在胜利或成功之后，奉上丰厚的献祭。此外，此处还举行皮提亚运动会，为古希腊四大运动会之一。

谈到古希腊运动会，就不得不提到奥林匹亚。无论是在古代世界，还是在现代世界，奥林匹亚都是最著名的运动会。在古代，奥林匹亚运动会居希腊世界四大运动会之首。据说，雅典的梭伦立法规定，给奥林匹亚运动会优胜者的奖励是 50 德拉克马，给地峡运动会的优胜者只有 10 德拉克马，差距可想而知。在现代，举世瞩目的奥运会即是在古代奥林匹亚运动会基础上发展而来的，只是由于翻译的习惯，国人常称之为奥林匹克运动会（Olympic 是 Olympia 的形容词，准确地讲，还是该称作奥林匹亚运动会）。

奥林匹亚并非只有运动会，还是希腊世界著名的宗教祭祀地，所供奉的神不但有宙斯与赫拉，还有其他长居奥林波斯山的诸神。要注意的是，切不可将奥林匹亚与奥林波斯山混淆。正如第一章交代的，奥林波斯山在北希腊的色萨利境内，而此处要讲的奥林匹亚则在伯罗奔尼撒半岛的埃利斯境内。文章标题“诸神的居所”并非指神话传说中诸神宅邸的所在，而是指在现实的历史活动中，人类创造的宗教祭祀中心。

奥林匹亚圣地位于阿尔弗俄斯河（Alpheios）与克拉得欧斯河（Kladeos）交汇处的冲积平原上，克洛诺斯山（Kronion）山南麓。这样的地形对于整个圣地的建设产生了关键影响。与雅典卫城和德尔菲一样，奥林匹亚圣地也是一块特美诺斯，并有自己专门的名字——阿尔提斯（Altis）。在其中，历史最为悠久的人类活动的遗迹是所谓的佩洛普斯冢。根据传说，来自小亚弗吕吉亚地区的佩洛普斯（Pelops）在击败该地的统治者欧尼诺茅斯（Oinomaos）后创建了运动会，圣地内的大土丘就是他的坟墓。然而，考古发掘标明，围绕古冢展开的宗教活动，可追溯至公元前三千纪中叶，远比传说中的要早。另一种传统认为，大英雄赫拉克勒斯栽植了阿尔提斯内最早的一棵圣树，立了一个祭坛，行了第一次祭祀，创立了运动会，以此向他的父亲宙斯表示敬意。而这块地方，就是他用智慧清理的奥革阿斯牛圈的所在。

但无论古人相信哪个说法，他们几乎都认同第一届奥林匹克运动会的举办时间，即公元前 776 年。这是希腊历史上第一个明确的纪年时间，近代古希腊史大师乔治·格罗特将其当作希腊传说时代与信史的分界点。同时，每四年举行一次的奥林匹亚运动会也为希腊世界提供了最

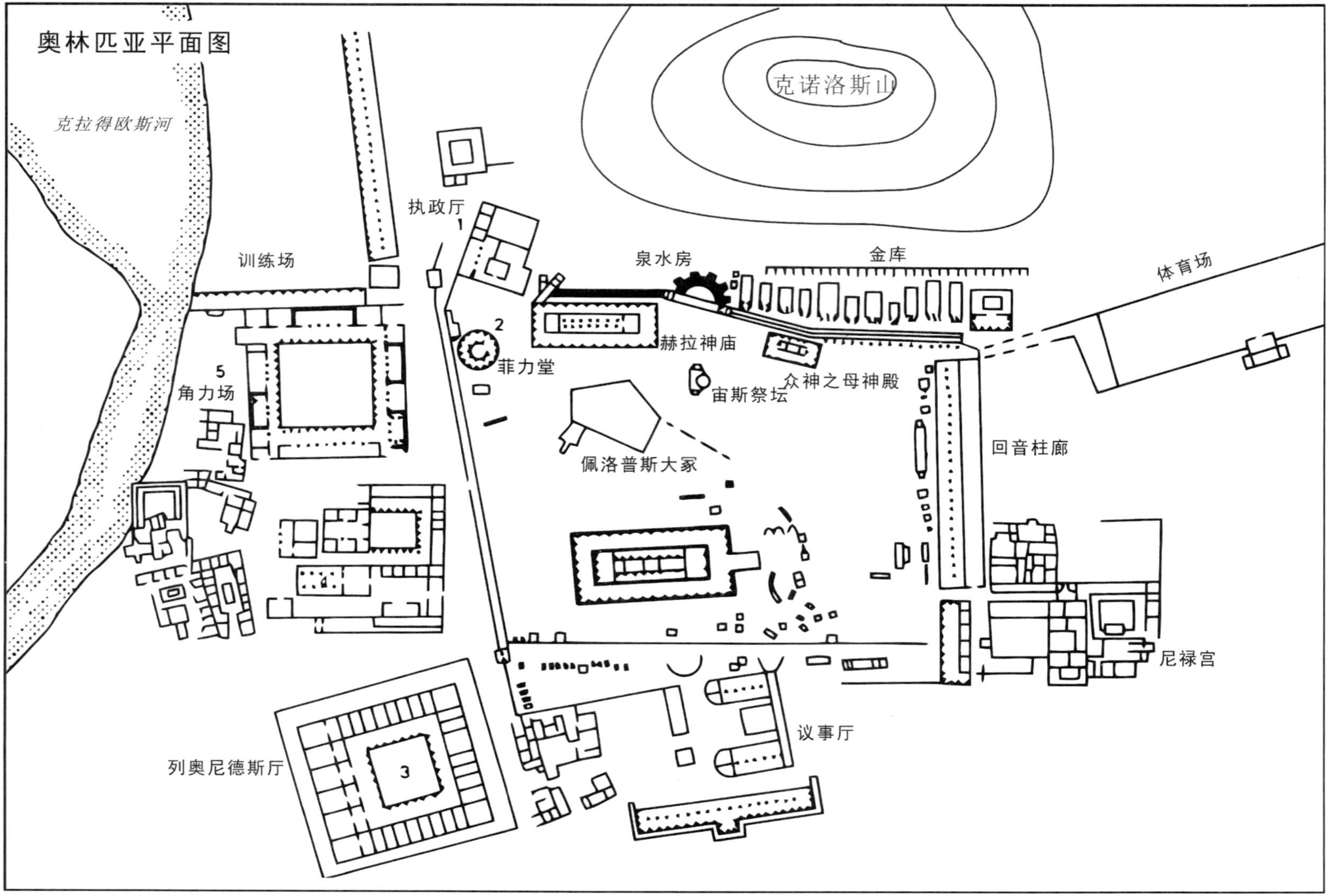
奥林匹亚平面图
克诺洛斯山
克拉得欧斯河
执政厅
1
训练场
泉水房
金库
体育场
2
赫拉神庙
菲力堂
众神之母神殿
宙斯祭坛
5
角力场
佩洛普斯大冢
回音柱廊
尼禄宫
议事厅
列奥尼德斯厅
3

图 22－2 奥林匹亚圣地

为广泛接受的纪年体系。然而，我们还是先将目光从奥林匹亚运动会收回，转而聚焦于圣地之内，集中探讨一下奥林匹亚的宗教功能。奥林匹亚运动会的内容，留给下一节。

奥林匹亚圣地大致呈正方形，每边长约 220 米。圣地中，最主要的崇拜对象是宙斯。在佩洛普斯大冢前，矗立着一座宙斯大祭坛。与著名的帕加马宙斯祭坛不同，这座祭坛不是用大理石砌成的，而是由祭祀牺牲后留下的腿骨灰烬堆成的。祭坛分为两层，底层周长约 38 米，上层周长约 10 米。在美观方面，这座祭坛可能无法与任何其他一座相媲美，但堆积如山的牺牲骨灰本身就证明了它自身的历史之悠久，名声之远扬。也许由于人为破坏，也许由于自然风化，这座祭坛并未留下任何痕迹，我们只能通过古人的记载略知一二。

在佩洛普斯大冢南面，是著名的宙斯神殿。神殿竣工于公元前 5 世纪 50 年代左右，建成时为希腊大陆最大的神庙，直到帕特农神庙完工才被超越。其建筑样式为多利斯风格，正面有六个立柱，侧面有 13 个立柱。石基台宽 27.68 米、长 64.12 米，有三层高高的台阶。外立柱高 10.53米，整个建筑从柱座(stylobate)到山墙顶约 20 米。神殿东山墙浮雕内容为欧尼诺茅斯和佩洛普斯比赛前的决定性时刻，西山墙为人马族和拉庇泰人(Lapiths)在拉庇泰人国王庇里托俄斯(Peirithoos)婚礼上的战斗。神殿柱间壁刻画的是赫拉克勒斯完成的 12 件任务，故这组浮雕总体被人称为“十二伟业”(dodekathlos)。神殿内的宙斯神像是尊坐像，雕刻者为菲迪亚斯，乃古代世界七大奇迹之一。这尊宙斯左手握象征权力的权杖，右手持带来胜利的黄金象牙胜利女神像。据说，这尊坐像十分宏伟，高高在上俯视着前来朝拜的众生，若他站起来，必定能顶破神殿的屋脊。

值得一提的是，在神殿中被供奉的宙斯神全名为宙斯—奥林匹欧斯(Zeus Olympios)，即奥林匹亚的宙斯。这意味着，这尊神并非普遍意义上被全希腊所共同崇拜的宙斯，而是为奥林匹亚所独有。他手中所持的两样东西就象征他执掌的范围：统治权与胜利。众多强权人物和获胜的国家向这尊神献祭，其中最有代表性的乃圣域西北角的菲力堂(Philipeum)。菲力堂为 18 根立柱环绕着的圆形小室，东面开口。室内有菲力及其家人的黄金象牙像。雕像为公元前338年，马其顿大军击溃希腊联军之后，菲力亲自请人塑造，菲力堂则为他遇害后，其子亚历山大完成。虽然理论上讲，这是为了纪念菲力数年前赢得的赛马冠军，但实质上是为了向世人彰显菲力家族比拟诸神的权力与空前的军事胜利。除菲力堂，还有许许多多类似的建筑和纪念碑，以至于整个圣域内布满了它们的地基和底座。阿尔提斯之北，克洛诺斯山缓缓下降的山坡上，并排建有12座小型的金库。这些金库为四面八方的希腊城邦所建，目的也是为了向远来朝拜的众人展示国家实力。

在菲力堂之东，矗立着圣域中历史最悠久的一座神庙，赫拉神庙。它建成于公元前600年左右，建成之时亦为全希腊最大的建筑之一。这座多利斯风格的神庙整体面积长为50.01米，宽18.76，前排有六个立柱，侧边有16个立柱。虽然名为赫拉神庙，但里面实际上供奉着宙斯与赫拉两位大神。也许是在宙斯神殿修建之后，这座庙宇的名字渐渐变成了赫拉神殿。赫拉神庙东面为众神之母神庙。它修建时间最晚，体积也最小，正面六根立柱，侧面十一根，内殿南北两侧墙边有四根立柱。殿内供奉着克洛诺斯之妻、宙斯之母瑞亚。除了神庙中供奉的这几位神。圣域中还有不少于69处祭坛，供奉着宙斯的其他家人，如雅典娜、阿波罗、阿弗洛狄忒和阿尔特弥斯等诸神，都得到供奉。其中，有些神以不同的别名在不同的地方得到供奉。而宙斯更是有十个左右的不同身份，其中甚至包括驱蝇神宙斯（Zeus Apomyios），其职责是在夏天将讨人厌的苍蝇赶到河对面去。

综观上述三大宗教圣地，虽然分布在希腊不同地方，却有着相同的特征：围墙围成的特美诺斯；东西走向的神庙；栩栩如生的神像；相同的祭祀仪式；同属一个神话体系的诸神。这些特征，是维持希腊族群认同感的重要因素。特别是奥林匹亚和德尔菲这样的全希腊的宗教圣地，更是从多个方面增强了希腊人的认同感。其中，作为献祭诸神仪式的重要组成部分的体育竞技，更是通过各城邦间的聚会与竞争，将希腊人的汗水和意志凝聚一处，堪称全希腊人集体的节日。

23. 泛希腊运动会

如前文提到的，古希腊的宗教祭祀总是与竞技密切相关。从荷马史诗时代开始，体育竞技就是宗教祭祀和葬礼的重要组成部分。古希腊有四大泛希腊运动会，分别为奥林匹亚（在奥林匹亚举行）、皮提亚（在德尔菲举行）、地峡（在科林斯地峡举行）与涅墨亚（在涅墨亚举行）。这四者都可以向优胜者颁发由植物枝叶编成的环状冠，但由于其起源传说不同，环状冠的材质不同，分别为橄榄冠、月桂冠、松树枝冠和野芹花冠。起源的传说版本复杂，难以一一说明，不再详述。

四大运动会成为泛希腊运动会的时间也不同。历史最悠久的泛希腊运动会为奥林匹亚运动会，第一届的举办时间为公元前 776 年。此后，该运动会每四年举办一次。这四年一个的周期被称为奥林匹亚德（Olympiad），是希腊世界最广为人所接受的纪念体系和标准。公元前 586 年，皮提亚运动会也晋升为泛希腊运动会。随后，地峡运动会于公元前 580 年也被纳入泛希腊运动会的体系。最后，涅墨亚运动会于公元前 573 年成为第四个泛希腊运动会。

在这四个运动会中，奥林匹亚运动会和皮提亚运动会为四年举行一次，地峡运动会和涅墨亚运动会为两年举行一次。古希腊历法是以每年夏为一年之初，纪年体系与我们有很大区别。随意截取一个奥林匹亚德，如公元前 480 年夏至公元前 476 年夏，四大运动会举办的时间如下：

第一年（前 480 年夏—前 479 年夏）	约前 480 年 8 月 奥林匹亚运动会
第二年（前 479 年夏—前 478 年夏）	约前 479 年 8—9 月 涅墨亚运动会
	约前 478 年 5—6 月 地峡运动会
第三年（前 478 年夏—前 477 年夏）	约前 478 年 8 月 皮提亚运动会

第四年(前 477 年夏—前 476 年夏) 约前 477 年 8—9 月 涅墨亚运动会
约前 476 年 5—6 月 地峡运动会

在接下来的前 476 年的 8 月份,又会如期举行当年的奥林匹亚运动会。如此,希腊人年年都能够参加一次甚至两次大型的泛希腊运动会。而且,在参赛期间,各国必须遵守停战协议,以让选手顺利到达参赛地。

笼统地说,运动会上竞技的项目可以分为体育、赛马和音乐比赛三项。体育竞技可以分为赛跑(一斯塔迪亚①,两斯塔迪亚以及长距离赛跑)、角力、拳击、拳角混合赛与五项全能(赛跑、角力、掷铁饼、跳远和掷标枪)。赛马竞技主要是各种规格的马车之间的竞技,乃古代运动会最为刺激的部分。音乐比赛范围广泛,包含抒情诗吟唱与七弦琴弹奏,竖笛演奏和吟唱。但由于各运动会敬拜的神祇不同,其竞技的内容也不同。皮提亚运动会由于敬拜的乃是诗歌与音乐之神阿波罗,故音乐比赛一直是其重要组成部分。这一点可以从圣地旁规模宏大的剧院得到体现。而奥林匹亚运动,自始至终,未曾出现音乐竞技的身影。然而,作为四大运动会之首,奥林匹亚运动会得到的关注最多,研究最透,因此也将成为本节论述的重点。通过对它的解析,我们大致可以对古希腊人的运动会有个初步的认识。

如图 23 所示,起初奥林匹亚的体育场大半位于阿尔提斯之内,西端直抵宙斯大祭坛。但随着时间的推移,体育场渐渐东移,最终完全脱离阿尔提斯。这表明,运动会最初强烈依附于宗教崇拜,是祭祀的重要组成部分。但由于其自身的成功与流行,成为一项拥有独立存在价值的活动。至少在古典时期和希腊化时代,几乎所有与体育竞技相关的场所,都在阿尔提斯之外。下面,我们将按照空间顺序,一一认识它们。

在阿尔提斯之西,有两座毗邻的建筑,分别是南边的角力场和北面的训练场。角力场是一个方形的院落,四周由柱廊和大小各异的后殿环绕。摔跤手在院子中训练,可以在后殿的小室中更衣、洗漱和涂橄榄油。有些房间可能在坏天气时也用于训练,而另一些房间似乎是用作教学场所。训练场是供赛跑运动员、跳高运动员、掷铁饼和标枪的运动员训练

① 长度单位,约等于 200 米。

的场所，由四周的长廊围成，东南角为入口。其东面的长廊有220米长，比体育场跑道还长，很可能是供赛跑运动员训练的场所。现今，训练场大半已被埋入河床。

角力场之南为浴室。从古风时期，参赛选手和普通观众就习惯在克拉得欧斯河旁洗漱。后至公元前5世纪后半叶，人们在已有的基础上，将此处的复杂建筑群改造为希腊最早的卫浴系统之一。浴室之南为列奥尼德斯厅(Leonideion)。它因其捐资人，纳克索斯岛富裕的船主列奥尼德斯(Leonides)而得名。它是奥林匹亚占地面积最大的建筑，可能是用于接待显要的客人。在比赛期间，奥林匹亚往往会人满为患。除了这些显贵，一般人就只能在空地搭盖帐篷栖身了。

圣地的东边就是体育场。最初，并无人为的观众席，观众只能坐在北面克洛诺斯山的斜坡上。后随着运动会的发展，人们逐渐在体育场东西南三面筑起人工土堤，以作观众席。但除了裁判和得墨忒耳—卡姆涅的女祭司外，观众均无固定座位。从阿尔提斯入体育场，要经过一处拱门。拱门前方，摆放着一排青铜的宙斯像。铸造这些铜像的钱，是舞弊运动员缴纳的罚金。运动场赛道长约一斯塔迪亚，约合192米。体育竞技的所有项目都在这里举行。根据一项传统，所有的体育项目都是裸体进行的，因而已婚妇女是禁止观看该项比赛的，但得墨忒耳—卡姆涅的女祭司除外。她的专座在运动场北面看台的中央，与裁判的专座相对。

裁判专座南面，就是巨大的赛马场。赛马场几乎没有留下什么明显的痕迹，但根据一项文献记载，我们得知其长度大约为一公里。马场中马车的起跑点非常有意思，呈船首状，而非现代的直线型。据说，这是为了防止马车之间相互碰撞。开赛时，两侧的马车先出闸，然后依次轮换到最中间的马车。由于最外侧的马车跑道最长，因此其首发的优势也被相应地抵消掉了。赛道转弯处有一座“失蹄之神”祭坛，据说马匹常于此受惊失蹄。终点处为希波达美亚雕像，表现的是佩洛普斯获胜的一瞬间。

赛车比赛在古代世界是富人的游戏，因为其获胜者并非驭手本人，而是马车的出资人。因此，赛车比赛也长为贵族精英相互较量的场所。雅典的亚西比得就曾在伯罗奔尼撒战争期间获得奥林匹亚运动会赛马

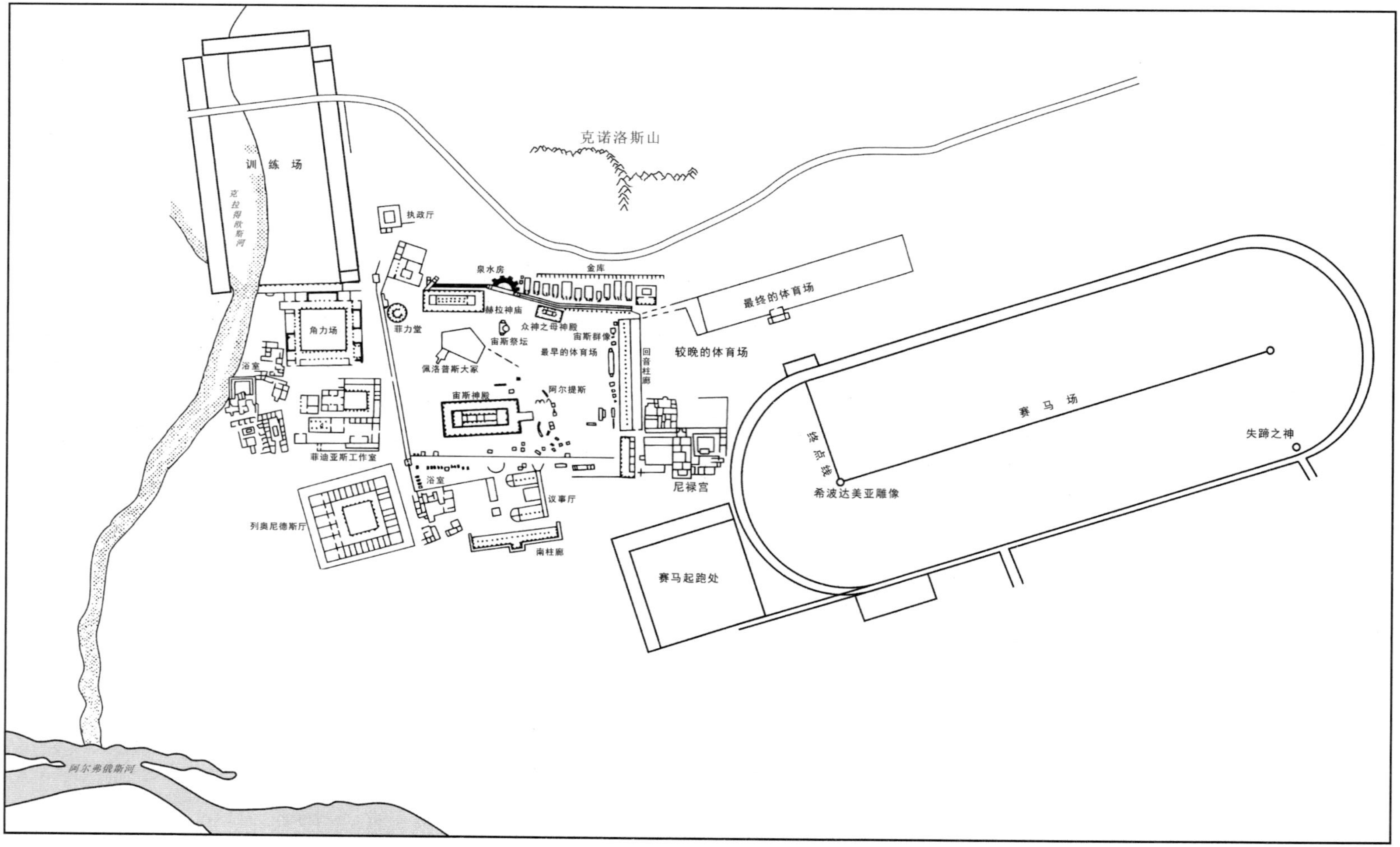

图 23　奥林匹亚圣地和运动场

车比赛的胜利。他声称这是为了显示城邦的实力,而非炫耀个人财富。马其顿的菲力二世也曾在获得该项运动的冠军,并深以为傲。竞赛的优胜者,除了获得声望,还能收获政治上的成功。而整个希腊,通过不断参加泛希腊运动会,形成了强有力的族群认同感。这种认同感,保证了希腊世界的独立与合作,为希腊文化的繁荣发展创造了重要条件。

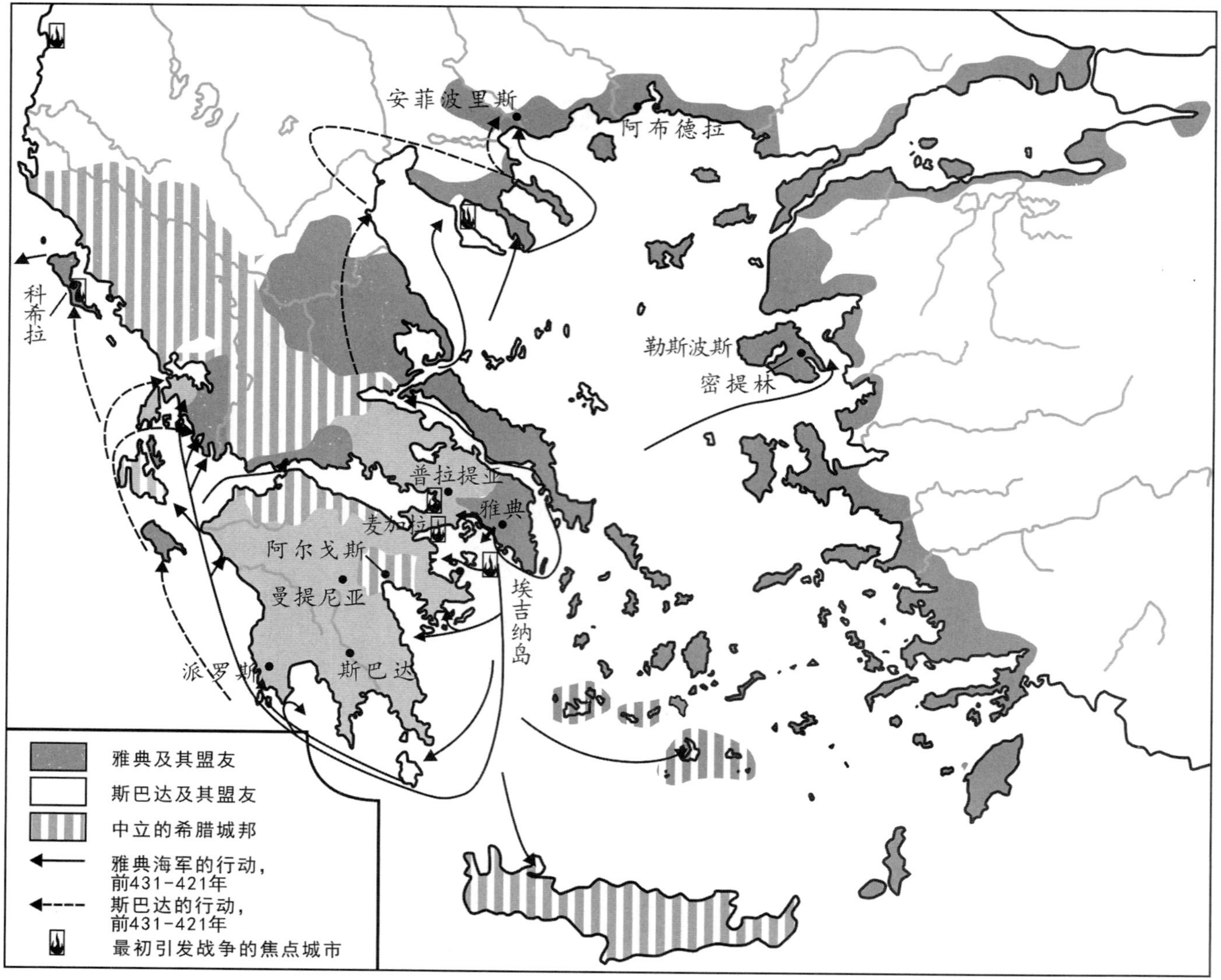
安菲波里斯
阿布德拉
科希拉
勒斯波斯
密提林
普拉提亚
雅典
麦加拉
阿尔戈斯
曼提尼亚
埃吉纳岛
派罗斯
斯巴达
雅典及其盟友
斯巴达及其盟友
中立的希腊城邦
雅典海军的行动，前431-421年
斯巴达的行动，前431-421年
最初引发战争的焦点城市

图 24　阿齐达姆斯战争

24. 伯罗奔尼撒战争·阿奇达姆斯战争

盛极而衰，大抵是世间普遍的规律，辉煌如雅典者也逃不过。雅典的崛起，始于一场战争，雅典的衰落，也源于一场战争。前一场战争即希波战争，虽然看起来持续十几年，但实质上的战斗却都是短暂的。后一场战争就是即将讲到的伯罗奔尼撒战争。这一场战争，却是结结实实地打了 27 年之久。

伯罗奔尼撒战争，是古希腊世界最强大的两个邦——雅典和斯巴达——之间的战争，而这两邦又分别是提洛同盟和伯罗奔尼撒同盟的领袖，因此伯罗奔尼撒战争也是希腊两大同盟之间的战争。战争波及的范围非常广，从拜占庭到西西里的整个希腊世界到处狼烟四起（参见图 24）。战争始于公元前 431 年，一直持续到公元前 404 年。

人们一般把伯罗奔尼撒战争分为三个阶段：战争的前十年，即公元前 431 年至前 421 年，是第一阶段。因此时领导斯巴达作战的国王是阿奇达姆斯二世，所以别称阿奇达姆斯战争，以《尼基阿斯和约》签订为其结束的标志；公元前 415 至公元前 413 年，雅典海军远征西西里，遭到惨败，是为战争第二阶段；公元前 412 至公元前 404 年，波斯介入战争，对斯巴达进行援助，雅典最终战败，是为第三阶段。

战争为什么会爆发呢？其实雅典与斯巴达的矛盾早已有之。在克里斯提尼改革的时候，斯巴达就表现出对这个新生的民主政权的反感。打败波斯人之后，蓬勃崛起的雅典和传统大国斯巴达之间的矛盾日益凸显。雅典人收复故土后欲重建城墙，但却遭到斯巴达人的阻拦，多亏地米斯托克里斯的计策才得以成功。提洛同盟成立后，雅典极力扩张，不断侵犯伯罗奔尼撒同盟的利益。早在公元前 460 年，雅典与伯罗奔尼撒同盟之间就爆发了所谓的“第一次伯罗奔尼撒战争”。战争持续了15年，参战的城邦主要有雅典、斯巴达、科林斯、麦加拉以及埃吉纳。公元前445年，雅典和斯巴达签订了《三十年和约》，暂时结束冲突。

但是，雅典和伯罗奔尼撒同盟的间接冲突从未真正停止过。公元前433年，雅典通过了《麦加拉法令》，禁止邻邦麦加拉的公民到雅典经商。同时，科希拉和波提迪亚（Potidaea）是科林斯的殖民地，但却都寻求与雅典结盟。为了争夺势力范围，雅典和科林斯的海陆两军分别在公元前433年和432年交战。科林斯人在伯罗奔尼撒同盟大会上控诉雅典的行为，大会通过投票，决定对雅典开战。

战争初期，雅典的军事统帅是伯利克里，他执行的是较为保守的军事政策。他建议居住在城郊的雅典人在斯巴达人入侵的时候搬到城墙内，避开斯巴达陆军的锋芒，依靠固若金汤的城墙保护城邦，同时用雅典的海军运载陆军侵扰敌军的后方，并煽动希洛特反抗斯巴达人的统治。他的政策在今天虽然看起来有些怪异，但有一定的合理性。由于当时军事技术的限制，斯巴达陆军无法攻破雅典城墙，所以以守代攻是最为保险的做法。由于雅典和比雷埃夫斯之间有长墙相连，所以即便被团团围住，雅典仍然可以通过海港获得补给。雅典的海军在当时无可匹敌，但陆军却不如斯巴达，避开斯巴达的陆军转而以海军的规模和机动性优势，可以扬长避短。当时的陆军还无法进行持久的阵地战，所以即便雅典人放弃城外的土地，很快又可以失而复得。

然而，伯利克里显然失策了。雅典的海军在战争的初期很少取胜，斯巴达陆军所造成的破坏也没有想象的那么少。更致命的是，在战争的第二年，即公元前430年的夏天，雅典爆发了肆虐时间长达一年半的瘟疫。由于人口都集中在城内，瘟疫迅速传播。据估算，至少四分之一的雅典人在这场瘟疫中死去。就连伯利克里本人也受到感染，于次年去世。于是，战争刚刚开始，雅典就遭受了巨大的打击。

在伯利克里去世后，雅典和斯巴达都采取了较为激进的战争政策。公元前429年，斯巴达开始围困雅典的盟邦普拉提亚，并于两年后攻破城池。斯巴达人杀死了两百余名男性战俘，将妇女卖作奴隶，将该城夷为平地。同年，雅典舰队在海上两次击败由科林斯领导的舰队。公元前

428年，雅典的盟邦密提林反叛，但次年被雅典镇压。在雅典的公民大会上，激进的政治家克里昂(Kleon)提议将密提林所有的男人处决，将所有的妇孺卖为奴隶。虽然公民大会否决了这一提案，但仍旧决定处决1 000名密提林公民。公元前426年，雅典将军德摩斯梯尼率轻甲兵重创敌军。次年，他在斯巴达港口附近的派罗斯(Pylos)建立海军基地，并在克里昂的协助下打败了不可战胜的斯巴达陆军，并俘虏了292名斯巴达士兵。派罗斯战役的胜利大大鼓舞了雅典人的士气，也使得克里昂的激进政策受到欢迎。公元前425年，雅典通过法令，增加盟邦的赋税，以期增加实力，夺取全面的胜利。

公元前424年12月，斯巴达将军布拉西达斯(Brasidas)率小股部队夜袭雅典在爱琴海北部海岸建立的军事要塞安菲波里斯，一举攻克。雅典将军修昔底德(赫赫有名的《伯罗奔尼撒战争史》的作者)驰援未及，遭到放逐。布拉西达斯是斯巴达最为激进的将领，在爱琴海北部策反了许多雅典的盟邦。斯巴达国王以此为筹码，与雅典和谈，但无果而终。公元前422年夏，克里昂扬言收复安菲波里斯，率领一支海军舰队和少数陆军从雅典扬帆。但是，克里昂并未能得偿所愿，反而遭遇奇袭，命丧沙场。然而，布拉西达斯也在是役阵亡。于是雅典和斯巴达最为好战、最为激进的两个人在同一天殒命，双方的和谈顿时少了不少阻力。

公元前421年3月，雅典和斯巴达举行和谈，签订和约。雅典人的代表是以稳健著称的尼基阿斯，故和约史称《尼基阿斯和约》。和约规定，雅典仍保有其海上帝国，斯巴达交还安菲波里斯(实则一直保持独立)，双方交换战俘，不得相互欺诈和动用武力，和约有效期50年。然而，仅三年之后，雅典与斯巴达就又重新开战。

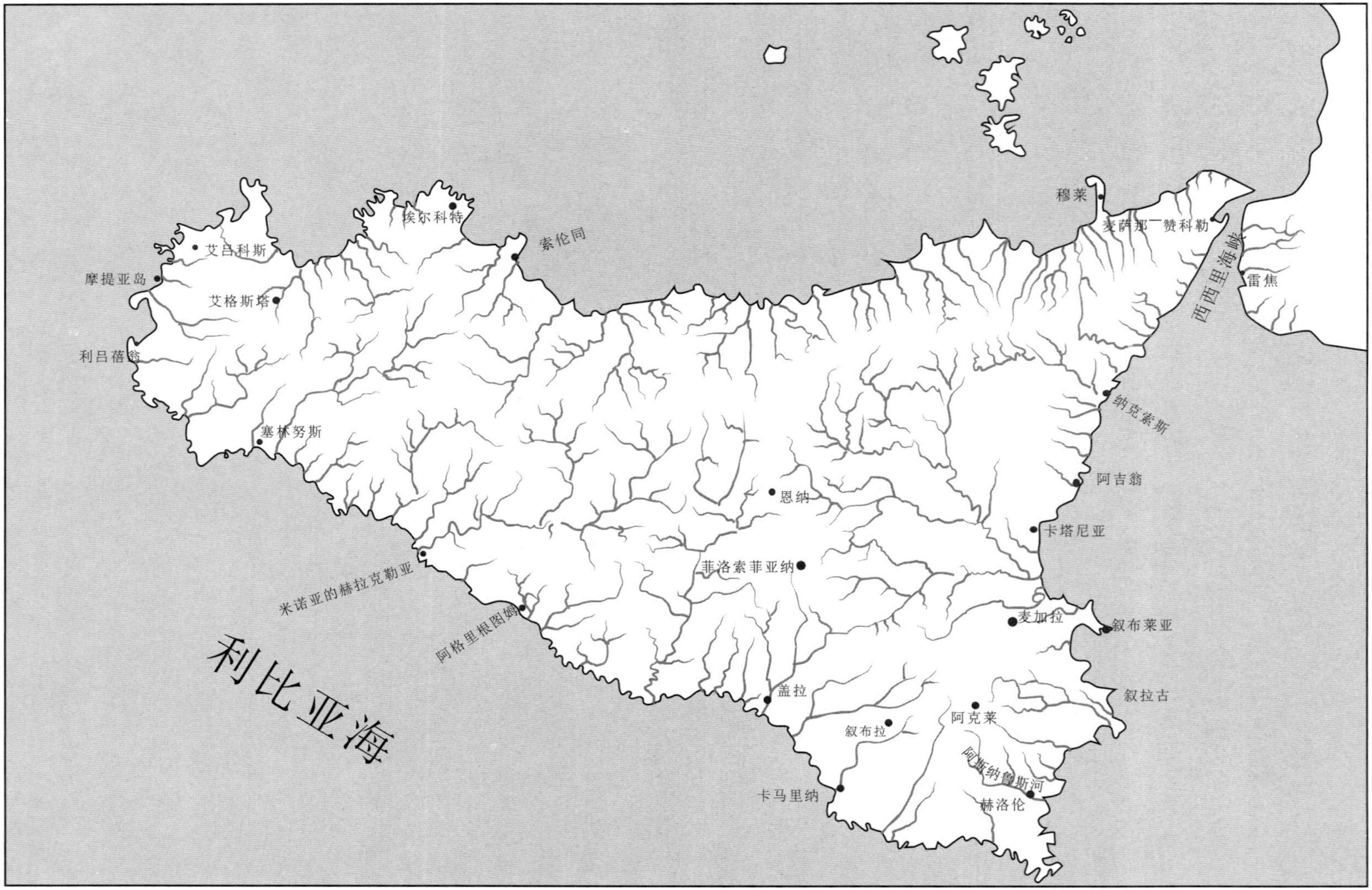
穆莱
麦萨那—赞科勒
西西里海峡
雷焦
埃尔科特
索伦同
艾吕科斯
摩提亚岛
艾格斯塔
利吕蓓翁
塞林努斯
纳克索斯
阿吉翁
恩纳
卡塔尼亚
菲洛索菲亚纳
米诺亚的赫拉克勒亚
阿格里根图姆
麦加拉
叙布莱亚
利比亚海
盖拉
叙拉古
阿克莱
叙布拉
阿斯纳鲁斯河
卡马里纳
赫洛伦

图 25－1　西西里岛

25. 伯罗奔尼撒战争·西西里远征

在罗马征服西西里之前，西西里岛上有众多的希腊殖民城邦，其中最大的是叙拉古。叙拉古人和斯巴达人一样，属于多利安人，因此，叙拉古是斯巴达天然的盟邦，雅典天然的敌人。

《尼基阿斯和约》之后，雅典和斯巴达在希腊本土的争执并没有平息。公元前420年，伯罗奔尼撒半岛上的阿尔戈斯、曼提尼亚和埃利斯联合雅典成立了一个联盟，旨在反抗斯巴达在伯罗奔尼撒半岛的霸权。这一联盟的幕后策划者是雅典政治家亚西比得，其目标是通过拆散伯罗奔尼撒同盟来彻底摧毁斯巴达的霸权。亚西比得的计划代表了雅典激进派的观点。这一派希望继续扩大战争，以使雅典获得完全的胜利。与之相抗衡的是以尼基阿斯为代表的和平派。

公元前418年，斯巴达与四邦联军交战于曼提尼亚，斯巴达大获全胜，四邦联盟解体，刚刚签订的尼基阿斯和约也正式遭到破坏。雅典和斯巴达的冲突虽然没有直接爆发，但和平已经不复存在了(参见图24)。

公元前416年，雅典在西西里的盟邦艾格斯塔与其他城邦作战失利，向雅典求援。以亚西比得为首的主战派希望趁机介入西西里岛，击败叙拉古，削弱斯巴达，所以极力主张出兵相救。但尼基阿斯等和平派却不希望为了一个小邦而兴师动众，以免留给斯巴达可趁之机。艾格斯塔为了争取救援，向雅典公民大会许诺了极高的报酬，并通过计谋让雅典使节相信他们有这个财力。公民大会最终采取了亚西比得的意见，任命尼基阿斯、亚西比得和身经百战的拉马库斯(Lamachus)为远征军统帅。

在第二次公民大会上，尼基阿斯声称需要极大的财力和军力支持方

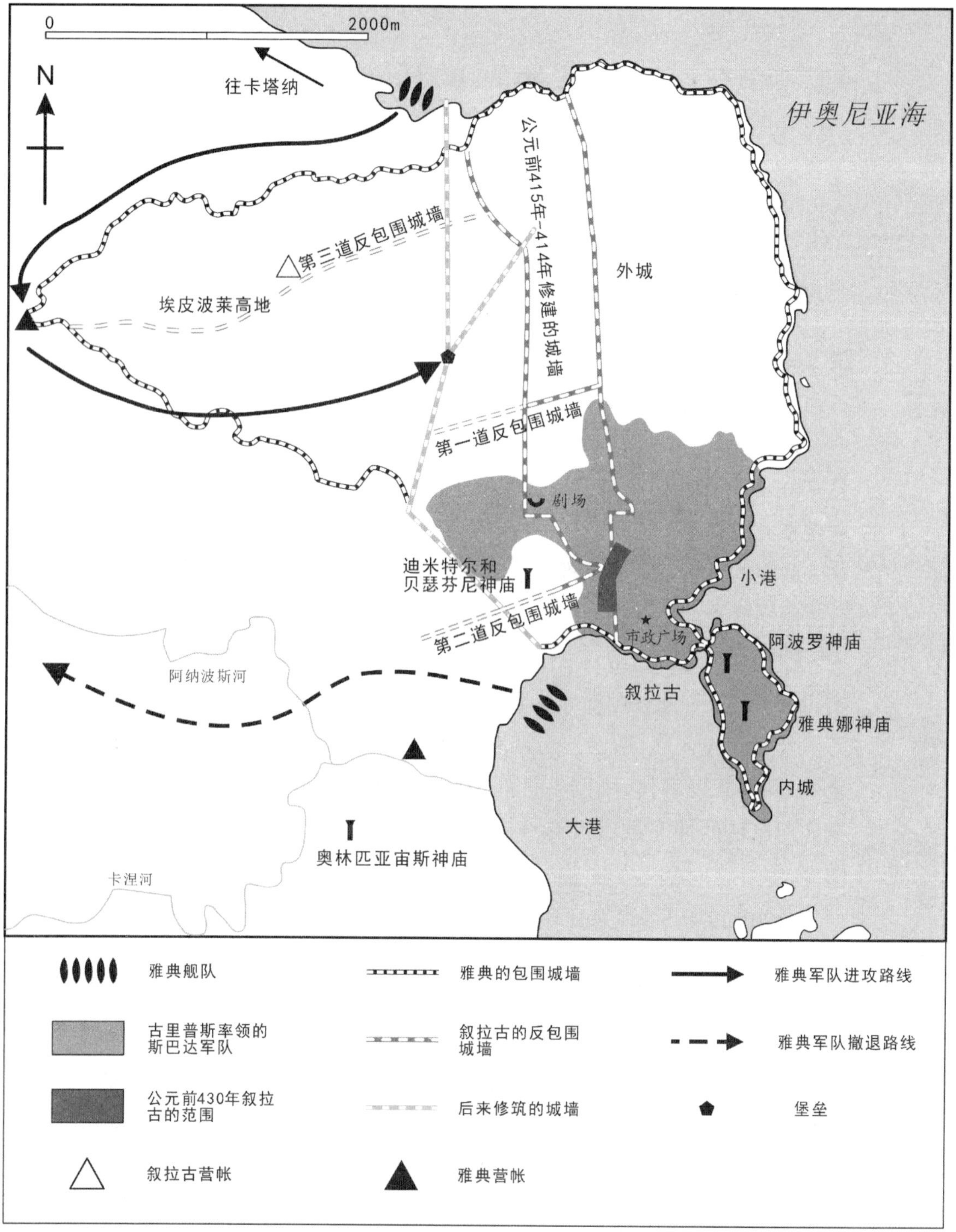

0
2000m
N
往卡塔纳
伊奥尼亚海
公元前415年-414年修建的城墙
第三道反包围城墙
外城
埃皮波莱高地
第一道反包围城墙
剧场
迪米特尔和
贝瑟芬尼神庙
小港
第二道反包围城墙
市政广场
阿波罗神庙
阿纳波斯河
叙拉古
雅典娜神庙
内城
大港
奥林匹亚宙斯神庙
卡涅河
雅典舰队
雅典的包围城墙
雅典军队进攻路线
古里普斯率领的
斯巴达军队
叙拉古的反包围
城墙
雅典军队撤退路线
公元前430年叙拉
古的范围
后来修筑的城墙
堡垒
叙拉古营帐
雅典营帐

图 25-2　叙拉古之战

能完成使命，希望以巨额的花销来泼灭民众对于战争的激情，结果却适得其反。兴奋的公民大会决定为远征军提供 100 艘战舰和 5 000 名重装步兵。总计之，到达西西里岛的远征军包括 134 艘战舰、130 艘补给舰、5 100 名重装步兵、1 300 名弓箭手、掷矛手和投石手和两万名桡手。这在当时无疑是一支超级舰队，其扬帆远航的场面在《伯罗奔尼撒战争史》中留下了极为浓墨重彩的一笔。

然而，在军队还没有出港的时候，雅典发生了两桩渎神案。一夜之间，雅典的赫尔墨斯立柱遭到毁坏。赫尔墨斯是旅行者的保护神，因此赫尔墨斯立柱的毁坏对于远征来说是个坏兆头。有人指认亚西比得参与其中，并且说他试图密谋推翻民主政府。另外有一群年轻贵族在家中向未入密仪者模仿厄硫西斯密仪，亚西比得据传也与此有关。但是亚西比得替自己力辩，并且军队和民众都支持他，所以被判为无罪。但是当他离开雅典，他的政敌又控告他渎神和密谋推翻政府。当雅典军队行至西西里岛的卡塔尼亚(Catania)，雅典使节追了上来，通知亚西比得回国受审。他佯装答应，暗渡陈仓，逃到了雅典的敌人斯巴达那里。在斯巴达，亚西比得向斯巴达人提了两项建议：派军支援叙拉古和派军长期占领雅典军事要塞德克里亚(Decelea)(参见第 26 节)。这两条建议为雅典带来了无穷的灾难。

在亚西比得未叛逃之时，雅典远征军有三种作战意向。尼基阿斯倾向于象征性的展示一下军威，并不打算真动刀兵；拉马库斯则认为应该出奇兵，直捣黄龙，一举攻克叙拉古；亚西比得则希望多多争取盟友，然后再与叙拉古交战。吊诡的是，虽然亚西比得半路就叛逃敌营，但是远征军所执行的却是他的想法。

雅典军队到达叙拉古之后，一方面派重装步兵和叙拉古军队交战，一方面派士兵修筑一条环绕叙拉古的围城墙。虽然叙拉古前后修建了两条与雅典城墙成直角的防御墙，以期堵截雅典城墙的修建，但都被雅典士兵拆毁。与此同时，雅典的军舰对叙拉古的海港进行封锁，使之完全无法出港。此外，雅典在大希腊各处进行外交活动，拉拢盟友。这些措施相当奏效，叙拉古内部一时间弥漫着强烈的悲观情绪，一贯主战的叙拉古政治家赫谟克拉特(Hermocrates)被免去将军之职。

但是，斯巴达将军古里普斯(Gylippus)的到来使得战况发生了根本的逆转。随他一同到来的还有700名海军、1 000重装步兵、100名骑兵和1 000名西西里人。他率领士兵迅速筑起第三道防御墙，将雅典的围城墙拦腰斩断，使得雅典军队之前的努力付诸东流。很快，由厄拉希尼德斯(Erasinides)所率领的科林斯舰队也赶来支援叙拉古。雅典军队的情况进一步恶化。

由于拉马库斯之前战死，尼基阿斯此时身染重病，所以雅典远征军难以为继。尼基阿斯向雅典写信请求支援，德摩斯梯尼和尤利美东(Eurymedon)率军前往。但是，雅典远征军此时已是强弩之末，即便得到支援也不能改变局势。

雅典援军刚出发，伯罗奔尼撒联军就对雅典远征军发动进攻，雅典陆军败北。德摩斯梯尼和尤利美东刚到叙拉古便劝尼基阿斯撤退。但是，尼基阿斯此时却犹豫不决。当局势恶化到不得不撤退时，月食(公元前413年8月27日)让迷信的尼基阿斯决定再拖延二十七天。叙拉古人趁此时机大举杀入港口。雅典舰队被击败，尤利美东阵亡。9月3日，叙拉古人完成了对港口的封锁，昔日的封锁者现在被封锁得如同瓮中之鳖。9月9日，雅典被迫在港口中拼死一搏。但由于港口面积有限，海军无法发挥全部力量，加之士气低落，最终战败。德摩斯梯尼本来建议登船再战，但尼基阿斯却决定弃船登岸，从内陆撤退。

9月13日，雅典残余部队开始大撤退。在行军过程中，队伍被一分为二。德摩斯梯尼首先投降，手下六千余人沦为俘虏。当尼基阿斯所统帅的部队走到阿斯纳鲁斯河(Assinarus)(参见图25－1)，士兵争相渡河、饮水，乱作一团，结果被刚追上来的敌军一顿乱杀。

尼基阿斯向古里普斯投降，希望斯巴达人能够念在他过去的贡献对自己手下留情。但事与愿违。他和德摩斯梯尼双双遭到处决，其余的七千余名战俘被关押到叙拉古附近的石坑中，受尽苦难。修昔底德在评价西西里远征时如是说："对于胜利者说来，是最光荣的一次胜利；对于战败者说来，是最悲惨的一次失败，因为他们是全军覆没"，"许多人中很少有回到故乡的。西西里的事件就是这样终结了。"

26. 伯罗奔尼撒战争·最后九年

公元前 412 至公元前 404 年是伯罗奔尼撒战争的最后九年。这段历史有两个名字,一个是德克里亚战争,一个是伊奥尼亚战争。

之所以被称为德克里亚战争,是因为公元前 413 年斯巴达国王阿吉斯(Agis)在亚西比得的建议下出兵占领了阿提卡北部的德克里亚,并在那里建立了一个固定的军事据点。在此之前,斯巴达的陆军仅是在夏季短暂地侵扰阿提卡,时间最长不超过四十天。建立了军事据点之后,即便是在寒冷的冬季,斯巴达人依旧可以在陆地上对雅典造成威胁。并且,德克里亚控制着阿提卡的一条交通要道。斯巴达人占领德克里亚使得雅典与外界的陆路交通受到很大影响,物资的补给不得不通过水上交通实现。另外,根据修昔底德的记载,大约有 20 000 名有熟练技艺的奴隶逃往德克里亚,对雅典的经济造成不小的打击。昔日的重镇于今却成了悬在雅典头上的利剑。

伊奥尼亚战争,顾名思义,就是在伊奥尼亚(即小亚沿岸)进行的战争。斯巴达之所以有能力在伊奥尼亚地区与雅典交战,一方面是因为雅典的海军在西西里远征中受到重创,一方面是因为西西里远征之后,叙拉古和科林斯的舰队开始将矛头指向希腊本土上的雅典,斯巴达的海上作战能力因此大幅提升。另外,波斯大王大流士二世于公元前 412 年与斯巴达结成联盟,向斯巴达提供资金和战舰,以此换回对伊奥尼亚地区希腊城邦的战后控制权。

雅典遭受重创和斯巴达军舰插手爱琴海东部使得伊奥尼亚地区陷入动荡之中。拥有强大海军的开俄斯首先反叛,接着是米利都、以弗所、罗德斯和密提林等其他诸邦。在伊奥尼亚地区,唯一还对雅典忠心耿耿的城邦就是萨摩斯。雅典在西西里远征后用后备资源重建了一支舰队,

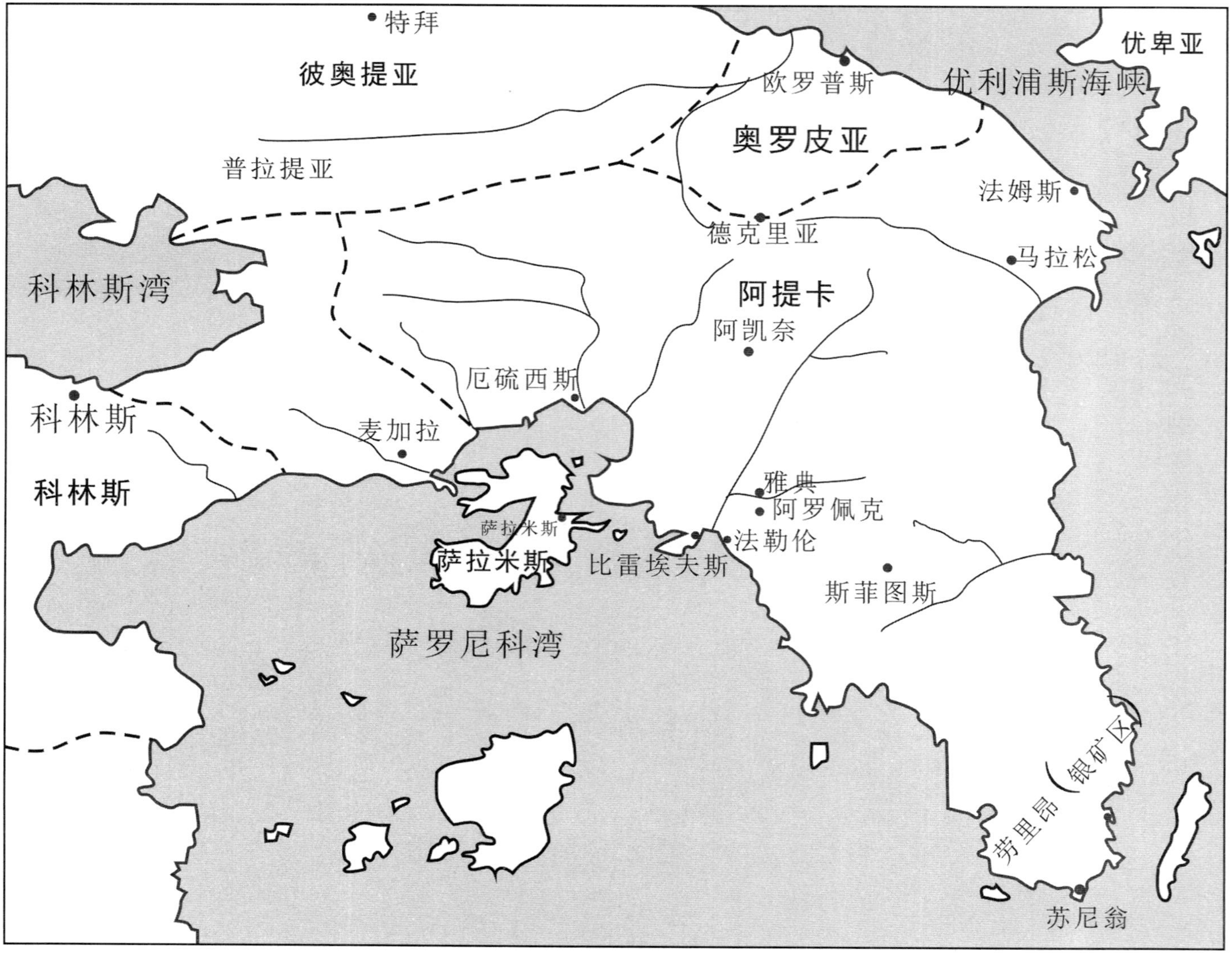

图 26-1　最后九年中希腊本土的状况

并将舰队驻扎在萨摩斯。这支舰队是雅典民主制的中流砥柱，在最后九年的政治和军事斗争中发挥了巨大的作用。

公元前411年，雅典发生寡头政变，民主政府被推翻。号称要恢复祖制的寡头派建立了一个四百人议会，并称要将公民资格限制在拥有规定财产以上的五千人范围内。萨摩斯的海军坚决反对寡头政府，于当年成立了一个流亡民主政府。从斯巴达潜逃到波斯的亚西比得也前来商议对策。于是，亚西比得被选为流亡政府的将军，重新为国效力。很快，寡头政府由于作战不力，痛失优卑亚，宣告倒闭。民主政府重建。

次年，亚西比得率领雅典舰队在普罗滂提斯附近的赛兹库斯(Cyzicus)(参见图26-2)重创斯巴达海军。斯巴达人希望和谈，但是盲目自信的雅典民众却认为自己可以取得更为巨大的胜利。确实，此后四年，雅典军队在亚西比得的率领下取得了一连串的胜利，并于公元前408年收复战略要地拜占庭。然而，接下来的一连串变故却彻底终结了亚西比得的胜利，并最终摧毁了雅典的海上帝国。

由于亚西比得手下的一名将领在海战中失利，连累他也受到民众的责难，没有再次被选为将军。他感到自己的人身可能受到威胁，便出逃至赫勒斯滂附近的庄园。同年，雅典的海军和斯巴达舰队在密提林附近的阿吉努赛(Arginusae)交战。斯巴达损失了70艘军舰，雅典只损失了25艘。但是，由于战后天气恶劣，落海的船员没有被及时救起，导致大量人员伤亡。雅典民众指责指挥战争的八位将军(其中包括伯利克里的儿子小伯利克里)失职，判处他们死刑。两人提前逃逸，未被处死，但雅典的海军力量受到重创。与此同时，斯巴达由于损失重大，前来议和，但被蛊惑家煽动的民众拒绝了这一机会。

雅典在自掘坟墓之时，斯巴达则在寻求改进。公元前405年，斯巴达为了扳回战局，重新启用莱山德担任斯巴达舰队的指挥官。莱山德和波斯王子居鲁士过从甚密，迅速筹集到大量的资源，重建了一支庞大的舰队。他率领这支舰队进入对雅典至关重要的赫勒斯滂，并占领军事重镇兰普萨库斯(Lampsacus)。雅典舰队为了保证粮道安全，追踪而至，并在兰普萨库斯对岸的“羊河”(Aegospotami)扎下营帐。羊河并不是理想的作战地点，既没有港口，也没有城镇。亚西比得闻讯前来，建议雅

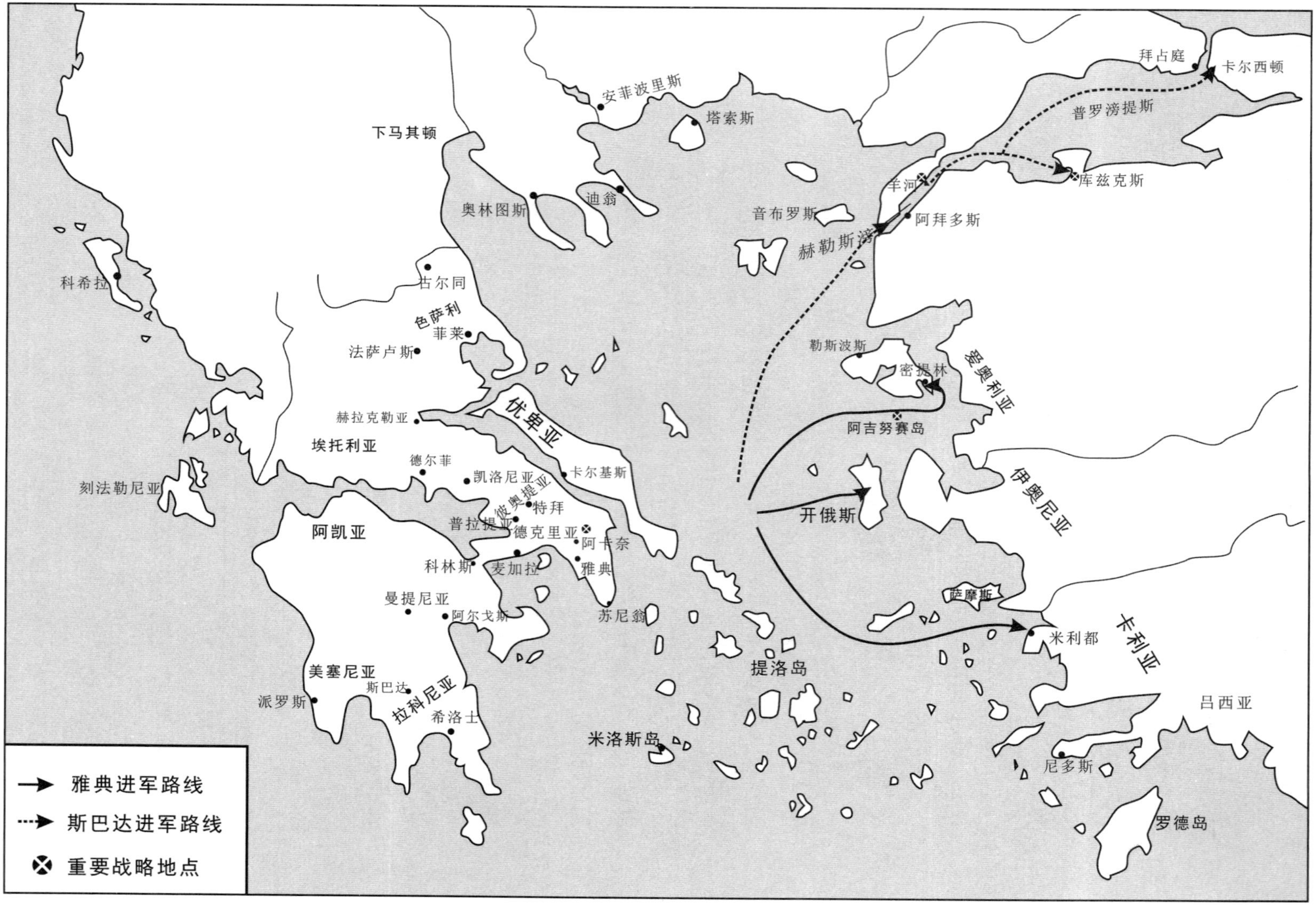
拜占庭
卡尔西顿
安菲波里斯
塔索斯
普罗滂提斯
下马其顿
羊河
库兹克斯
奥林图斯
迪翁
音布罗斯
阿拜多斯
赫勒斯滂
科希拉
古尔同
色萨利
菲莱
法萨卢斯
勒斯波斯
密提林
爱奥利亚
赫拉克勒亚
优卑亚
阿吉努赛岛
埃托利亚
德尔菲
凯洛尼亚
卡尔基斯
伊奥尼亚
刻法勒尼亚
彼奥提亚
特拜
开俄斯
普拉提亚
德克里亚
阿卡奈
阿凯亚
科林斯
麦加拉
雅典
曼提尼亚
阿尔戈斯
苏尼翁
萨摩斯
米利都
卡利亚
美塞尼亚
斯巴达
拉科尼亚
提洛岛
派罗斯
希洛士
吕西亚
米洛斯岛
尼多斯
罗德岛
雅典进军路线
斯巴达进军路线
重要战略地点

图 26-2　伊奥尼亚战争

典军舰移师别处。但雅典将军充耳不闻，一意孤行。结果，莱山德出奇兵大破雅典舰队，180 艘战舰损失殆尽。雅典将军科农冲出重围，率九艘残舰逃至波斯。莱山德在羊河之役彻底终结了雅典海军，并将雅典海上运粮航道拦腰截断。雅典人得知这个消息之后，举城恸哭，“不只为死去的人，还为他们自己这些活人”（色诺芬，《希腊志》）。

羊河一役，元气大伤的雅典被迫转攻为守。公元前 404 年，被围困六个月的雅典终于放弃抵抗。科林斯和特拜提议将雅典城夷为平地，将所有雅典人变卖为奴。但是斯巴达不愿如此对待一个曾经为希腊做出巨大贡献的城邦，给雅典人提出了相对宽松的条件：拆毁雅典的城墙；交出海外据点和剩余军舰；召回政治流亡者；与斯巴达结成军事同盟。同年 4 月，莱山德率军占领雅典城，拆毁雅典所有防御性的城墙（包括城区和港口的城墙以及连接两地的长墙），废除民主制，建立以三十僭主为核心的寡头政府。随着雅典变得面目全非，伯罗奔尼撒战争也画上了句点。

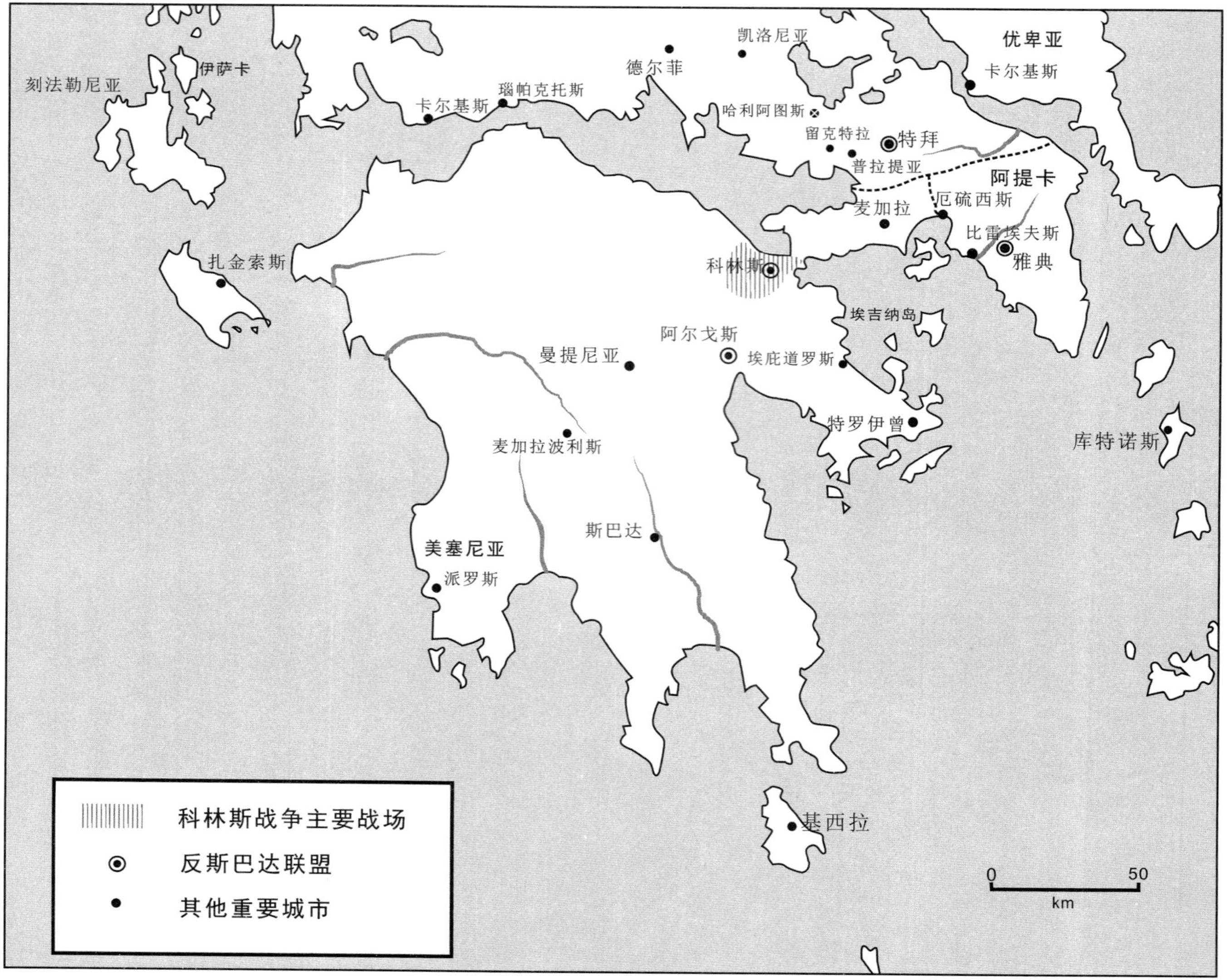
优卑亚
卡尔基斯
凯洛尼亚
德尔菲
刻法勒尼亚
伊萨卡
卡尔基斯
瑙帕克托斯
哈利阿图斯
留克特拉
特拜
普拉提亚
阿提卡
厄硫西斯
麦加拉
比雷埃夫斯
雅典
扎金索斯
科林斯
埃吉纳岛
阿尔戈斯
曼提尼亚
埃庇道罗斯
特罗伊曾
库特诺斯
麦加拉波利斯
斯巴达
美塞尼亚
派罗斯
基西拉
科林斯战争主要战场
反斯巴达联盟
其他重要城市
0
50
km
图 27　伯战之后的希腊

27. 战后的希腊

伯罗奔尼撒战争之后，当初宣称要解放希腊的斯巴达成为希腊的霸主，推翻新征服地区的民主政府，代之以寡头统治。这方面的代表人物是在战争中迅速崛起的莱山德。他在伊奥尼亚的城邦中建立了一套新的体制，其核心由十位亲莱山德的当地人组成的十人团(decarchies)、一小队斯巴达驻军和一个斯巴达指挥官(harmost)构成。这套系统是一种完全的莱山德的个人统治。此外，莱山德还继续向伊奥尼亚地区的城邦收取贡赋。

战后的雅典一片狼藉。民主政府被推翻，代之以专制残暴的三十僭主。曾经固若金汤的城墙被拆毁，引以为傲的海军也荡然无存，人口锐减，经济萧条。但是，寡头政府采取的一系列高压政策不得民心，很快就被民主斗士特拉斯布鲁斯所带领的义军推翻(参见第 21 节)。此时，雅典的两大旧敌，特拜和科林斯，也开始同情和支持雅典。之所以如此，并不是出于他们对雅典的好感，而是出于对斯巴达所表现出的傲慢和专横的厌恶。

波斯帝国在伯罗奔尼撒战争时期曾用金钱和战舰支持过斯巴达，后者许诺战争结束后波斯将得到对小亚地区希腊城邦的统治权。但是，斯巴达在战后并没有履行诺言，而是将伊奥尼亚地区据为己有。这让波斯大王阿塔薛西斯很恼火。更让他恼火的是，斯巴人居然帮助他的弟弟小居鲁士篡夺自己的王位。于是，昔日的战友反目成仇。公元前 400 年和前 399 年，斯巴达两度派舰队前往伊奥尼亚，与波斯争夺势力范围。波斯大怒，迅速建立起一支庞大的海军，并选前雅典将军科农任波斯舰队指挥官。斯巴达派出了野心勃勃的新国王阿格西劳斯(Agesilaus)参加战斗，但也是无功而返。

波斯为了打击斯巴达，暗中与雅典、特拜、科林斯和阿尔戈斯等城邦联系，出钱出力，鼓励它们结成联盟，共同对付斯巴达。四国若逢甘霖，立即同意，结成反斯巴达联盟。参与该联盟的不止这四国，还有阿提卡附近的优卑亚和其他诸邦。公元前395年，战争开始，一直持续到公元前386年。是为科林斯战争。

之所以叫科林斯战争，是因为战争主要在科林斯附近进行。而之所以如此，又是由双方的战略意图和作战实力决定的。斯巴达希望能够将战争打到阿提卡和彼奥提亚，将雅典和特拜各个击破。然而，实现该计划的前提就是先打败伯罗奔尼撒半岛上的阿尔戈斯和科林斯地峡入口处的科林斯。反斯巴达联盟则希望将战火烧到斯巴达，解放希洛特人，瓦解斯巴达存在的基础。科林斯地处科林斯地峡咽喉地带，是双方争夺的关键。由于双方势均力敌，战争就一直胶着在科林斯附近。

战争的第一年，莱山德率先头部队入侵彼奥提亚，在哈利阿图斯(Haliartus)战役中被击毙。第二年，科农率波斯海军在小亚附近的尼多斯(Knidos)大败斯巴达海军。随后，他带着胜利之师来到雅典，帮助雅典重建了城墙和长墙，使雅典的军事力量大为增强。雅典在此基础上迅速地恢复，很快就让人又看到了公元前5世纪时雅典帝国的影子。这一局势使得波斯大为惊骇，感到昔日的海上强敌又复活了。

于是，当斯巴达在战争的后期派出安塔尔希达斯(Antalcidas)前往波斯议和，波斯人马上做出了回应。公元前386年，斯巴达和波斯达单方面媾和，双方达成了著名的"大王和约"。和约以命令的口吻宣布小亚所有的希腊城邦都归波斯帝国所有，其他希腊城邦不得干涉，否则就会遭到波斯的报复和惩罚。该和约使得斯巴达"解放者"的幌子彻底被揭穿，也使得其他希腊城邦愈发憎恨斯巴达。

公元前378年，雅典组建"第二雅典同盟"。同盟仿照一百年前建立的提洛同盟，但是没有贡赋也没有政治干涉。该同盟建立的目的就是为了反抗斯巴达的暴虐和傲慢，其成员多为提洛同盟(参见第17节)的成员，起初也包括特拜。至此，伯罗奔尼撒战争后的希腊城邦间的力量重新组合暂时告一段落。

28. 色诺芬的万人远征

在希腊世界重建秩序，大国之间相互角力的时候，一小群希腊人在遥远的波斯帝国，越千山，涉万水，为重返希腊而不懈努力。这段历史由色诺芬的妙笔记录，成为一段千古佳话。而一切的开始，还要从波斯王子小居鲁士谈起。

小居鲁士为波斯国王大流士次子。在小亚督战期间，他充分认识到希腊军队的实力，认为希腊的军队在战术上远胜于波斯军队。公元前404年，他的父亲大流士去世，王位传给了他的兄长阿塔薛西斯。小居鲁士回去奔丧，结果被小亚总督提萨芬内斯诬其欲图谋反。阿塔薛西斯信以为真，便将他关入监牢，险些送命，多亏他的母亲搭救，才能免于囹圄，官复原职。

回到萨尔迪斯之后，心怀不满的小居鲁士开始策划真正的谋逆。通过他与斯巴达人的关系，他开始招募希腊人为自己作战。恰逢希腊大战初定，有许多经验丰富却无以为生的老兵。公元前401年初，小居鲁士将8 000名左右的希腊士兵聚集在萨尔迪斯，任用斯巴达人科勒阿库斯为他们的统帅，并告知此人自己真正的目的。同年三四月份，小居鲁士率领这些希腊士兵开始远征，谎称自己要去报私仇，攻打提萨芬内斯。同行的还有大约十万名亚洲士兵。史家色诺芬也参与了这次远征。他记载了这次远征和撤退的详细情况，写成了著名的《长征记》(Anabasis)。

军队出萨尔迪斯后先是向南，后是向东，穿过吕底亚和弗吕吉亚之后到达科勒涅。在此，他们与另一些希腊军队会合，使希腊军队总数达11 000名重装步兵和2 000名轻装步兵。之后他们向北折，在到达克拉蒙阿格拉之后向东向南，沿着地图上标示的路线，穿过弗吕吉亚和吕考

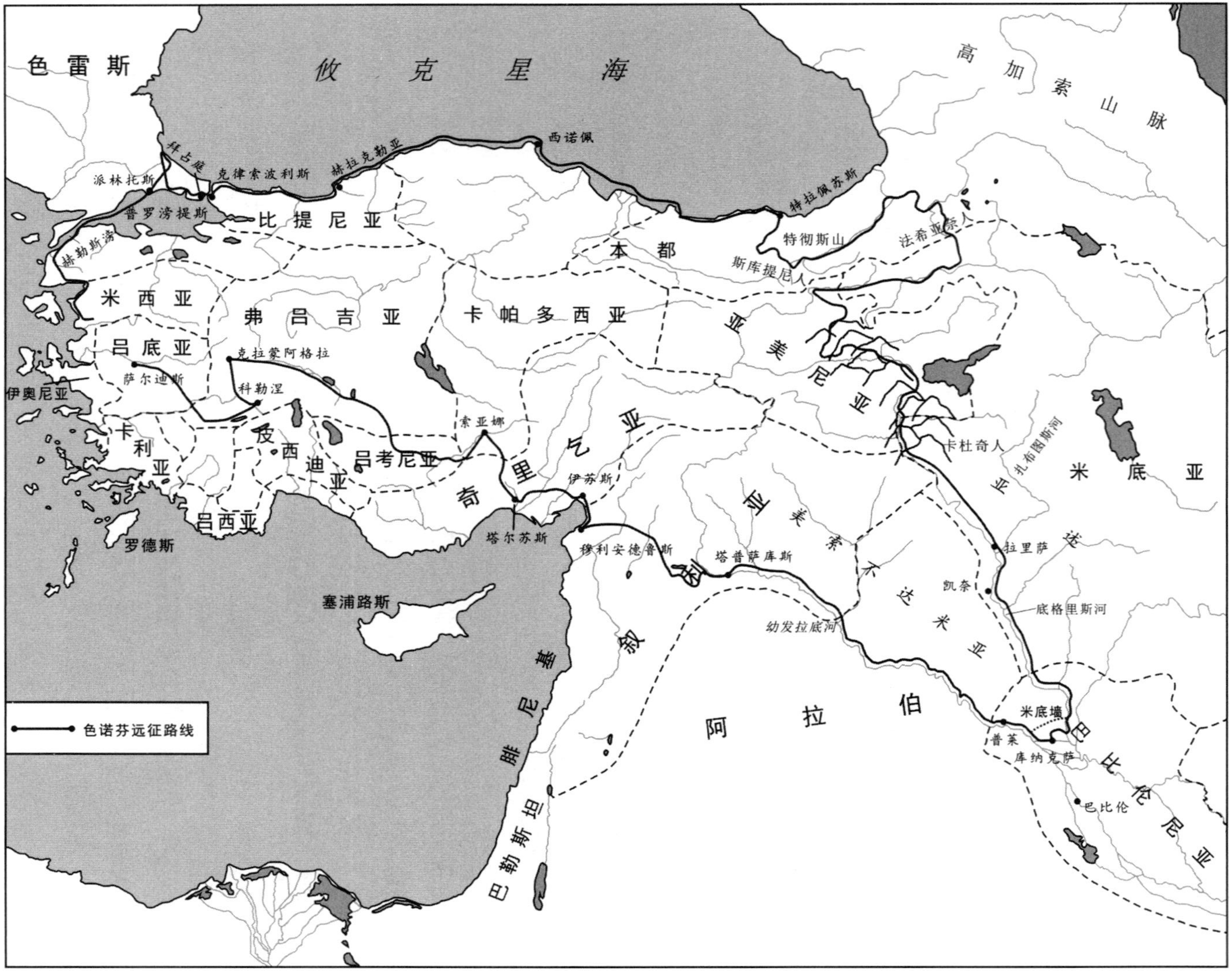

图 28　色诺芬的万人远征

尼亚，进入奇里乞亚。至此，希腊人已然明了自己受骗的事实了。他们派代表去询问，小居鲁士说自己要攻打的是叙利亚的总督，并将薪水提高一倍。希腊人跟着大军继续前行，来到伊苏斯。于此，他们与海上的军舰会合，并补充了1 100名希腊士兵。至此，希腊军队人数已达14 000。

出伊苏斯，军队进入叙利亚-腓尼基。总督不战而逃，军队如入无人之境。他们从腓尼基港口穆利安德鲁斯出发，深入内陆，十二天便抵达位于幼发拉底河畔的塔普萨库斯。至此，小居鲁士第一次公开表明自己想要攻打的是他的兄长，波斯大王阿塔薛西斯。军队从这里横过幼发拉底河，沿河而行，一直到普莱才停下来修整。至此，他们已经到了巴比伦尼亚的大门口了。

修整完毕，他们继续前行，至于米底墙（Median Wall，巴比伦城以北的一道防御性高墙，独立于城市外。传言为尼布甲尼撒二世所建，位于幼发拉底河和底格里斯河逐渐交汇处），发现在城墙与幼发拉底河之间有一条人工的沟壑。他们不以为意，继续前行，结果落入了阿塔薛西斯的圈套。在库纳克萨，他们得知阿塔薛西斯已经帅全部军队杀来，连忙摆开阵型迎战。希腊军队被放在右翼，小居鲁士则居于中央。希腊人在尚未发起进攻之时，单靠喊杀已经吓退敌军。小居鲁士也在一阵混战之后追击他的兄长，但功败垂成，自己先死在标枪下。但是战局太过混乱，希腊人直到第二天才知道小居鲁士战死的消息。

波斯大王并没有为难希腊军队，而是希望能和他们达成和约。希腊人的统帅科勒阿库斯也不希望惹怒波斯人，称希腊人是被小居鲁士骗来的，并称希腊人唯一想做的就是回到故乡。在经过一番交涉后，和约达成，负责护送希腊人的提萨芬内斯也遵守约定，不但给他们带路，还供给粮食。希腊人踏上返回故土的征程，沿着底格里斯河一路向北。十数天后，希腊军队在扎布图斯河附近停留了三天。由于此时希腊人和波斯人之间的嫌隙与仇怨已经积累甚重，所以科勒阿库斯希望能够举行一个会谈。提萨芬内斯一方面满口答应，一方面却摆下鸿门宴，使得五名将军及其卫队有去无回。

希腊人群龙无首，乱作一团。这时，色诺芬挺身而出，利用自己的口才和勇气说服众人振作精神，并当场被选为将军。在他的建议下，希腊人将多余的辎重毁弃，横渡扎布图斯河后继续沿底格里斯河前行。

数日后，希腊人到达卡杜奇人的地盘。卡杜奇人是一较为原始的部族，生活在崇山峻岭之间，长于山地游击。希腊人在卡杜奇山区苦苦挣扎了七天，一边要面对高山大河的自然天险，一边又要和剽悍的山民作战，所遭受的损失远远大于之前的任何一场战役。走出卡杜奇山区，希腊人便进入了亚美尼亚。亚美尼亚本身海拔就高，而当时又值深冬，所以天气非常寒冷。希腊人常常一边要在雪堆中滚爬，一边又要顶着刺骨的北风。在此期间，不少驼畜和奴隶被冻死。

五日后，希腊人到达幼发拉底河，横渡后继续前行。自此以后，他们的行军路线就变得极为曲折了。经过一番苦战，希腊人来到斯库提尼人的国土。在当地人的带领下，希腊人在翻过一座山之后，突然看到了久违的海。对于希腊人而言，看到海就等于看到了回家的路。人群顿时沸腾了，不少人禁不住热泪盈眶。如图所示，他们看到的海是攸克星海，即黑海，虽然离希腊本土较远，但也有相当数量的希腊殖民城邦。又经过数日的行军，希腊万人大军终于到达了希腊人的城邦，结束了远征。

之后，他们又有一系列的冒险，此处不再详述。这次远征，虽然在军事上是一次撤退，但从历史的角度讲，却是不折不扣的远征。因为，通过这次远征，希腊人了解到了真实的波斯帝国，并看到了希腊军队相对于波斯军队的优势。亚历山大大帝在伊苏斯会战之前，在对部下做动员之时，便谈到了色诺芬和希腊人的万人远征，以此提高士气。可见，这次远征是多么的影响深远。

29. 特拜的霸权

经过上文提到的一系列混战，斯巴达和雅典似乎又回到了战前的状态。但是，双雄的格局很快就被特拜的崛起打破了。

但是，正如罗马不是一天建成的，特拜也不是突然之间崛起的。在成为霸主之前，特拜颇经受了一番磨难。公元前 382 年，斯巴达应邀出兵希腊北部，攻打以奥林图斯为首的奥林图斯同盟。他们途经特拜的时候，特拜正在庆祝地母节。是时，特拜的卫城卡得美亚上全是庆祝节日的妇女，没有一个男子。亲斯巴达的特拜军事领袖（polemarch）列翁提雅达斯跑到斯巴达的军营中，希望他们出兵占领卡得美亚。于是，斯巴达军队非常不道义地在和平期间攻入了正在进行宗教庆典的特拜卫城，没有遇到任何抵抗。随即，特拜原有的政府被推翻，亲斯巴达派建立了一个暴虐的寡头政府。反对派首领被处死，该派大约三百人流亡雅典。斯巴达为保护胜利果实，在卫城派驻了大约 1 500 名士兵。

公元前 379 年，斯巴达战胜奥林图斯联盟。雅典的逃亡者中最激进的佩罗皮达斯当年冬天便计划采取行动解放祖国。由于敌我实力差距太大，很多流亡者，包括佩罗皮达斯的好友爱帕美侬达，都认为时机尚未成熟。于是，他总共才征集到六名志愿者。但由于有军事领袖的秘书菲力达斯给他们做内应，他们成功地混进了城内，并假扮成表演歌舞的美女，在军事领袖的酒宴上杀死寡头派首领。于是特拜光复，爱帕美侬达等人不再犹豫，赶忙回国，帮助建立民主政府。不久后，第二次雅典同盟成立，特拜毫不犹豫地加入了这个反斯巴达的城邦组织。

民主政府成立后，特拜集中精力加强军事建设。他们从贵族之中挑选三百名青年组成重装步兵分队，并且让他们两两结伴，组成“神圣伴友”（Scared Band），同生共死。在战场上，他们会站在队伍的最前端，接

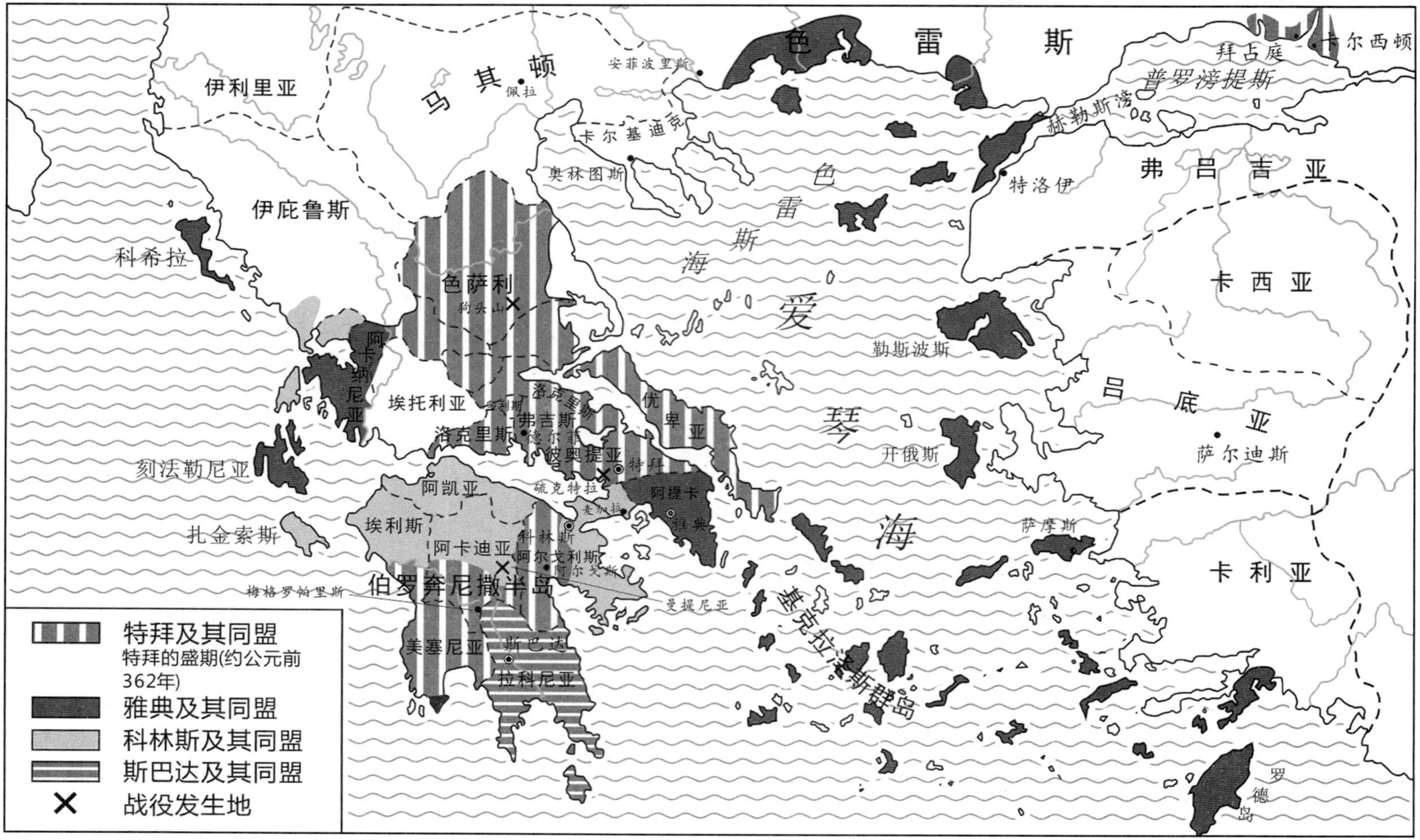
色雷斯
卡尔西顿
拜占庭
普罗滂提斯
赫勒斯滂
伊利里亚
马其顿
佩拉
安菲波里斯
卡尔基迪克
奥林图斯
特洛伊
弗吕吉亚
色雷斯海
伊庇鲁斯
科希拉
色萨利
狗头山
爱琴海
卡西亚
勒斯波斯
吕底亚
萨尔迪斯
阿卡纳尼亚
埃托利亚
洛克里斯
弗吉斯
德尔菲
优卑亚
开俄斯
刻法勒尼亚
彼奥提亚
特拜
留克特拉
阿提卡
雅典
阿凯亚
麦加拉
科林斯
扎金索斯
埃利斯
阿卡迪亚
阿尔戈利斯
阿尔戈斯
萨摩斯
卡利亚
伯罗奔尼撒半岛
梅格罗帕里斯
曼提尼亚
基克拉泽斯群岛
美塞尼亚
斯巴达
拉科尼亚
罗德岛
特拜及其同盟
特拜的盛期(约公元前362年)
雅典及其同盟
科林斯及其同盟
斯巴达及其同盟
战役发生地
图 29　特拜的霸权

受最大的挑战。平时，他们的主要任务就是保卫卡得美亚。此外，特拜人还选择让爱帕美依达来统领军队。他才华出众，热爱哲学，虽然不热衷政治，但在国家危机之时却也愿意用自己的智慧来造福祖国。在他的带领下，特拜逐渐强盛，在军事上也取得了一定的胜利，以至于引起雅典和斯巴达共同的不安。公元前371年，雅典和斯巴达签订和约。由于雅典所派出的代表是卡里阿斯，所以又称卡里阿斯和约。和约的宗旨是保护希腊各个城邦的独立地位。爱帕美依达代表特拜，出席了城邦大会，但是坚持要代表彼奥提亚同盟签字，不愿承认同盟城邦的独立地位，最终退出和约，与各方不欢而散。

事后，斯巴达决定给特拜一些教训。当时，斯巴达正好有一支军队在彼奥提亚旁边。于是，斯巴达便派这支军队去攻打特拜，与特拜军队交阵于琉克特拉。特拜的军队人数要少于斯巴达，因此很有可能落败。但是领导特拜军队的爱帕美依达采取了一种新式的战阵，使得局面完全逆转。传统上，希腊军队作战都是保证每一队列都有相同的纵深。但是，爱帕美依达却将优势兵力全部集中到军队的左翼，使其纵深达五十列。对面的斯巴达军队虽然也是由最有战斗力军士组成，同样由将领直接统帅，但是纵深只有十二列。这就使得斯巴达的右翼远远弱于特拜的左翼。两军交兵，斯巴达很快溃不成军，斯巴达王当场牺牲，将领重伤而亡，阵亡四百余人。特拜死伤人数则小得多。更为重要的是，琉克特拉战役使得斯巴达战无不胜的神话破灭，国家实力大为削减。此战之后，斯巴达霸权旁落，特拜一跃而执希腊牛耳。

次年，爱帕美依达率军挺近拉科尼亚，迫使斯巴达人本土作战。由于斯巴达没有城墙，所以国内十分慌乱。这时，斯巴达国王阿格西劳斯挺身而出，率领军队将特拜的军队打得落荒而逃。但是特拜人并没有就此住手，而是选择肢解伯罗奔尼撒半岛。他们先是成立阿卡迪亚同盟，建立一座名为梅格罗珀里斯的新城作阿卡迪亚的首府，并建立了一个亲特拜的政府。然后，爱帕美依达行军至美塞尼亚，将被斯巴达人奴役达三百年之久的美塞尼亚人解放，重新建立美塞尼亚王国，收集流亡者，建立反斯巴达的政府。此外，特拜人还将美塞尼亚城重建，使得美塞尼亚人有所保障。为了报答特拜人，许多美塞尼亚人加入了特拜人的军队。

美塞尼亚的独立对斯巴达造成了重大的打击,使斯巴达赖以为生的希洛特制度难以为继。斯巴达行将土崩瓦解。

为了应付危机,斯巴达人赶忙同雅典人结成联盟。但这并不能阻挡特拜人扩张的步伐。公元前368年,佩罗皮达斯率军挺近色萨利,逼迫色萨利联盟的元帅亚历山大解散联盟,接受特拜人的条件。同时,他逼近马其顿,迫使马其顿的托勒密与特拜结成联盟。为了保证联盟的有效性,佩罗皮达斯将一批马其顿贵族押做人质,其中便有日后成为马其顿王的菲力。次年,特拜人遣使波斯,希望波斯大王确认自己希腊霸主的地位以及美塞尼亚与梅格罗珀里斯的独立地位。波斯人很乐意看到新的霸权崛起,且霸权越有力,越容易让波斯人的政策得到实施,因此很痛快就答应了。毕竟在此时,还没有哪个希腊国家想到要去攻占波斯的国土。

此后不久,佩罗皮达斯因公前往色萨利,不料被亚历山大生擒。特拜派出大军,几经波折,才将这位国家英雄救出。公元前364年,佩罗皮达斯为报一箭之仇,率大军攻打亚历山大。双方战于狗头山(Cynoscephalae)。虽然特拜军队占据优势,在战斗中重创亚历山大及其军队,但是身为统帅的佩罗皮达斯被个人仇恨冲昏头脑,只身前去取亚历山大的性命,未捷身先死。是役,特拜可谓是赢了战役输了战争。

公元前362年,同样的悲剧再次上演,而且更为严重。特拜人支持的阿卡迪亚人与斯巴达人支持的埃利斯人作战,结果自己内部出现分裂。曼提尼亚人转而支持埃利斯人,投入斯巴达人的阵营。特拜人为了支持亲特拜的阿卡迪亚人,派爱帕美侬达率大军前往支援。斯巴达亦派出大军前往助阵。双方战于曼提尼亚。爱帕美侬达再次摆出在琉克特拉用过的阵型,并且站在队伍的最前列,身先士卒,以为榜样。结果,虽然斯巴达人和曼提尼亚人望风披靡,死伤无算,但爱帕美侬达也身受重伤,垂垂危矣。当他得知自己手下最有军事能力的两员大将都已战死,便令特拜人赶快议和。未几身亡。千军虽在,但无良将统帅,不知如何作战,也只是一盘散沙,惟议和一途。

爱帕美侬达战死之后,特拜再无人能够带给国家胜利,霸权旁落,国运也随之衰微。但是,爱帕美侬达所创造的战争奇迹却有着永恒的意义。马其顿的菲力正是从特拜人那里学会了先进的战争技术。他回国之后,在特拜人的基础上创造了马其顿方阵。在接下来的岁月中,马其顿方阵及其统帅将成为希腊历史的主角。

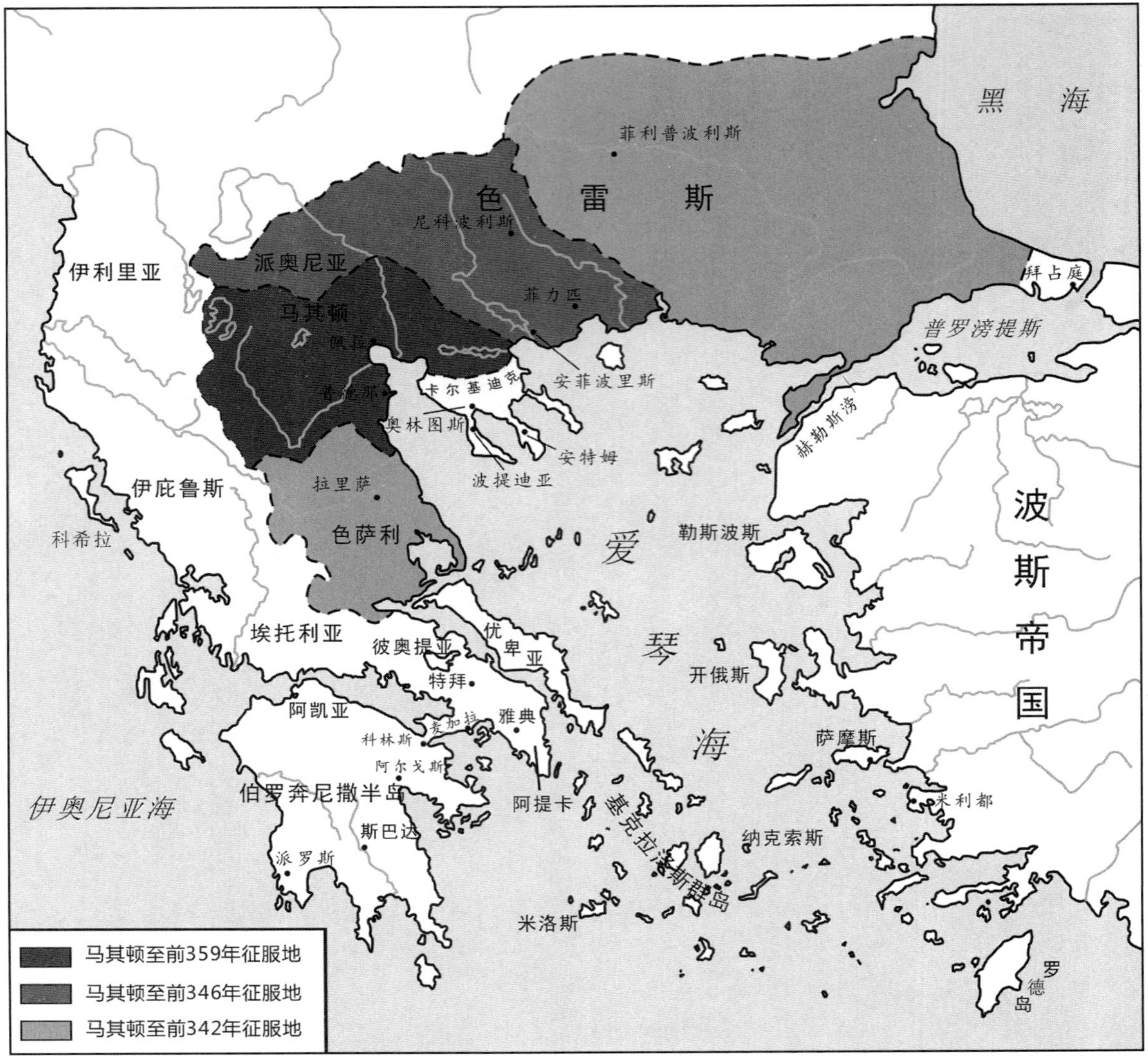
黑海
菲利普波利斯
色雷斯
尼科波利斯
伊利里亚
派奥尼亚
菲力匹
拜占庭
马其顿
普罗滂提斯
安菲波里斯
卡尔基迪克
奥林图斯
赫勒斯滂
安特姆
波提迪亚
伊庇鲁斯
拉里萨
色萨利
科希拉
勒斯波斯
爱琴海
波斯帝国
埃托利亚
彼奥提亚
优卑亚
特拜
开俄斯
阿凯亚
麦加拉
雅典
科林斯
萨摩斯
阿尔戈斯
伯罗奔尼撒半岛
阿提卡
米利都
伊奥尼亚海
基克拉泽斯群岛
纳克索斯
斯巴达
派罗斯
米洛斯
罗德岛
马其顿至前359年征服地
马其顿至前346年征服地
马其顿至前342年征服地
图 30　马其顿称雄北方

30. 马其顿的崛起·称雄北方

曼提尼亚战争后，虽然双方都称自己赢得了战争的胜利，史家色诺芬却说，“他们既没有获得新的领地或城池，也没有在战后变得更强大，事实上，希腊的局势在战后变得更加混乱和不稳定”。出来收拾残局的不是斯巴达也不是特拜，因为双方两败俱伤，也不是雅典，因为这个昔日的帝国正江河日下，而是一个向来不为人所重视的“蛮族”马其顿。

马其顿人，就其开化程度而言，算不得希腊人。在希波战争时期，马其顿一度投奔了波斯大王。直到公元前5世纪末，马其顿国王阿基劳斯(Archelaus，前413—前399)才建立了第一支正规军。在此之前，马其顿人作战都是像史诗传说中的英雄那样，一哄而上，完全没有章法。马其顿的政府组织也极为落后。马其顿有着世袭的王室，国王是军事领袖、最高祭司、最高法官和最勇猛的战士，但即便如此，国王的位子也极不稳固，很可能遭到暗杀，或不幸战死。马其顿还有大批可与王室分庭抗礼的贵族。但是，马其顿却有成为强国的潜质，因为境内有着大片的可耕地，气候也较希腊本土湿润。他们所缺的是一个雄才大略的国王。这位国王就是菲力二世。

前文提到，特拜战胜马其顿后，菲力前往特拜做“质子”。在此期间，他接触了先进的文化，更得到爱帕美侬达的熏陶，学会了各种先进的军队组织和军事战术。公元前359年，马其顿与伊利里亚交战，马其顿国王佩尔迪卡斯(Perdiccas)战死，年仅23岁的菲力回国任摄政王。

当时，与马其顿交战的不仅有西部的伊利里亚人，还有北部的派奥尼亚人(Paeonians)。菲力回国，次年，迅速打败他们。公元前358年，他建立一支常备军，并发明了马其顿方阵。马其顿方阵是对希腊传统重装步兵作战方式的革命。前面的文章也提到过，传统的重装步兵是靠持盾与刀的重装步兵人墙来进行防守与进攻的,代表是斯巴达。爱帕美侬达的改革则打破了传统的规则,依靠某翼强大的纵深来压垮敌人的一翼,一举攻破敌军。而马其顿方阵则完全抛弃了重装步兵的传统作战方式。在马其顿方阵中,每一位士兵都手持长达 4—7 米的长矛。每一个马其顿方阵有 9 000 人,分为数列,每列纵深为 16 人,其中前五位士兵将矛尖指向前方,后面的士兵则将矛尖指向天空,整个方阵就像一个将竖起尖刺的大刺猬。传统的重装步兵所用的兵器大多较短,无法与这种阵型抗衡。但是由于长枪需用双手端持,所以士兵的盾只能挂在身上,并且面积较小,所以士兵们也较容易为弓箭和标枪所伤。另外,方阵活动较为笨拙,不能及时调转方向,若敌人从侧翼进攻,则完全无防御的能力。所以,一般情况下,马其顿方阵在作战时需辅以骑兵和轻甲兵。长矛方阵即便在马其顿步兵中所占比例也不高,传统重步兵依然是大多数,不过马其顿的重步兵有所改进,主要武器是剑而非长矛,类似于罗马步兵,因此更灵活机动。同时,马其顿人还首创了重装骑兵。

建立这样一支常备军后,菲力便开始向东扩展自己的势力。东边是色雷斯,最重要的城邦是雅典人的殖民城邦安菲波里斯。前文提到,史家修昔底德就是因为未能及时驰援此城而被放逐的。事实上,他也该当此罚,因为自从那次失守,安菲波里斯就再没被收复。此城地理位置极佳,不但为商业集散地,更是军事要冲,对于控制色雷斯沿海地区乃至整个爱琴海北部都至关重要。当时,希望拉拢或占领安菲波里斯的势力有雅典、奥林图斯同盟和马其顿。为了分化瓦解强敌,菲力使用了非常灵活的外交手段。他首先对雅典表示,如果后者能够将盟邦普德那(Pydna)送给自己,马其顿便愿意替雅典拿下安菲波里斯。其次,他用安特姆(Anthemus)作交换,确保奥林图斯不会横插一杠。接着,他派兵围攻安菲珀里斯。由于此时该城已经孤立无援,菲力轻松获胜。随后,他又迅速拿下普德那。最终,他借口雅典没有将普德那送给自己,而是自己辛苦攻打得来,拒不交还安菲波里斯。

在占领安菲波里斯之后,菲力开始大力讨好奥林图斯。公元前 356 年,他帮助奥林图斯收复被雅典占领的波提迪亚(Potidaea)。攻克之后,他当即就将它转交给奥林图斯。据普鲁塔克记载,就在他胜利攻取该城之时，菲力同时收到三个好消息：他的马车在奥运会比赛中获得冠军；他的将军帕梅尼奥（Parmenio）在对伊利里亚的战争中大胜；他的妻子奥林匹娅斯为他生了一个儿子。这个排在最后的，在当时看似微不足道的小男孩，就是日后征服三洲的亚历山大大帝。随后，菲力在色雷斯境内建立了一座以他的名字命名的菲力匹（Phillipi），并在那里发现了产量丰富的金矿。据记载，金矿每年可以给马其顿 1 000 塔兰特的金子，这使得马其顿一跃成为希腊最富裕的国家。

在马其顿蒸蒸日上的同时，雅典和特拜却日趋破落。这主要是因为他们和各自同盟之间的战争。公元前 357 年，以拜占庭、罗德斯和开俄斯为首的雅典盟国开始反抗，起因是因为雅典向他们征收过高的贡金。这场战争持续了三年，于公元前 355 年终结，史称内战（Social War）。期间，阿塔薛西斯支持诸邦对抗雅典，给雅典带来了相当的打击。战后，双方签订和约，雅典承认反抗诸邦的自由地位。随后，波斯的势力便渗透了进来。雅典丧失对小亚沿岸的控制权。在内战的同一年，特拜挑起神圣战争（Scared War）。在这场战争中，菲力趁机将实力扩展到色萨利，使马其顿一跃成为全希腊的领袖。这将是下一节的内容。

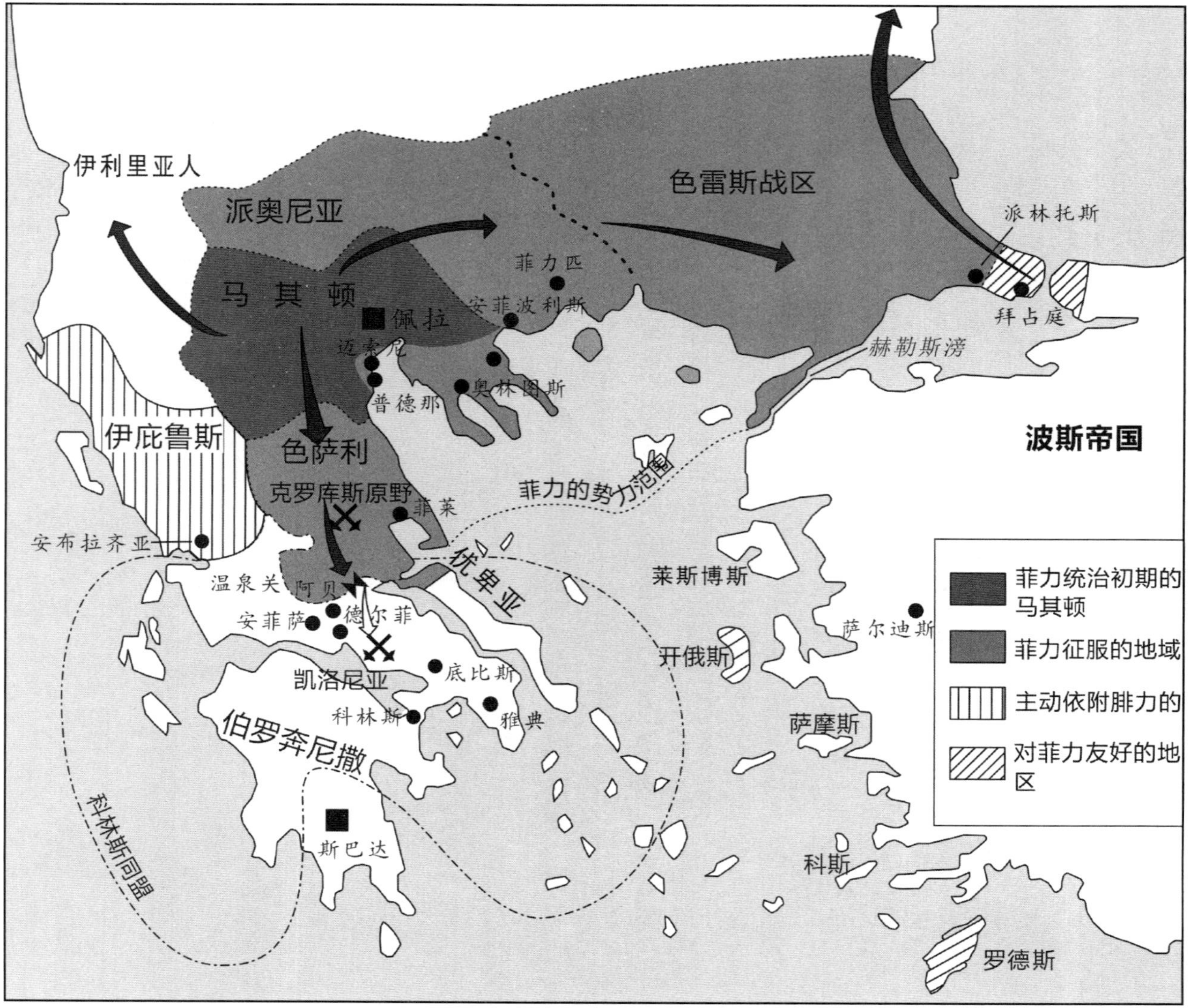

图 31－1　马其顿征服希腊

31. 马其顿的崛起·征服希腊

马其顿征服希腊的过程始于第三次神圣战争(公元前356—前346),终于第四次神圣战争(公元前340—前338)。神圣战争围绕着德尔菲圣殿展开,是德尔菲的"近邻同盟"的内部战争,但后来战争扩大。神圣战争使得马其顿有机会插手中希腊和南希腊的事务,也使得菲力有机会一战而平定天下。

有所谓第三次神圣战争,就有第一次和第二次神圣战争。第一次神圣战争始于公元前595年,起因是德尔菲的港口基莱阿(Cirrha)向前来朝拜的香客收取过路费,并苛待他们。同盟对基莱阿宣战,历经十年将该城夷为平地,规定此地属于阿波罗,永世不得开垦。第二次神圣战争是德尔菲和弗吉斯之间的争执,但也有雅典和斯巴达的间接介入,始于前449年,终于前448年。公元前4世纪,近邻同盟落入特拜之手。爱帕美侬达死后,特拜利用同盟为自己牟利,向弗吉斯人发难,谴责他们耕种了基莱阿的土地,对他们课以极重的罚金。弗吉斯人无法交出罚金,有亡城之虞。公元前357年,他们铤而走险,将德尔菲神庙占为己有。德尔菲原本就位于弗吉斯地区境内(参见图1-1),且德尔菲向来与弗吉斯人有隙,故当菲洛梅鲁(Philomelus)提出该提议,人们立即赞同。随后,人们推选他为将军,指挥军队抵抗近邻同盟。最初,他用雇佣军击败了邻近的洛克里斯人。但随着战争的扩大,他不得不征集更多的雇佣兵。为此,他动用了德尔菲神庙的金库。公元前355年,菲洛梅鲁战死,欧诺马库斯(Onomarchus)继位。前者在使用神庙金库时还小心翼翼,后者则肆无忌惮。他用金库的钱招募了大批雇佣军,不仅击退了联盟的军队,而且攻占了温泉关。

与此同时,一直在北方扩展势力的菲力将目光投向了希腊中部的色萨利。菲莱(Pherea)的新统帅吕科弗隆(Lycophron)梦想着成为一代霸主,积极扩张势力。为了对抗吕科弗隆,色萨利的贵族希望菲力插手色萨利。为了平衡,吕科弗隆向欧诺马库斯求援。公元前353年,菲力与欧诺马库斯交战,菲力两战皆败,被赶出了色萨利。次年,菲力卷土重来,欧诺马库斯战死,吕科弗隆投降。菲力成为色萨利的霸主,同时也成为近邻同盟的捍卫者和阿波罗神的卫士。但是,弗吉斯人的盟友雅典人在关键时刻守住了温泉关,使得菲力继续南侵的计划落空。

菲力返回马其顿之后,继续向东扩张,威胁到雅典在色雷斯和赫勒斯滂的利益。大约在此时,雅典演说家德摩斯梯尼认识到此人将是希腊的自由与独立的大敌,不断发表演说鼓舞雅典人民行动起来,遏制马其顿的扩张,保卫雅典和希腊的自由与独立,但收效甚微。

公元前350年,菲力开始向邻近的奥林图斯联盟发起进攻,理由是他们窝藏了他的同父异母兄弟。雅典出于自身利益,向奥林图斯派出援军。但不料菲力在优卑亚岛煽动叛乱。雅典赶忙调兵平叛,结果顾此失彼,奥林图斯同盟三十多个城邦被菲力一一攻克。公元前347年,奥林图斯沦陷。一时间,希腊到处可见被贱卖的奥林图斯俘虏。

雅典本想组成一支希腊联军讨伐马其顿,但诸邦皆无此意。同时,弗吉斯人将德尔菲神庙的金库消耗殆尽,已无力继续战争。为了尽快结束战争,精疲力竭的特拜向菲力求援。处于被动的雅典此时不得不改变初衷,由求战转为求和。次年,马其顿及其同盟和雅典及其同盟达成和约。随后,菲力挥师南下,穿过温泉关,迫使弗吉斯人无条件投降。占领德尔菲之后,菲力召开近邻同盟大会,处罚弗吉斯诸邦。根据大会的法令,弗吉斯的城邦除阿贝(Abae)之外,所有的城邦都被夷为平地,居民被分散到各个小聚落中,剥夺斯巴达在近邻同盟中的特权,弗吉斯人享有的两个投票权转交给马其顿的国王。在随后举行的皮提亚赛会(Pythian games),菲力和特拜人以及色萨利人共同主持赛会。

第三次神圣战争时的马其顿成为全希腊最强大的国家,菲力也获得了军事上的荣耀和虔诚的美名。但马其顿扩张的脚步并没有就此停止。公元前342年,菲力率军继续向东蚕食色雷斯,最终与雅典海军在赫勒斯滂相遇。次年,菲力围攻赫勒斯滂北部城市,将目光锁定在拜占庭。

为了不让菲力的计划实现，为了保卫赫勒斯滂的运粮路线，雅典派海军驰援拜占庭，帮助拜占庭渡过难关。在赫勒斯滂受阻后，菲力便盘算着进攻希腊本土。终于，第四次神圣战争为菲力提供了机会。

公元前340年，近邻同盟在德尔菲召开会议。期间，不知何故，雅典代表指责洛克里斯（Locris）的安菲萨（Amphissa）城耕种受诅咒的基莱阿。同盟要求洛克里斯将安菲萨交由同盟处理，被拒。同年秋，近邻同盟决定向菲力求援。次年初，菲力率军南下，经温泉关入南希腊。但到达弗吉斯废城艾拉特亚（Elatea）后，马其顿军队便不再向前，转而于此修建营垒。该城位于弗吉斯东部，扼守通向彼奥提亚和阿提卡的关口，战略地位重要。至此，世人方才明白，菲力此行志不在安菲萨，而在雅典和特拜。

据德摩斯梯尼记载，马其顿军队占领艾拉特亚的消息当天晚上就传到了雅典。正在吃饭的主席团成员赶忙放下食物，冲到广场，点燃烽火，通知众人。那一夜，全城无眠，人们都聚集在广场，议论纷纷。第二天一早，主席团召开紧急公民大会，传令官问“有谁愿意献言”，却无人应答，不知该如何改变祖国的命运。最终，公民大会接受了德摩斯梯尼的建议，放下与特拜长期以来的恩怨，共同对付此次危机。德摩斯梯尼受公民大会之托出使特拜，发现马其顿也在试图拉拢特拜。为了保卫希腊的独立与自由，特拜决定与雅典并肩抗击菲力。此外，柯林斯等也加入这一阵营。斯巴达保持中立。

战争之初，双方处于僵持阶段，互有胜负，战争在弗吉斯和彼奥提亚交界处进行。八月七日，双方战于彼奥提亚的凯洛尼亚（Chaeronea）。是役，如图31－2所示，雅典人居于联军左翼，彼奥提亚人居于右翼，其他则居于中间。菲力率军与雅典军队交锋，亚历山大则负责对抗彼奥提亚人——主要是特拜的三百名“神圣伴友”。战争的细节不得而知，最终以联军的失败告终。特拜的三百名神圣伴友悉数战死，雅典重装步兵不敌马其顿方阵，死伤无算，就连德摩斯梯尼也临阵脱逃。希腊的主力军，连同希腊的自由和独立，在这一战被击得粉碎。

战后，菲力对雅典和特拜采取了完全不同的政策。他无条件释放了雅典战俘，主动提出较为有利的和约，不触动雅典的政体，条件是雅典人

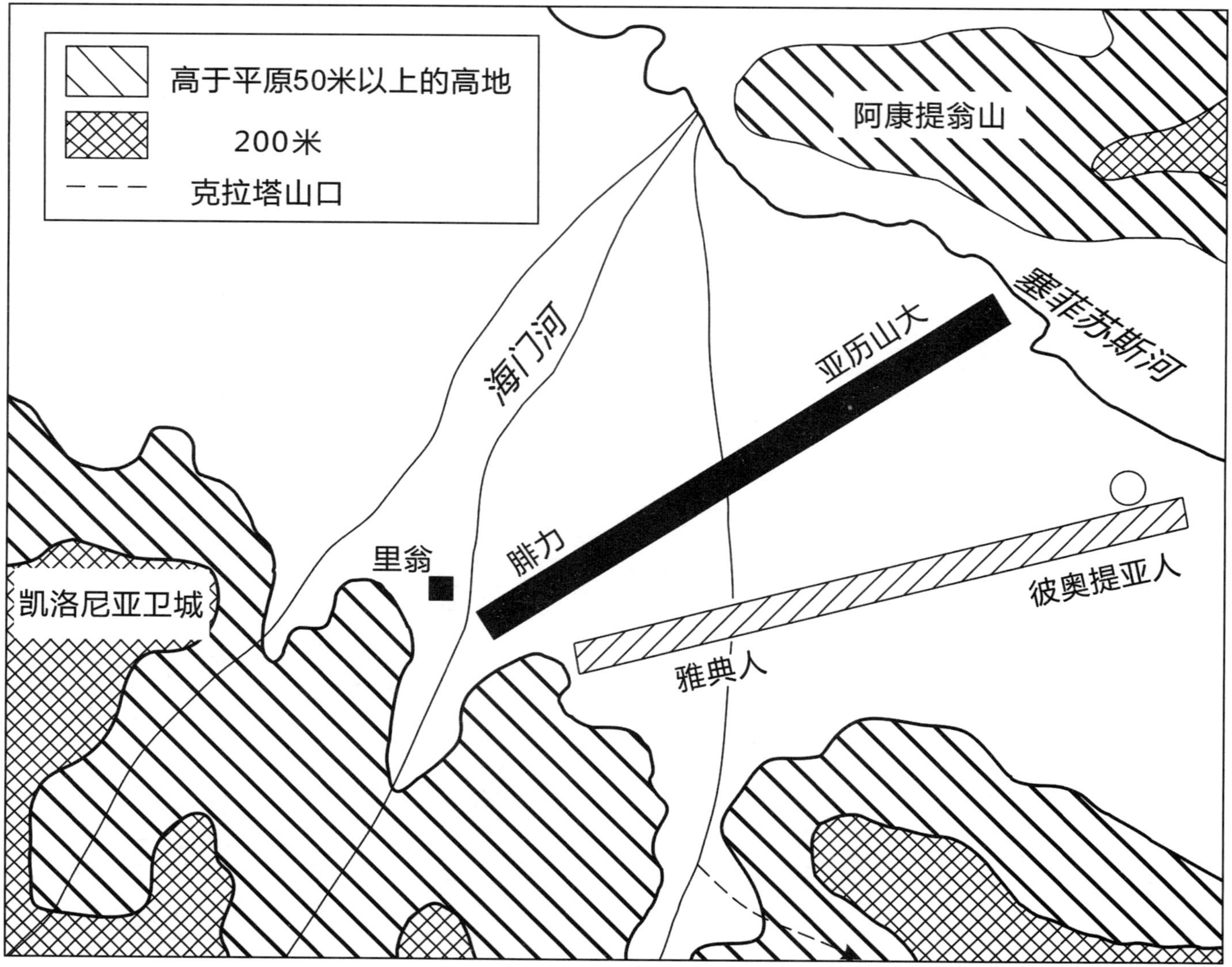
高于平原50米以上的高地
200米
克拉塔山口
阿康提翁山
塞菲苏斯河
海门河
亚历山大
腓力
里翁
凯洛尼亚卫城
彼奥提亚人
雅典人

图 31-2　凯洛尼亚之战

放弃色雷斯,承认马其顿的霸权地位。对于特拜,菲力则极为严厉。他将特拜战俘卖作奴隶,将反对马其顿的政治家放逐,建立一个三百人的亲马其顿寡头政府,并在卡得美亚长期驻军。

同年末,菲力在科林斯召开大会,除斯巴达外的希腊城邦全部参加。在大会上,菲力宣称自己的目的并不是征服希腊诸邦,而是率领希腊人远征,向波斯复仇。他理所当然的被选为远征军的统帅。公元前336年,菲力命自己的大将帕梅尼奥(Parmenio)、阿塔鲁斯(Attalus)和阿敏塔斯(Amyntas)率军由赫勒斯滂入小亚,开始对波斯的远征。但就在这时,菲力在自己女儿的婚宴上遇刺身亡。关于刺杀有很多传闻,此处不详论。但确定无疑的是,马其顿突然群龙无首,不但远征大计要夭折,就连菲力辛辛苦苦打下的基业也可能付诸流水。这时,菲力之子亚历山大继位为王,迅速稳定局面,然后率军远征。这将是下两节的内容。

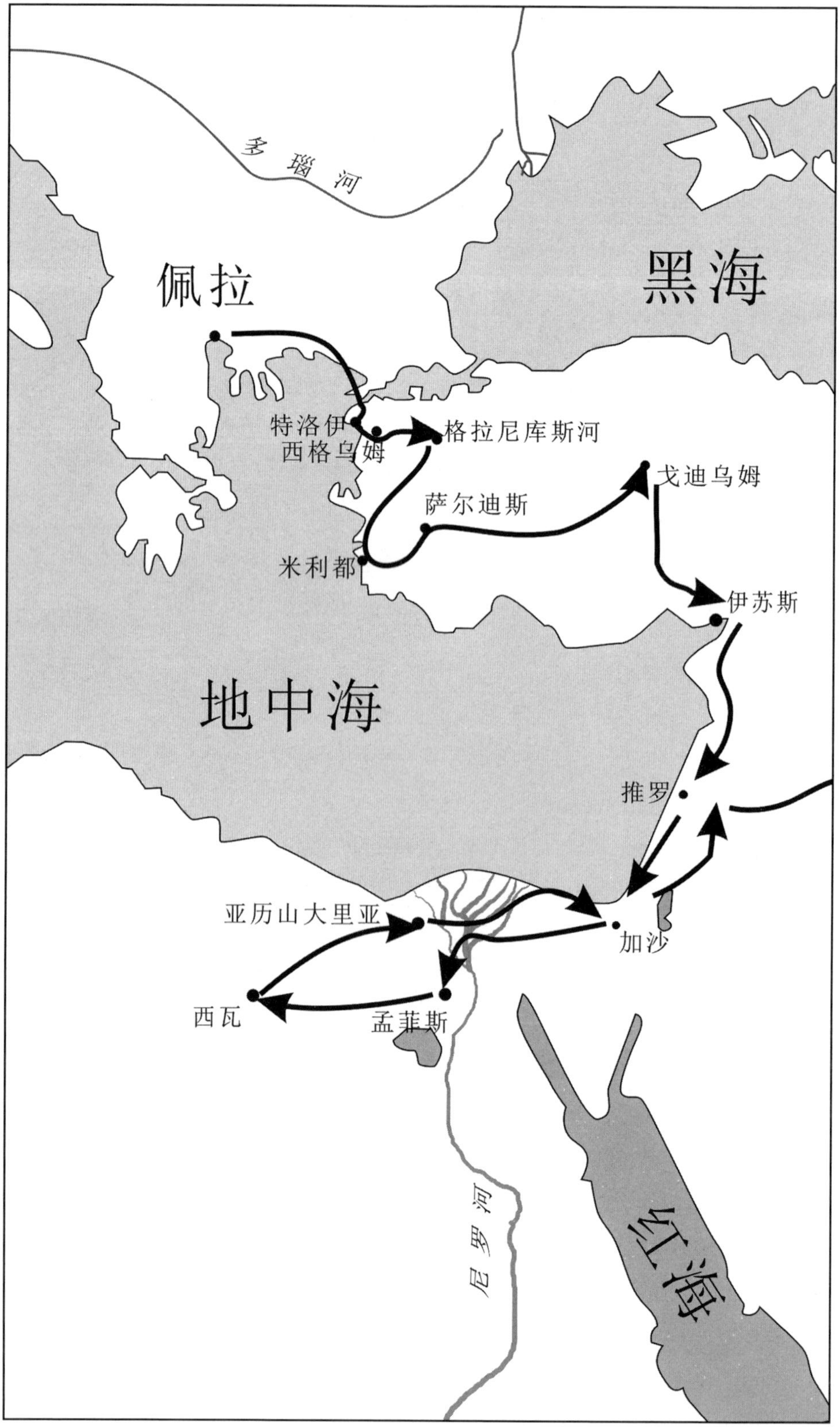

图 32－1　亚历山大的沿海征途

32. 亚历山大远征·沿海的征途

父亲遇刺身亡之时，亚历山大只有20岁。虽然年少，但他却已然十分成熟。这一部分归功于他所受的教育——菲力为他延请了最优秀的教师，包括大哲学家亚里士多德；一部分归功于父亲对他的锻炼——菲力不在马其顿时，亚历山大代其父行使权力。在这种熏陶下，亚历山大成长很快。18岁时，他率领马其顿精锐在凯洛尼亚会战中击败著名的特拜“神圣伴友”。

但菲力的死还是太突然，一时间造成了巨大的权力真空。为了弥补由此带来的不安定，亚历山大不得不将远征波斯的计划推迟。继位之初，菲力留下的谋臣劝他先稳住后方。他却反其道而行，不顾老将的劝阻，急行至希腊，迫使雅典和特拜的反马其顿势力承认自己继承父亲的权威，承认自己为色萨利的统领和科林斯同盟的霸主。之后，他回到马其顿，并于次年春开始镇压试图反叛的色雷斯人和伊利里亚人。此间，亚历山大展现出高超的军事才能，不仅稳定了马其顿的边疆，而且将菲力都未能打败的部族征服，甚至将战争扩大到多瑙河流域，与当时的高卢人结成联盟。

与此同时，由于山海悬隔，难通音信，希腊本土开始盛传亚历山大已经战死的谣言，反马其顿势力蠢蠢欲动。最先反抗的是特拜。特拜人包围了卡得美亚卫城上的马其顿驻军，并试图与其他希腊城邦——主要是雅典——结成联盟。亚历山大迅速出击，在其他城邦未能伸出援手、战争还未扩大之际，将特拜团团围住。劝降未果后，亚历山大发起猛攻，拿下特拜。他命彼奥提亚诸邦决定特拜命运，诸邦鉴于特拜一贯的霸道，决议毁灭该城。于是，特拜城池被夷为平地，仅留品达的故居，全城男子被屠戮殆尽，妇孺卖为奴隶。此举虽然残忍，但杀一儆百。此后，希腊城邦绝少反叛之举。在平定诸方叛乱的同时，亚历山大还清除马其顿内部的威胁。菲力生前最后一任妻子克利奥巴特拉被夷族，菲力之前的幼王，亚历山大的堂兄阿敏塔斯（Amyntas）也被处死。

公元前334年春，亚历山大正式率军远征波斯。军队从马其顿出发，横渡赫勒斯庞入小亚。在所有的马其顿人中，他第一个跳下船只，踏上亚洲的土地。随后，他前往特洛伊，向雅典娜和特洛伊王普里阿摩斯献祭。此后，他还在西格乌姆（Sigeum）向他传说中的祖先阿奇里斯献祭。

开端看起来很是顺利。但当时，他所面对的情况其实不容乐观。军队只有大约3.7万人，其中包括核心的1.2名马其顿方阵步兵，3 000名皇家卫兵，1 800名骑兵，另外还有9 000名来自希腊盟邦的步兵和骑兵，以及来自色雷斯和伊利里亚的规模相当的轻甲兵，此外大约有200艘船只为军队提供供给。另外，由于菲力去世突然，亚历山大不能掌握军队绝对领导权，凡事都有老臣掣肘。而且军队缺乏资金，不能长期作战。因此，亚历山大急需一场胜利来稳定局面。

机会很快就来了。不久，马其顿的军队在格拉尼库斯河（Granicus）遇到了大队的波斯人马。一般来说，波斯的军队应该采取防守姿态，以便主力集结之后再做打算。但是吕底亚、伊奥尼亚等地的总督和其他波斯将军按捺不住，决定就地将这小股敌人消灭掉。事实上，波斯将军的估计几乎是正确的。这一仗希腊军队打得异常艰辛，亚历山大几乎战死，多亏部将克雷图斯（Cleitus）及时出手相助才保住性命。但最后，马其顿的方阵显现了自己的优势，波斯全军覆灭，两千余名为波斯人卖命的希腊雇佣军沦为俘虏，被送回马其顿做苦役。马其顿军队首战告捷，士气大增。亚历山大通过这次胜利巩固了自己的地位，使得马其顿的元老不敢小觑自己。而波斯则不仅失去了一支军队，更失去了在安纳托利亚拦截马其顿远征军的机会。

随后，马其顿军队一路南下，如入无人之境，不战而取萨尔迪斯、米利都等名城大邑。公元前333年春，亚历山大行至弗吕吉亚（Phrygia）古都戈迪乌姆（Gordium）。据传说，谁人能解开此处的戈迪乌姆绳结，便能成为亚洲之王。可亚历山大不循常规，他来到绳结处，二话不说，拔出宝剑，一剑斩开绳结，展现了自己超人的眼光和勇气。随后，亚历山大率军离开，一路向南，打算先将叙利亚、巴勒斯坦和埃及等地攻克，解除波斯海军对自己的威胁，使强大的波斯海军无港可用。波斯大王大流士三世闻讯，追击尾随而至。双方最终于公元前333年夏末秋初交战于伊苏斯。

伊苏斯为一海港，其东为阿玛努斯（Amanus）山，西即为海，山海之间夹着一个狭小的平原，中有匹那鲁斯河（Pinarus）自东北至东南穿过。正式战斗之前波斯人攻占此地，将俘获的希腊士兵和希腊伤员全部处死。这里的狭窄地形使得波斯军队难以发挥自己在数量上的优势。双方阵列如图32－2所示，亚历山大所指挥的骑兵在马其顿军队的右翼，左翼由将军帕梅尼奥统领。波斯军队主力为三万名希腊雇佣军，守护着中央的大流士。战斗刚开始，亚历山大便率领骑兵从高处冲下来，飞速渡过河流，杀向敌军左翼。波斯左翼随即溃不成军，亚历山大转而冲向大流士。见此情景，大流士赶忙奔逃。于是，整个波斯大军全面溃逃，毫无斗志，死伤无数，辎重全失。根据波斯传统，大王御驾亲征，家属必须随行。大流士逃命匆忙，未能顾及家人，结果其妻母皆落入亚历山大手中。亚历山大不但没有为难她们，反而对她们礼待有加。于是，亚历山大不仅在战场上击败了大流士，而且在庙堂中再次击败了他。

伊苏斯战役的胜利是远征的转折点。在此之前，马其顿军队虽然已经取得了一场胜利，起到了稳定军心的作用，但并未解决战争最核心的问题——资金。伊苏斯战役收获了大批波斯辎重，其中不乏金银财宝，尤以波斯大王王帐中最多。此外，与格拉尼库斯战役不同，伊苏斯战役所击败的是波斯大王率领的主力部队，充分展示了马其顿军队的强大。此战之后，无论希腊还是波斯，均闻马其顿军队之风而丧胆。最后，亚历山大在战争中两次击败大流士，使得波斯大王颜面扫地，毫无君威可言，其心理效果对于战争乃至整个历史都影响深远。

此役后，亚历山大率军南下，一路上只有推罗（Tyre）和加沙（Gaza）抵抗。前者易守难攻，费去马其顿军队八个月的时间才最终陷落，后者则花去了三四个月。公元前332年末，马其顿军队进入埃及。

由于埃及总督不战而降，亚历山大在埃及并没有遇到抵抗。相反，

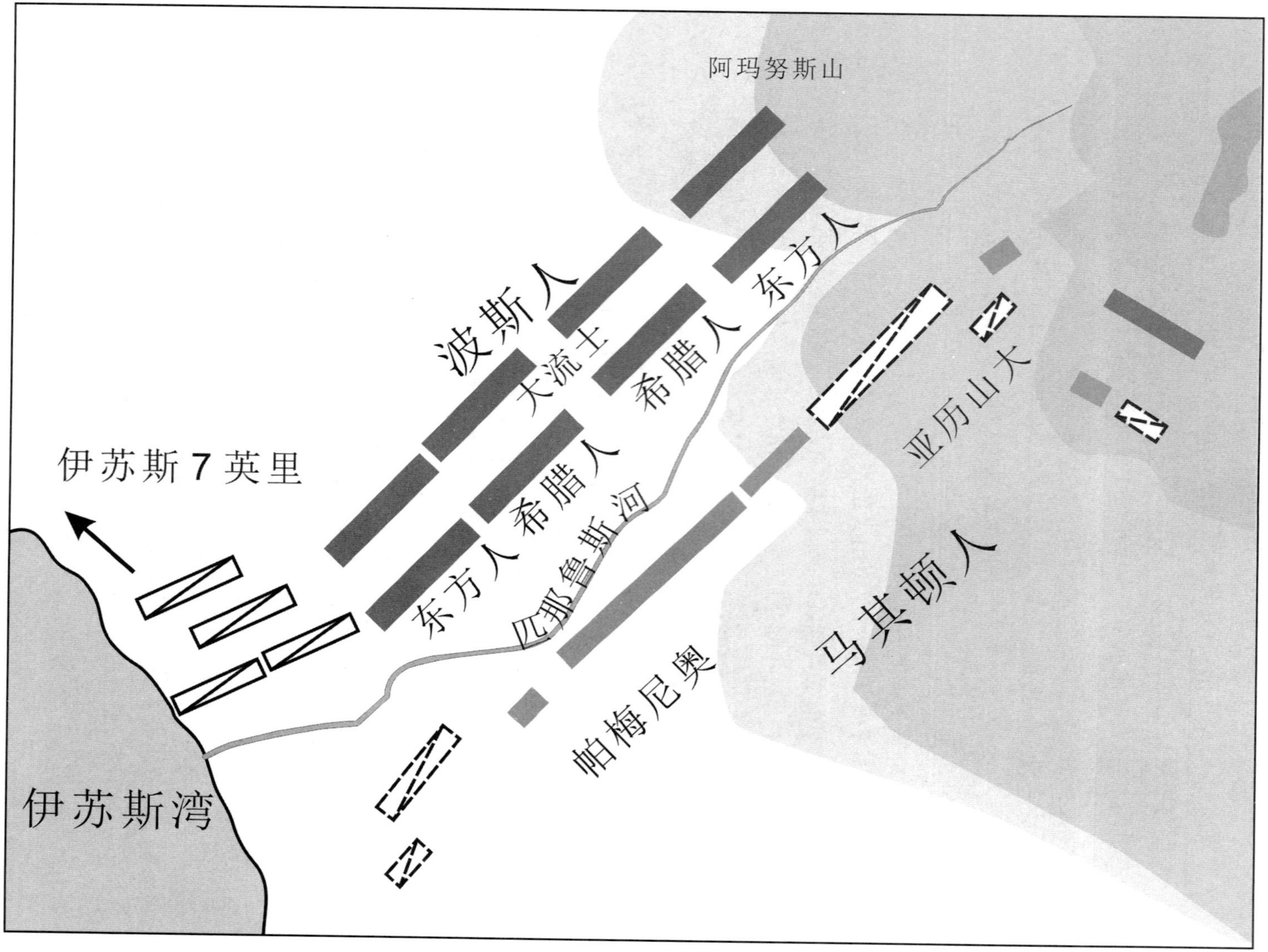
阿玛努斯山
波斯人
大流士
希腊人
东方人
希腊人
东方人
伊苏斯 7 英里
匹那鲁斯河
帕梅尼奥
亚历山大
马其顿人
伊苏斯湾

图 32-2　伊苏斯之战

他受到了埃及人的欢迎，因为波斯对埃及长期以来厉行压制，其宗教政策尤为不得人心。亚历山大吸取波斯的教训，十分尊重埃及本土的宗教，在军舰抵达埃及古都孟菲斯之后，公开祭祀埃及宗教中的各种神灵。随后，他率军沿尼罗河北下，从尼罗河西部支流入海。从此处出发，亚历山大深入内陆，拜访位于西瓦(Siwa)的宙斯-阿蒙神庙。据说，神庙的祭司迎接他的时候称他为阿蒙之子。这也许是埃及祭司对埃及国王的传统称呼，但在希腊人看来却有着别样的意义。因为，在希腊人看来，埃及的阿蒙神就等于希腊的宙斯神，阿蒙之子就等于宙斯之子。成为宙斯之子，就意味着亚历山大具有了某种超人的性质，成为了一个半神。这对于他本人的心理刺激是很大的。从神庙回来，亚历山大着手在先前经过的入海口兴建一座新城，取名亚历山大里亚。这是他兴建的第一座城市，也是最著名的一座。时值公元前 332 年 4 月。

建立亚历山大里亚之后，亚历山大在埃及乃至整个东地中海已无后顾之患，便离开埃及，深入波斯腹地，开始了自己漫长的内陆征程。

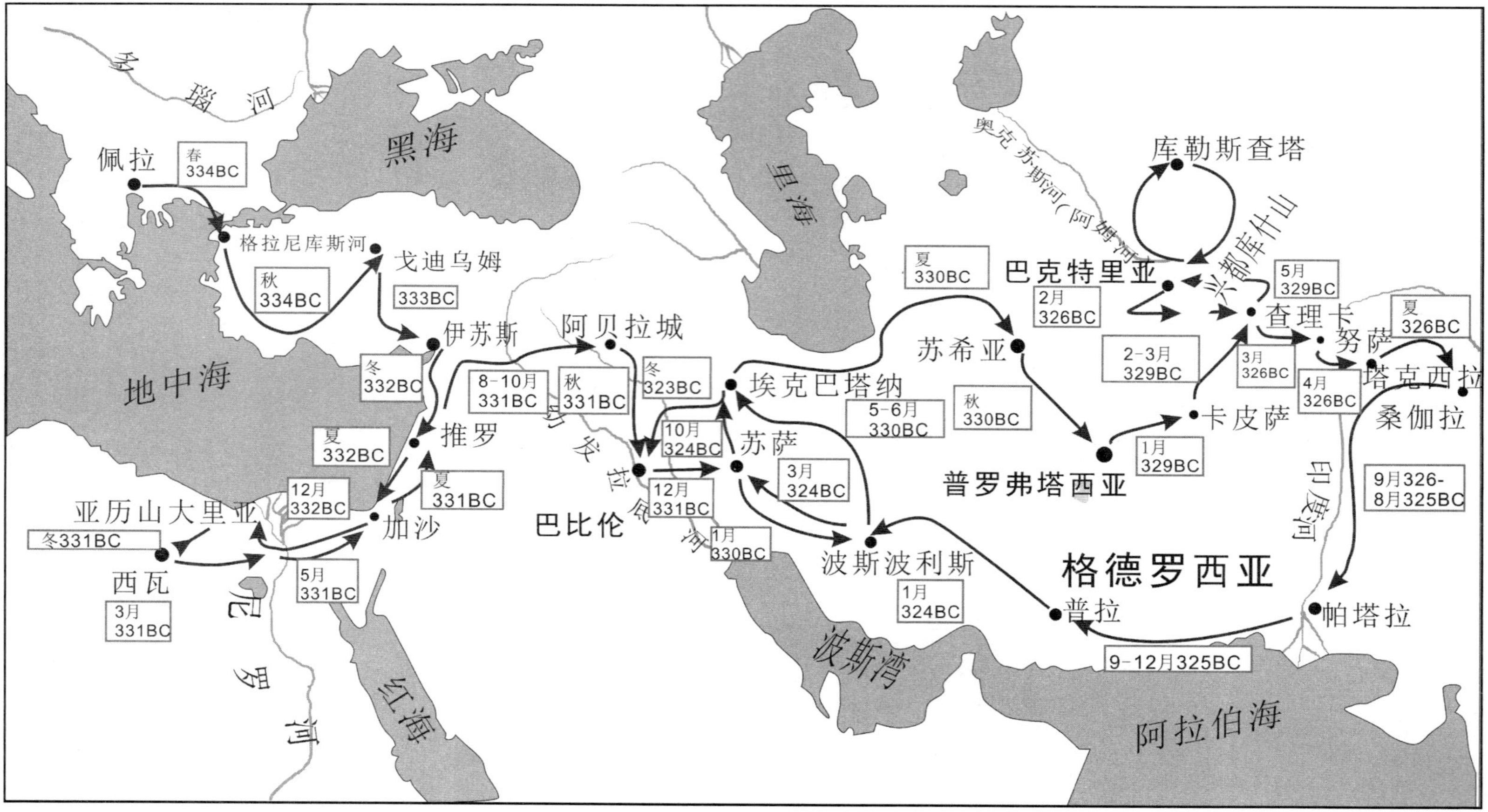

多瑙河
佩拉
春 334BC
黑海
格拉尼库斯河
秋 334BC
戈迪乌姆
333BC
伊苏斯
冬 332BC
地中海
推罗
夏 332BC
12月 332BC
夏 331BC
加沙
亚历山大里亚
冬331BC
西瓦
3月 331BC
5月 331BC
尼罗河
红海
阿贝拉城
8-10月 331BC
秋 331BC
冬 323BC
10月 324BC
12月 331BC
巴比伦
1月 330BC
里海
埃克巴塔纳
苏萨
3月 324BC
5-6月 330BC
波斯波利斯
1月 324BC
波斯湾
夏 330BC
苏希亚
秋 330BC
普罗弗塔西亚
1月 329BC
卡皮萨
2-3月 329BC
巴克特里亚
2月 326BC
奥克苏斯河（阿姆河）
库勒斯查塔
兴都库什山
5月 329BC
查理卡
3月 326BC
努萨
4月 326BC
夏 326BC
塔克西拉
桑伽拉
印度河
9月326-8月325BC
帕塔拉
格德罗西亚
普拉
9-12月325BC
阿拉伯海

图 33　亚历山大远征图

33. 亚历山大远征·成就帝国

亚历山大离开埃及后，开始挺进内陆，继续他的远征。在这一阶段，他的目标是彻底打倒波斯帝国。

可波斯大王却并不想再和他作战。大流士遣使求和，尽力避免战争，称要将长女许配给亚历山大，割让幼发拉底河以西领土，并希望用大笔赎金换取家人。亚历山大的手下十分吃惊，以至于老将帕梅尼奥说，“我要是亚历山大，我就答应了”。亚历山大却不以为然，说“我要是帕梅尼奥，我也会答应的”。可亚历山大终究是亚历山大，于是两军交兵在所难免。

这一场大碰撞发生在公元前331年8月1日。

大流士吸取伊苏斯战役的教训，将战场选在阿贝拉城（Arbela）附近视野开阔的高加美拉（Gaugamela），并结合自己军队的兵力特点对战阵做了精心布置。最前列是战车和战象，两旁是希腊雇佣兵，大流士率领贴身卫队居于中央。亚历山大则依旧采用马其顿方阵，自己率骑兵居右翼，而交战的情形与伊苏斯战役也差别不大。战争打响，亚历山大在右翼率骑兵迅速前侵，迫使敌军左翼跟着移动，最终使敌军右翼和中军之间出现一道缺口。亚历山大抓住战机，率骑兵和步兵卫队冲入缺口，直杀到大流士跟前。大流士再次骑快马逃命。波斯人溃不成军，血流成河。一战下来，波斯军队主力荡然无存。此后，偌大的帝国毫无抵抗之力。

在接下来不到一年的时间里，马其顿军队轻轻松松地便占领了波斯的三大古都——巴比伦、苏萨和波斯波利斯，没有遇到任何抵抗。对于前两个城市，亚历山大可谓善待有加，没有做丝毫破坏。在巴比伦，他甚至帮助当地祭司修复了被波斯人毁坏掉的马都克神庙。作为回报，他受到了当地人的热情欢迎。但在波斯波利斯，他却将波斯的王宫付之一炬。有史料说这是他酒后一时冲动之举，为的是帮雅典人报公元前 480 年毁城之仇。但亚历山大更有可能是有意为之。因为波斯波利斯是波斯帝国真正意义上的首都，信仰和政治的中心，毁灭了波斯波利斯就等于毁灭了波斯帝国的心脏。

失去国都的大流士一路东逃，甚至连要塞埃克巴塔纳（Ecbatana）都弃之不顾。亚历山大接管了这座城市，以及城市中的金银财宝，将城市交给帕梅尼奥去戍卫，将财宝交给部将哈帕鲁斯（Harpalus）去管理，自己带着部队前去追击大流士。但他还未追上，大流士就被巴克特里亚的总督贝苏斯（Bessus）给杀害了。此人早就心怀不轨，想浑水捞鱼，将巴克特里亚独立出来，自己做土皇帝。但没想到他的手下为了活命，次年春又把他给出卖了。亚历山大对此人的处置方式，体现了他的深谋远虑。他知道，要统治一个多元的帝国，和统治一个纯希腊人的王国可不一样，仅仅依靠马其顿人甚至希腊人都是不够的，应该想办法扩大帝国的统治基础。所以，他没有立即处死贝苏斯，而是打着给大流士复仇的旗号，把他折磨一番之后再将其送还给波斯贵族处置。此后他便以波斯帝国的继承者自居，在服饰中融入波斯风格，并将大流士的尸身运回波斯加以厚葬。公元前 327 年初，亚历山大又在希腊人和马其顿人中间引进匍匐礼（proskynesis）。匍匐礼是波斯人的礼节，卑微者若见到高贵者要亲吻对方的膝盖甚至跪地行礼。此举一方面是为了在波斯人中间维护自己的统治，另一方面则是为了在希腊人和马其顿人中标榜自己的神性。

亚历山大的这种想法不仅针对波斯人，也针对在东征路上遇到的其他民族。到这个时候，他已经是不折不扣的大帝了，他所统治的帝国横跨欧亚非，远比之前任何的帝国都要大。虽然他建立了众多殖民城市，派老兵驻守其中，将紧要的官员都换成马其顿人，但为了维护帝国的稳定，他不得不把各地方的权贵拉拢到自己身边。另外他也很注重学习和吸纳当地的元素。这一点在他征服巴克特里亚和邻近的索格迪亚纳（Sogdiana）的过程中表现得尤为明显。当地虽然没有像巴比伦那样重要的城市，但是却有着好战且行踪飘忽的游牧民族。为了征服这一地区,亚历山大花去了整整三年时间,付出了惨重的代价。最后,为了长久地统治这一地区,他娶了当地贵族的女儿罗克珊娜(Roxane)为妻。在战斗的过程中,亚历山大发现马其顿方阵无法应对游牧民族,便将大量的本土士兵纳入自己的战斗队伍。于是,无论是统治阶层还是军队,都越来越"蛮族化"了。

但是,这种"波斯化"与"蛮族化"必然带来"去希腊化"。亚历山大的很多部下并不喜欢这种结果,这导致他们对亚历山大日益不满,摩擦增加,甚至密谋造反。其中有三件事情最值得关注。公元前 330 年末,马其顿骑兵队长菲洛塔斯(Philotas)密谋起事,未行而密泄,遂被处死。其父正是驻守埃克巴塔纳的帕梅尼奥。亚历山大遣密使回到埃克巴塔纳,趁帕梅尼奥不备将之杀害。有史家认为,菲洛塔斯只不过是个借口,亚历山大的目的是借此机会除掉帕梅尼奥,以免这个宿将心生异端。公元前 328 年秋,亚历山大委任克雷图斯为巴克特里亚总督。离别之际,二人把酒言欢,谈及菲力和亚历山大的功绩。克雷图斯盛赞菲力,但却直言亚历山大的不是,并提醒他是自己救了他的命。亚历山大在酒精的作用下,怒而错杀克雷图斯。六个月后,亚历山大的侍卫为了使马其顿人摆脱他的统治,险些将他杀死。虽然亚历山大镇压了所有这些事件,但并没能改变部将们的看法,日后继承了亚历山大帝国最大地域的塞琉古王国,其统治政策走的就是与亚历山大完全相反的路线,或许就是这种顽固思想在作祟吧。

在这种阴影之下,东征还在继续。公元前 327 年夏,亚历山大平定巴克特里亚和索格迪亚纳,出发前往印度河流域。在行进的过程中,马其顿军队遇到极为激烈的抵抗。不过,也有向其投诚者,如塔克西拉(Taxila)的统治者塔克西勒斯(Taxiles),但作为回报,亚历山大需要帮他打击自己的敌人珀鲁斯(Porus)。公元前 326 年初,亚历山大与珀鲁斯交战于希达斯皮斯河附近,付出巨大代价后取胜。这是亚历山大远征军取得的最后一场胜利。

亚历山大率领军队继续向东。但当行至印度河最东端的支流希发西斯河(Hyphasis),军队便拒绝再向前一步,无论亚历山大如何劝说,都无动于衷。亚历山大只得让步,被迫放弃向东的远征,改为顺印度河南下。公元前326年冬,军队开始沿河南下,直到次年仲夏才最终达到印度河河口,一路上遇到激烈的反抗,亚历山大在一次战役中几乎丧生。

公元前325年8月,亚历山大离开印度,返回波斯。他兵分两路,一路走海路,由亚历山大的好友尼阿库斯(Nearchus)任舰队统领,沿印度洋北岸前往波斯湾,一路走陆路,由亚历山大亲自统帅,穿过巴基斯坦南部荒无人烟的格德罗西亚沙漠(Gedrosia)。两队人马都折损不少,尤以陆路为重。由于缺水,大批驼畜和奴隶死去,随军家属中的妇女和孩童也有不少人没能走出沙漠,甚至不少战士也死在归途中。

公元前324年初,历尽艰辛的亚历山大回到波斯波利斯。刚回来,亚历山大便将八位总督和将军撤职,并强令所有的总督解散自己的私人雇佣兵。同年夏,为了断绝雇佣兵的来源,亚历山大下令让所有的希腊城邦恢复其流亡者的公民身份,允许他们返城。为了融合希腊和波斯,他命手下90名高官和上万名士兵娶波斯的女人为妻。同年,亚历山大用马其顿方阵来训练波斯士兵。夏,亚历山大想要遣返伤残或年老的马其顿士兵,遭到马其顿军团的反抗。这一系列的行动都表明,亚历山大还在努力调整自己帝国的权力结构,希望将自己的帝国置于更为广泛和稳固的基础之上。但他并不知道,自己只剩一年的生命。

年末,亚历山大的密友赫费斯提翁(Hephaestion)病故。亚历山大用最隆重的礼节将其安葬,并命人尊之为神。但这仍不能抚平亚历山大内心的悲痛。在最后的半年中,他一直沉浸在悲伤之中不能自拔,使饱经战火的身体雪上加霜。与此同时,他开始准备征服阿拉伯,并为此做了大量准备。就在出征之前,亚历山大和他的将军们开怀痛饮,却给了他的身体以致命一击。5月29日,亚历山大在醉酒之后开始发高烧,结果一发不可收拾,于6月10日病故。时年33岁。

也许是时势造英雄。是时,马其顿蓬勃崛起,希腊一片内乱,波斯腐朽不堪,所以才能使亚历山大在短短十年内成为欧亚非三洲的主人,功业旷古烁今,无人能及,就连恺撒也自叹不如。但英雄也造时势。若当时继位为王的不是亚历山大,马其顿也许会偏安一隅,波斯会继续为所欲为。至少,马其顿的远征很有可能不会如此的顺利,如此的富有成果。虽然历史不能假设,上述可能只是作者的遐想,但在他死后,再无人有能力统治如此巨大的帝国，亚历山大帝国分崩离析，分化成数个希腊化国家却是不争的事实。这足以说明，亚历山大确实有过人之处。

亚历山大对后世的影响是巨大的。在《古兰经》里他是先知之一，在亚洲游牧民族中成为传奇的“双角王”，波斯的伟大史诗《列王纪》尊其为正统波斯君主，他营建的十几座亚历山大城，有的至今依然重要，比如埃及的亚历山大里亚，阿富汗的赫拉特和坎大哈，塔吉克斯坦的库赞德等等。亚历山大的眼光和理想已突破了老师亚里士多德的局限，带有强烈的普世情怀，是希腊化与罗马时代以及后世众多普世哲学与宗教的先导。

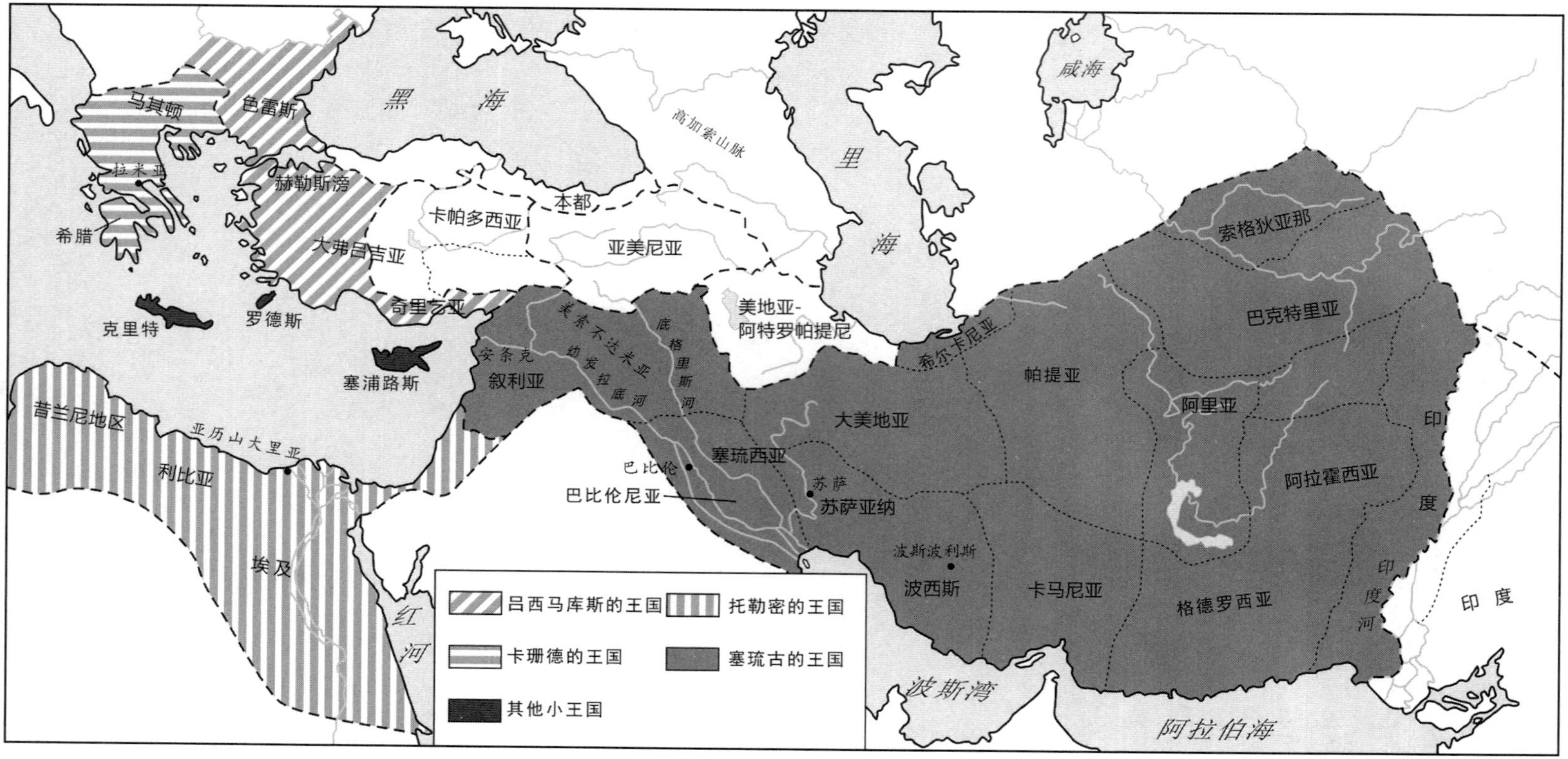
马其顿
色雷斯
黑海
高加索山脉
里海
咸海
拉米亚
希腊
赫勒斯滂
本都
卡帕多西亚
亚美尼亚
大弗吕吉亚
索格狄亚那
克里特
罗德斯
奇里乞亚
美地亚-
阿特罗帕提尼
巴克特里亚
希尔卡尼亚
帕提亚
塞浦路斯
安条克
叙利亚
美索不达米亚
幼发拉底河
底格里斯河
昔兰尼地区
亚历山大里亚
利比亚
大美地亚
阿里亚
塞琉西亚
巴比伦
巴比伦尼亚
苏萨
苏萨亚纳
阿拉霍西亚
印度
波斯波利斯
波西斯
卡马尼亚
格德罗西亚
印度河
埃及
红河
波斯湾
阿拉伯海
吕西马库斯的王国
托勒密的王国
卡珊德的王国
塞琉古的王国
其他小王国

图 34 继承者们的王国

34. 继承者战争

亚历山大在生前并没有建立健全的体制来维护帝国的统治，只知道一味地征伐，甚至从未替死后考虑过。而帝国过于庞大，再没有人有足够威望来统治帝国。亚历山大死后，帝国开始崩溃。从公元前 323 至公元前 276 年，帝国一直处于战乱之中。最后，尘埃落定时，三个希腊化王国形成了。本文讲述的，便是这一段时间内的战争。

在临死之前，亚历山大委托珀迪卡斯(Perdiccas)做摄政王。此人提议等待罗克珊娜分娩之后立刚出生的幼子为王，得到亲兵和骑兵的支持，但是步兵则要求由亚历山大同父异母的兄弟，弱智的阿尔西戴乌斯(Arrhidaeus)做马其顿的国王。珀迪卡斯为了避免内战，提出折中方案，让亚历山大的幼子和阿尔西戴乌斯共同为王，分别称为亚历山大四世和菲力三世。

为了维护帝国的统一，珀迪卡斯将主要的总督区分给最亲信的人来统治，其中埃及分给了托勒密(Ptolemy)，欧洲分给了安提帕特(Antipater)，小亚给了独眼龙安提戈努斯(Antigonus)，色雷斯分给了吕西马库斯(Lysimachus)，尚未征服的卡帕多西亚(Cappadocia)分给了优梅内斯(Eumenes)，他自己则统治巴比伦以及帝国东部。然而，事与愿违，此举反而促进了帝国的分化。

首先要分解帝国的人是那些本来独立且视独立高于一切的希腊人。公元前 323 年，闻知亚历山大的死讯，雅典人随即起义，为自己的独立和自由而战。雅典一度在拉米亚(Lamia)将安提帕特包围，几乎取胜，但终遭镇压，史称拉米亚战争。

与此同时，帝国的将领也开始蠢蠢欲动。珀迪卡斯联合优梅内斯，试图获取王位。其他将领起而反对。公元前 321 年，珀迪卡斯进攻埃及，兵败，被手下将领所杀。于是，第一个试图维系亚历山大帝国的统一，稳固马其顿人统治的将领退出了历史舞台。

珀迪卡斯死后，政治格局重新分配。安提帕特成为摄政王，塞琉古(Seleucus)成为巴比伦总督，托勒密和吕西马库斯官职不变，安提戈努斯成为亚洲元帅，优梅内斯被判处死刑，受到安提戈努斯的追杀。这个格局，获利最大的是安提戈努斯。因为托勒密和吕西马库斯只是维系了原有的统治范围，安提戈努斯却一跃成为亚洲的最高统治者。同时，安提帕特是个极为保守的人，仅关心马其顿及和欧洲的事情。所以，安提戈努斯在事实上是帝国最有权势的人。此后，安提戈努斯大大扩大了自己势力范围。当然，我们也不能忘了塞琉古。他获得了珀迪卡斯的总督区，成长为堪于上述诸位比肩的实力派。

公元前 319 年，安提帕特亡故。临死前，他指派波吕珀孔(Polyperchon)继任摄政王。其子卡珊德(Cassander)不服，逃至亚洲，联合安提戈努斯、托勒密和吕西马库斯共同反对之。战争初期，由于亚历山大之母奥林匹娅斯加入，波吕珀孔阵营获得一些胜利。但是，奥林匹娅斯一心只想维护亚历山大四世的统治，残忍杀害了菲力三世及其妻室，遭到马其顿贵族的反对，使得该阵营最终落败。卡珊德成为亚历山大四世的摄政王，马其顿的实际统治者。

公元前 316 年，优梅内斯被部下出卖，落到安提戈努斯手中，被后者处死。安提戈努斯的势力进一步增长，但拒绝与自己的盟友分享胜利果实，反而有了统治整个亚历山大帝国的野心。其他将军感到威胁，便团结一致与之对抗。战争进行了四年。公元前 311 年，筋疲力尽的双方签订停战协议，规定安提戈努斯为亚洲的主宰，卡珊德统治马其顿，托勒密和塞琉古官职和领地不变。该协议宣告安提戈努斯统一亚历山大帝国的努力破产。

但和平只是暂时的。公元前 307 年，安提戈努斯之子德米特里乌斯(Demetrius)入侵希腊，攻占雅典，推翻了亲马其顿的独裁政权。次年，他攻打塞浦路斯，围攻岛上的萨拉米斯，并因此获得“围城者(Poliorcetes)”的绰号。托勒密派海军来解围，不想被打得落荒而逃。为了庆祝这次胜利，安提戈努斯的军队将他和德米特里乌斯称为“王”。

随后，其他继承者也相继称王。这就改变了各个地方势力及相互间战争的性质。在此之前，亚历山大的继承人们的身份是幼王的摄政王或某地方总督，但在此之后，他们自称为王，统一的亚历山大帝国在名义上也不复存在。

但安提戈努斯的胜利并没维持多久。在公元前 301 年的伊普苏斯会战中，吕西马库斯、塞琉古和托勒密联手将他们父子击败。安提戈努斯被塞琉古从印度借来的战象踩死，德米特里乌斯逃之夭夭。战后，安提戈努斯的地盘被吕西马库斯、塞琉古和托勒密瓜分，其中吕西马库斯得到安纳托利亚北部，塞琉古得到安纳托利亚南部、叙利亚和美索不达米亚，托勒密获得犹大、腓尼基和叙利亚南部。这使得塞琉古的领土和托勒密的埃及有了漫长的交界线，纷争由此开始。为了保护自己，托勒密和吕西马库斯联姻，塞琉古则与流亡中的德米特里乌斯结盟。

伊普苏斯会战后，各个希腊化王国的雏形基本形成。至少，托勒密王国和塞琉古王国的地盘基本上稳定下来。在会战后的十几年中，诸位国王也积极发展国力，其中塞琉古成绩最为突出，建设了新城安条克(Antioch)，并以之为首都。

相比之下，马其顿和色雷斯则仍处在动荡不安中。公元前 297 年，卡珊德去世，王位传于长子菲力。两年后，长子菲力去世，较年轻的两个儿子——安提帕特和亚历山大——为争夺王位而大打出手。后者向德米特里乌斯求援，不想此人喧宾夺主，杀死亚历山大，封自己为马其顿国王(前 295)。次年，吕西马库斯和伊庇鲁斯国王皮洛士(Pyrrhus，即那位与罗马人交战的皮洛士)进攻马其顿，迫使他于公元前 286 年离开马其顿，进攻塞琉古。由于实力悬殊，德米特里乌斯兵败被抓，遭到软禁，直至生命尽头。

战后，吕西马库斯将试图自立为马其顿王的皮洛士赶走，将马其顿并入自己的领土。公元前 281 年，吕西马库斯遭到塞琉古进攻，战败身亡。于是，塞琉古王朝的统治区域大大增加。但是，塞琉古还未能将马其顿征服，便被托勒密·克劳努斯(Ptolemy Ceraunus)——埃及国王托勒密的儿子，遭到父亲放逐但被塞琉古收留——刺死。塞琉古的儿子安条克(Antiochus)继位，托勒密·克劳努斯成为马其顿的统治者。但很快，托勒密·克劳努斯就在与高卢人作战时阵亡。高卢人并没有占领马其顿，而是一支南下进攻希腊，被埃托利亚同盟和德米特里乌斯之子安提戈努斯·贡那塔斯（Antigonus Gonatas）所败（公元前 279），另一支横渡赫勒斯庞，在小亚立足生根——他们所占领的地区以他们的民族命名，被称为加拉太（Galatia）。

在抗击高卢人入侵的过程中，安提戈努斯·贡那塔斯成为希腊和德尔菲的保卫者，获得巨大的声望。他凭着这份政治资本，在混乱中自立为马其顿王（276B.C.）。于是，独眼龙安提戈努斯所建立的王朝在几经波折之后，终于有了一块稳固的立足之地，成了马其顿的统治王朝。

至此，继承者及其子孙的战争结束，亚历山大帝国的残骸上出现了三个较为稳固的希腊化王国——托勒密王国、塞琉古王国和安提柯王国。三个王国的统治区域相对固定，政治制度和文化艺术各有千秋，是希腊化文化的主要载体。在接下来的章节中，笔者将带领大家共同认识这三个王国。

35. 塞琉古王国

“希腊化(Hellenistic)”并非古人的说法，而是近代人的发明。直到19世纪中叶，德国学者约翰·古斯塔夫·德罗伊森发表自己的“*Geschichte des Hellenismus*”(《希腊化史》)，希腊化才从Hellenismus一词脱胎出来。粗略来说，希腊化指的是亚历山大远征之后，托勒密埃及灭亡之前，希腊文化在广大的非希腊传统地区传播、交融和流变的历史。与之相伴的，是古希腊政治形态和经济与生产方式的嬗变。而这一切的发生，都有着共同的背景，即希腊地理上的大扩展带来的世界的扩大。这 点，在地图上体现得最为明显。

三个主要的希腊化王国中，“希腊化”所代表的特征与矛盾在塞琉古王国表现得最为明显。地域上，极盛时期的塞琉古王国几乎继承了亚历山大帝国在亚洲的所有遗产，治下既有巴比伦、亚述这样的千年古城，也有成熟的希腊殖民城市，但更多是半开化的蛮族，区域间发展极不平衡。政治上，广袤的国土使得塞琉古王朝的政治精英无力进行全盘统治，只能在希腊化的殖民城市中进行集中统治，无力触及广大的乡村地区。于是，在经济上就出现了新型的希腊殖民城市和传统乡村之间的强烈对立。文化上，马其顿—希腊统治者强力推行希腊文化，很少顾及当地居民的文化和宗教传统。但由于能力有限，希腊文化的传播往往也仅限于岛屿般的希腊殖民城市。这进一步刺激了当地居民与希腊统治者的矛盾。重重矛盾，使得属地的独立战争与王国的版图缩水，与整个塞琉古王国相伴始终。

虽然塞琉古从公元前320年便成为了巴比伦的总督，但塞琉古王朝元年是312年。我们就从这里说起。在这一年，托勒密在加沙击败安提戈努斯之子德米特里乌斯，在埃及避难的塞琉古得以返回巴比伦，并以

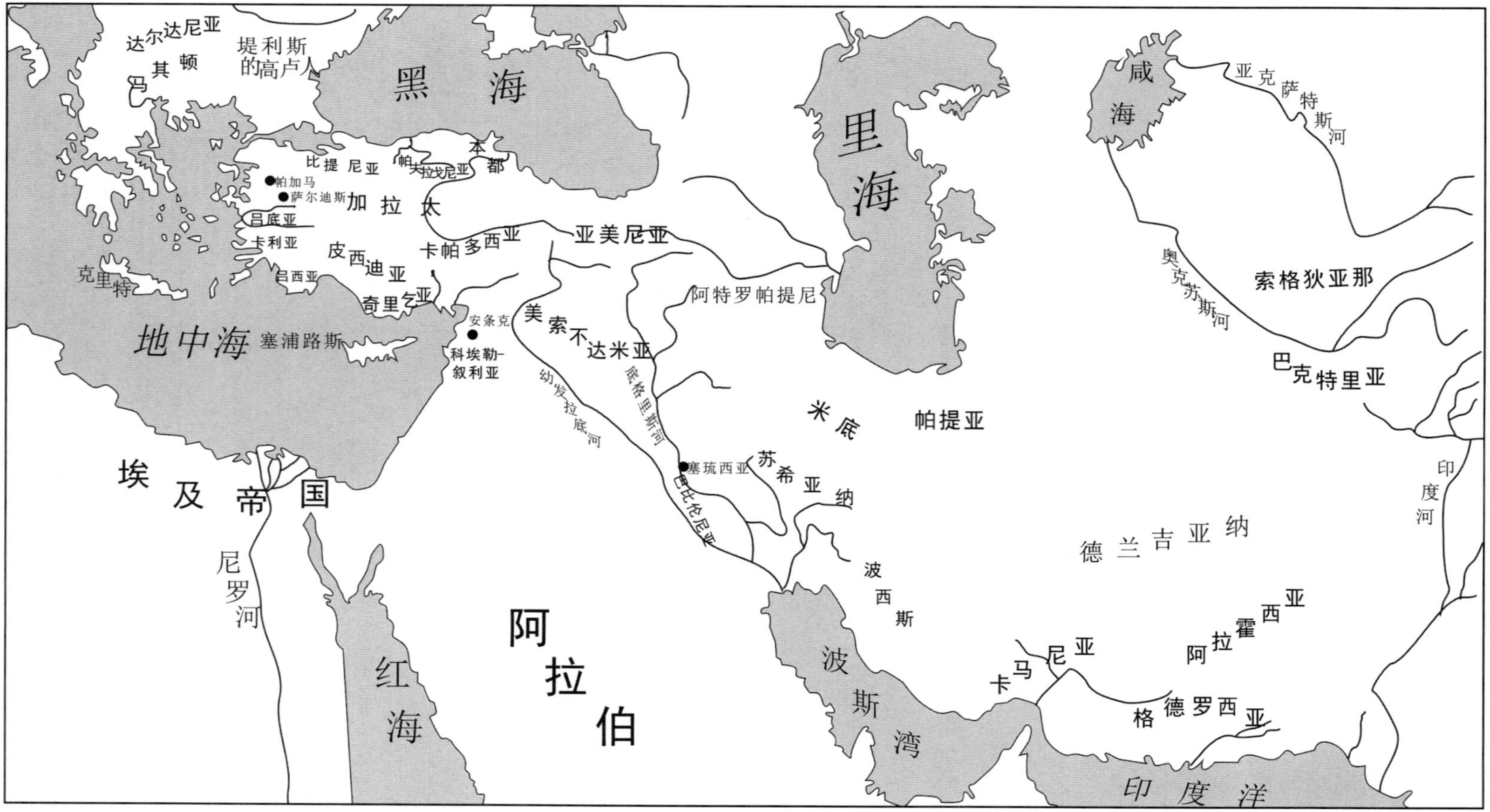
达尔达尼亚
马其顿
堤利斯的高卢人
黑海
比提尼亚
帕夫拉戈尼亚
本都
帕加马
萨尔迪斯
加拉太
吕底亚
卡利亚
皮西迪亚
卡帕多西亚
亚美尼亚
吕西亚
奇里乞亚
克里特
地中海
塞浦路斯
安条克
科埃勒-叙利亚
美索不达米亚
阿特罗帕提尼
里海
咸海
亚克萨特斯河
奥克苏斯河
索格狄亚那
巴克特里亚
米底
帕提亚
幼发拉底河
底格里斯河
塞琉西亚
巴比伦尼亚
苏希亚纳
波西斯
德兰吉亚纳
印度河
埃及帝国
尼罗河
红海
阿拉伯
波斯湾
卡马尼亚
阿拉霍西亚
格德罗西亚
印度洋

图 35　塞琉古王国

此为起点开始了自己的征服之路。此后,一种以这一年为元年的纪念方式,随着希腊化的推进,而被广泛应用。中国唐朝的大秦景教中国流行碑就是采用的塞琉古纪元。到公元前 302 年,他征服了亚历山大帝国东部的所有领土,将军队一直开进到旁遮普地区。和亚历山大一样,他在这一地区受阻。归还了自己所占领的土地后,他和当地国王结成姻亲。作为回报,对方赠予他五百头战象。次年,他用这些战象在伊普苏斯踩碎了安提戈努斯的军队,为自己赢得了安纳托利亚南部、叙利亚和美索不达米亚。此时,塞琉古王国的领土包括上叙利亚、美索不达米亚、弗吕吉亚、亚美尼亚、卡帕多西亚、亚述利亚、米底、巴比伦尼亚、帕提亚、巴克特里亚、索格狄亚那、格德罗西亚等地。

为了加强对西部领土的控制,塞琉古在底格里斯河畔修建了塞琉西亚(Seleucia),在奥伦图斯河畔修建了安条克,并以后者为新的都城。公元前 281 年,塞琉古击败色雷斯国王吕西马库斯,将安纳托利亚北部也并入塞琉古。此时,王国的领土达到极盛。但随后他便被刺死,新征服的领土也随之丧失。事实上,在他去世之前,印度河沿岸的领土已经丧失。他去世后不久,高卢人便入侵小亚,占领了后世称为加拉太的地区。到公元前 275 年,本都和亚美尼亚等地也相继独立了。

同时,强硬的希腊化政策为塞琉古王国带来的恶果也开始显现。公元前 250 年左右,巴克特里亚总督、希腊人迪奥多图斯将巴克特里亚独立出来,建立了一个希腊化的巴克特里亚王国。不久后,帕提亚人在首领阿尔萨西斯(Arsaces)的领导下起兵反抗希腊人的统治,建立了历时约五百年的阿尔萨西斯王朝(前 247 —前 224)。该王朝在建立之后大力扩张,每每趁塞琉古王朝出现危机时抢夺地盘,极盛时期,其领土从今土耳其的东南部一直扩展到伊朗东部,吞并了波斯帝国东部大部分的领土,成为罗马帝国的劲敌,丝绸之路上的中转商(参见图 40 - 1)。

战乱不仅出于内忧,还源自外患。从第二代君主安条克一世开始,王国最大的敌人就是托勒密埃及。双方相斗百余年,进行了六次叙利亚战争,耗光了塞琉古王国的元气。

公元前 274 年,安条克一世发起第一次叙利亚战争,意在争夺对科埃勒-叙利亚(Coele-Syria)的控制权,从而揭开了长达百余年的六次叙利亚战争(前274—前168 B)的序幕。在第一次叙利亚战争(前274—前271 B)初期,安条克一世稍占上风,但很快被托勒密反攻,失去卡利亚等南部领土。公元前262年,帕加马起兵争取独立,安条克一世前去镇压,不想在萨尔迪斯附近被击败,不久身亡。

次年,其子安条克二世(前261—前246 B)继位。此人生性柔弱,寡断而好奢,敬神而怠政,故得了一个"神"(Theos)的称号。在他统治时期,王国东部的巴克特里亚和帕提亚相继独立。塞琉古王朝和托勒密埃及又进行了第二次叙利亚战争(前260—前253)。由于有马其顿的安提戈努斯相助,安条克二世在此次战争中取得了一些成绩,收回了失地。公元前246年,安条克二世之子塞琉古二世继位。在他统治时期,塞琉古王朝面临严重的内忧外患。于内,他的兄弟安条克·希埃拉克斯(Antiochus Hierax)同他打内战,于外,在第三次叙利亚战争中,被托勒密三世打得惨败。与此同时,本都、帕加马、加拉太、帕提亚以及巴克特里亚等地在独立之后也站稳了脚跟。

公元前223年,塞琉古二世的幼子安条克继位,史称安条克三世(前223—前187)。安条克三世励精图治,竭力收复先祖的基业,使塞琉古王国的领土接近塞琉古一世时期的版图,被称为大王(the Great)。继位伊始,他便恢复对米底和波斯的控制,接着又发动第四次叙利亚战争。由于战术上拖延,安条克在拉菲亚战役(Battle of Raphia)中惨遭失败。随后,他将剑指东方,远征十年,征服帕提亚和巴克特里亚所控制的广大领土,一直打到印度河流域,与那里的王公重新取得联系,获得150头战象的馈赠。公元前205年,安条克结束远征,重新将目光投向科埃勒-叙利亚。公元前202年,他联合马其顿国王菲力五世共同入侵埃及。由于此时埃及内乱,所以安条克获得大胜,并从根本上将科埃勒-叙利亚的控制权掌握在塞琉古王朝的手中。公元前192年,菲力在与罗马的对抗中失败,安条克便趁火打劫,将自己的军队开到希腊本土。值得一提的是,著名的迦太基将领汉尼拔此时投到了他的麾下,鼓励他与罗马作战。但安条克毕竟不是汉尼拔。在马格尼西亚会战,塞琉古方阵被罗马军团打得惨败,安条克被迫请降,签订阿帕梅亚(Apamea)和约(前188年),将陶鲁斯山(参见图 38)以北的领土划给罗马的盟邦帕加马,并支付巨额赔款。次年,安条克三世在向东部领土强行征集钱款时遭遇抵抗,战死。

安条克三世死后,其子塞琉古四世(前 187—前 175)继位。塞琉古死后,其弟安条克四世(前 175—前 164)继位。安条克四世想重振国威,便向埃及发起战争,将军队一直开进到亚历山大里亚城下。在即将攻城之际,罗马遣盖乌斯·波皮利乌斯前来,命令他停止进攻,离开埃及。据说,盖乌斯围着安条克四世画了个圈,令他在出圈之前想清楚是否退兵。犹豫再三,安条克答应罗马的要求,班师回朝,顺道洗劫了犹太人的圣殿。在他统治后期,国家愈加散乱,即使他尽全力,仍旧无法将其统一。在他死后,国家陷入长久的内乱,他和他的兄长的子嗣为了争夺王位大打出手。

公元前 165 年,不堪忍受塞琉古王国高压政策的犹太人在马扎比家族(Maccabees)的领导下起兵反抗(参见第 39 节)。与此同时,帕提亚趁机崛起,极力扩张。公元前 139 年,塞琉古国王德米特里乌斯二世在与帕提亚的战争中败北,沦为战俘。至此,整个伊朗高原都被帕提亚收入囊中。同年,安条克七世继其兄为王,开始收拾残局。虽然他镇压了马扎比起义,威慑了北部诸国,并在与帕提亚的交手初战告捷,但却不幸于 130 年冬战死。此外,罗马竭力削弱塞琉古,不断支持与塞琉古有矛盾的小国,也使得塞琉古实力大减。

安条克七世死后,犹太人再次起义,帕提亚人也很快收复失地,国家内部也因为内斗而四分五裂。到公元前 100 年左右,塞琉古王国的领土只剩安条克及其周边的数个叙利亚城邦了。在随后的二三十年中,塞琉古王朝苟延残喘,最终在公元前 63 年倾覆,叙利亚成为罗马的行省。

反观塞琉古王国的历史,我们不难发现,战乱、分裂与起义使王国版图一直变动不居。总体来说,是由于统治过于庞大,地区间差异也大,而塞琉古王朝幻想通过强硬的希腊化政策实现自己的统治。这不仅违背亚历山大大帝的政策,也完全无视波斯帝国的成功经验。于是,王国的版图从东、南、北三个方向不断缩水。而西面的海域,由于罗马的崛起,也承受着巨大的压力。同时,罗马对塞琉古敌对小国的扶持,进一步使得王国土崩瓦解。

然而，正是这样一种算得上失败的统治政策，起到了文化上折枝为林的效果。分裂出来的国家，虽然在政治上与塞琉古王国对立，在文化上却或多或少都受到了其推行希腊文化的强硬政策的影响。因此，在塞琉古的故土上，诞生了各式各样的希腊化国家（或载体），有昙花一现、湮没无闻的希腊殖民城市，也有帕加马那样成功培育出繁荣的希腊文化的国家，也有帕提亚那样将希腊文化和本土文化以奇异的组合融为一体的帝国。更重要的是，希腊文化经由塞琉古的土地，流转至其他文明，对世界文化的发展都做出了不可磨灭的贡献。这相较于那至多维持百十年的版图，更是一种伟业。

36. 马其顿王国与希腊本土

前文提到，马其顿的统治是三个希腊化王国中最后稳定下来的。然而，马其顿的安提柯王朝却是最早被罗马征服的。在马其顿沦为罗马行省后不久，整个希腊也步其后尘。之所以如此，是因为马其顿在地理上，离昔日的霸主希腊和明日的霸主罗马都太近。希腊诸城邦想要重拾昨日的光辉，奋起斗争，争取独立。明日的霸主虎视眈眈，一有借口便挑起战端，除去扩张道路上的任何障碍。

反观马其顿，并未从亚历山大的远征中获得多少好处，反而消耗了国力。各家势力对马其顿的争夺也最为激烈，使得马其顿一直处于纷争中。于是，希腊本土的城邦就有机会发展势力，争取独立。但早先的大邦——雅典、斯巴达和特拜——均已耗尽元气，且对抗马其顿绝非一个城邦之力可为，所以，新崛起的势力不是以城邦为单位，而是各种联盟。希腊式时代来临后，世界扩大了，旧有的政治模式不再有效。

处于伯罗奔尼撒半岛北部的阿凯亚人原本有一个古老的宗教联盟，在特拜称雄时，阿凯亚人也曾被特拜组织成一个政治联盟来对抗斯巴达。在亚历山大去世之后的战火中，阿凯亚人重新团结在一起，保卫城邦的独立（见下图）。公元前 280 年，阿凯亚联盟（Achaean league）正式成立。公元前 251 年，多利安城邦斯基昂（Sicyon）在其公民领袖阿拉图斯（Aratus）的带领下加入阿凯亚联盟，联盟从此迎来了发展的高峰期。他夜袭柯林斯，将该邦从马其顿手中夺来，置于阿凯亚联盟中。随后，雅典、麦加拉和萨拉米斯乃至伯罗奔尼撒半岛上的大部分国家都加入到阿凯亚联盟之中。

大约与此同时，与阿凯亚人隔科林斯湾相望的埃托利亚人也成立了自己的联盟，并且从一开始就与阿凯亚联盟呈敌对状态。而这两个联盟

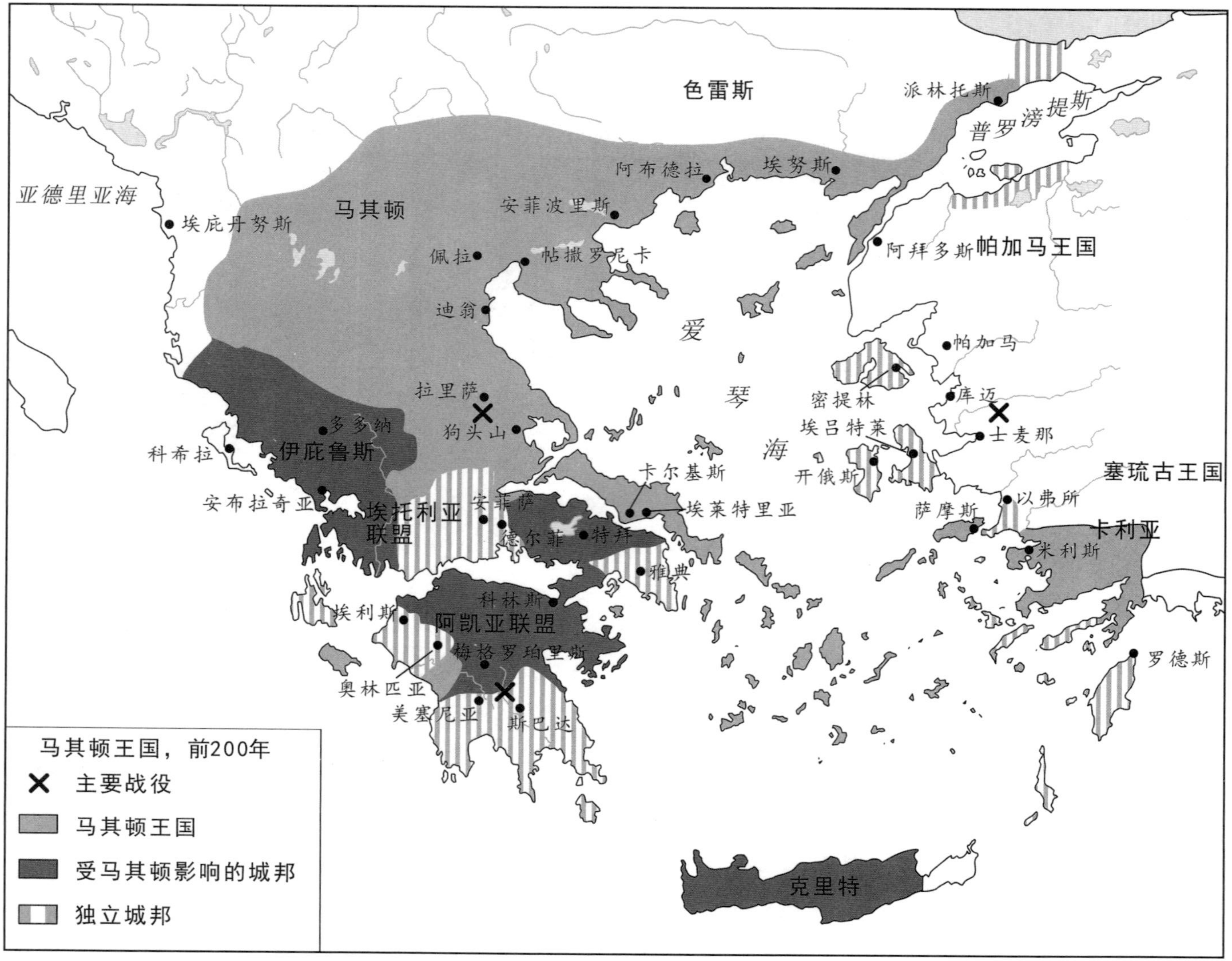
色雷斯
派林托斯
普罗滂提斯
亚德里亚海
埃庇丹努斯
马其顿
阿布德拉
埃努斯
安菲波里斯
佩拉
帖撒罗尼卡
阿拜多斯
帕加马王国
迪翁
爱
琴
海
帕加马
密提林
拉里萨
狗头山
库迈
士麦那
埃吕特莱
多多纳
科希拉
伊庇鲁斯
开俄斯
卡尔基斯
塞琉古王国
安布拉奇亚
埃托利亚联盟
安菲萨
德尔菲
特拜
埃莱特里亚
以弗所
萨摩斯
卡利亚
米利斯
雅典
科林斯
埃利斯
阿凯亚联盟
梅格罗珀里斯
罗德斯
奥林匹亚
美塞尼亚
斯巴达
克里特
马其顿王国，前200年
主要战役
马其顿王国
受马其顿影响的城邦
独立城邦

图 36　马其顿王国

同时又都具有反马其顿的倾向。这就是马其顿王国在希腊要面对的地缘格局(参见图 36)。

这时,自亚历山大时代便一直强硬地保持着独立的斯巴达成为撬动整个希腊政治格局的杠杆。和特拜时代一样,她和阿凯亚联盟互相敌对。公元前 244 年,阿吉斯四世继位为王,力图改革,重振国威,但被政敌,另一位国王利奥尼达斯陷害处死。公元前 236 年,利奥尼达斯之子克利奥梅内斯(Cleomenes)继续父亲政敌的事业,斯巴达国力大振。为了保住自己在伯罗奔尼撒半岛的霸主地位,斯巴达向阿凯亚联盟发起进攻。阿凯亚人为求自保,向马其顿求助。公元前 221 年,马其顿国王安提戈努斯—多松(Antigonus Doson)带领马其顿方阵将斯巴达人打得惨败,并将斯巴达攻克。这是斯巴达历史上首次的城邦陷落。次年,克利奥梅内斯流亡埃及,结束了自己的生命。斯巴达王室的两个支脉都走到了尽头,斯巴达沦落到僭主和暴徒的手中。同年,菲力五世继任为王,继续与阿凯亚人结盟。除掉斯巴达,阿凯亚人的主要敌人是北方的埃托利亚人。公元前 217 年,菲力五世帮助阿凯亚人打败埃托利亚人,并与之缔结和约。至此,马其顿终于又有了君临希腊世界的样子。

然而,好景不长。大约此时,罗马与迦太基卷起的硝烟战火已经引起了整个地中海世界的关注。公元前 216 年,菲力五世与迦太基大将汉尼拔缔结协约,商定共同对抗罗马人,确保罗马人的势力不渗透到希腊。为了实现这一目标,菲力建造了一支庞大的海军,并出师罗马。罗马人此时被汉尼拔打得团团转,亦无力征服马其顿,便与埃托利亚人结盟(前 211)。公元前 205 年,疲于应付的罗马和马其顿缔结和约,结束了所谓的第一次马其顿战争(前 215—前 205)。

公元前 201 年,罗马军团在扎马战役中将汉尼拔打得落花流水,收拾了迦太基这盘残局。次年,罗马军团便开赴希腊,重启战端,即所谓的第二次马其顿战争(前 200—前 197)。公元前 198 年,罗马人将阿凯亚人联盟也拉入自己的阵营,将菲力彻底孤立。次年,方阵双方战于狗头山,灵活多变且长于贴身近战的罗马军团将笨拙的马其顿方阵击得粉碎。于是,菲力被迫求和,双方缔结和约。和约规定,马其顿放弃霸主地位,撤出驻派在各地的军队,交出海军,赔款 1 000 塔兰特。马其顿遭受沉重打击，开始走下坡路。

菲力并不甘心失败，而是积极备战，准备一雪前耻。公元前179年，菲力去世，子珀修斯继位，继承其父政策。罗马先下手为强，与公元前171年挑起第三次马其顿战争。168年，双方战于普德那（Pydna）。马其顿大败，国王被俘。次年，珀修斯被拉回罗马，成了军团凯旋式上的装饰，马其顿则被分成四个独立的地区，处于罗马的严密监管之下。

第二次马其顿战争之后，阿凯亚联盟和埃托利亚联盟虽然在最初势头迥异，但最终殊途同归。战后，埃托利亚人不满罗马人的专横，向塞琉古王朝寻求帮助。公元前192年，塞琉古国王安条克进攻希腊，遭遇惨败。埃托利亚人不得不自己对付罗马人，结果仍是惨败。公元前189年，埃托利亚人沦为罗马人的臣属。与此同时，阿凯亚人在梅格拉珀里斯（Megalopolis）的菲洛颇埃门（Philopoemen）的带领下发展壮大，成功将斯巴达、美塞尼亚和埃利斯（Elis）拉入联盟。但斯巴达很快反叛，离开联盟。公元前188年，菲洛颇埃门率军平定斯巴达，夷平城墙，废除莱库古政体。公元前183年，美塞尼亚脱离盟邦，菲洛颇埃门征讨之，结果战死。第三次马其顿战争中，阿凯亚同盟支持马其顿。战后，罗马人为了加强对阿凯亚联盟的统治，将1 000名阿凯亚贵族送往罗马，其中就包括著名的史家波力比乌斯。公元前147年，斯巴达与联盟再生争端，罗马提出让非阿凯亚人的城邦退出联盟，实际上要肢解联盟。联盟反抗，遭到罗马镇压。次年，联盟彻底瓦解。希腊全境彻底沦为罗马行省，不复为自由之土。

希腊本土落得这般田地，虽然无奈，但也有几分必然。似乎由于希腊城邦独立的惯性太强，即使到了新的大国争霸时代，希腊人仍旧热衷于在旧有的格局内互相斗争，结果被罗马人趁虚而入。那些曾经盛极一时的城邦和联盟，最终都落入到罗马掌控之中。当然，这是今人的后见之明。所谓当局者迷，时人反而最不易察觉时局的变化。对于希腊人而言，城邦才是天经地义的政治形态，他们一切的政治理论，都是以城邦为基础。面对罗马帝国那样组织有序的庞然巨物，他们只有愕然。

37．托勒密王国

亚历山大死后，托勒密被分到埃及任总督，管辖埃及、利比亚和阿拉伯地区。从一开始，托勒密一世便牢牢地掌握着对埃及的控制权，从未遭遇其他两国那样的纷争和内乱。公元前 305 年，他正式称王，建立托勒密王朝。在三个主要的希腊化王国中，托勒密王国是地盘最为稳固，持续时间最长的。这一方面归功于托勒密王朝成功的内政和外交政策，另一方面归功于埃及封闭的地理环境和尼罗河河谷的肥沃。

在继承者战争期间，托勒密一世首先采取措施稳固对埃及的统治，接着趁机扩大自己的地盘。没几年，他便控制了利比亚、科埃勒-叙利亚和塞浦路斯。公元前 315 年，在安提戈努斯的逼迫下，巴比伦统治者塞琉古逃亡至埃及。托勒密以此为契机，对安提戈努斯宣战，在公元前 312 年于加沙打败安提戈努斯之子德米特里乌斯的军队，并将自己的势力扩展到希腊本土。公元前 306 年，德米特里乌斯攻克塞浦路斯，击败驰援的埃及舰队。本来他和塞琉古的协议是将科埃勒-叙利亚割让给后者，但他却在伊普苏斯会战期间趁火打劫，将科埃勒-叙利亚重新据为己有，为日后的六次叙利亚战争埋下了祸根。公元前 295 年，托勒密一世收复塞浦路斯，而王国在大陆上的领土基本上稳定为图 37 所示的范围。

十年之后，托勒密一世将自己与其子托勒密二世共享王权。值得一提的是，托勒密王朝所有的男性继承者都叫托勒密，仅以一世、二世、三世这样的年号区分之。与一世相比，二世显然是一个守成之君。在他任上，爆发了两次叙利亚战争。在继任之初的第一次叙利亚战争中，托勒密王国控制了爱琴海诸岛、奇里乞亚、庞菲力（Pamphylia）、吕齐亚和卡利亚的沿海地带，成为地中海东部的主人（参见图 34），然而在他统治末期的第二次叙利亚战争中，他又统统失去这些领地。除军功外，他还是

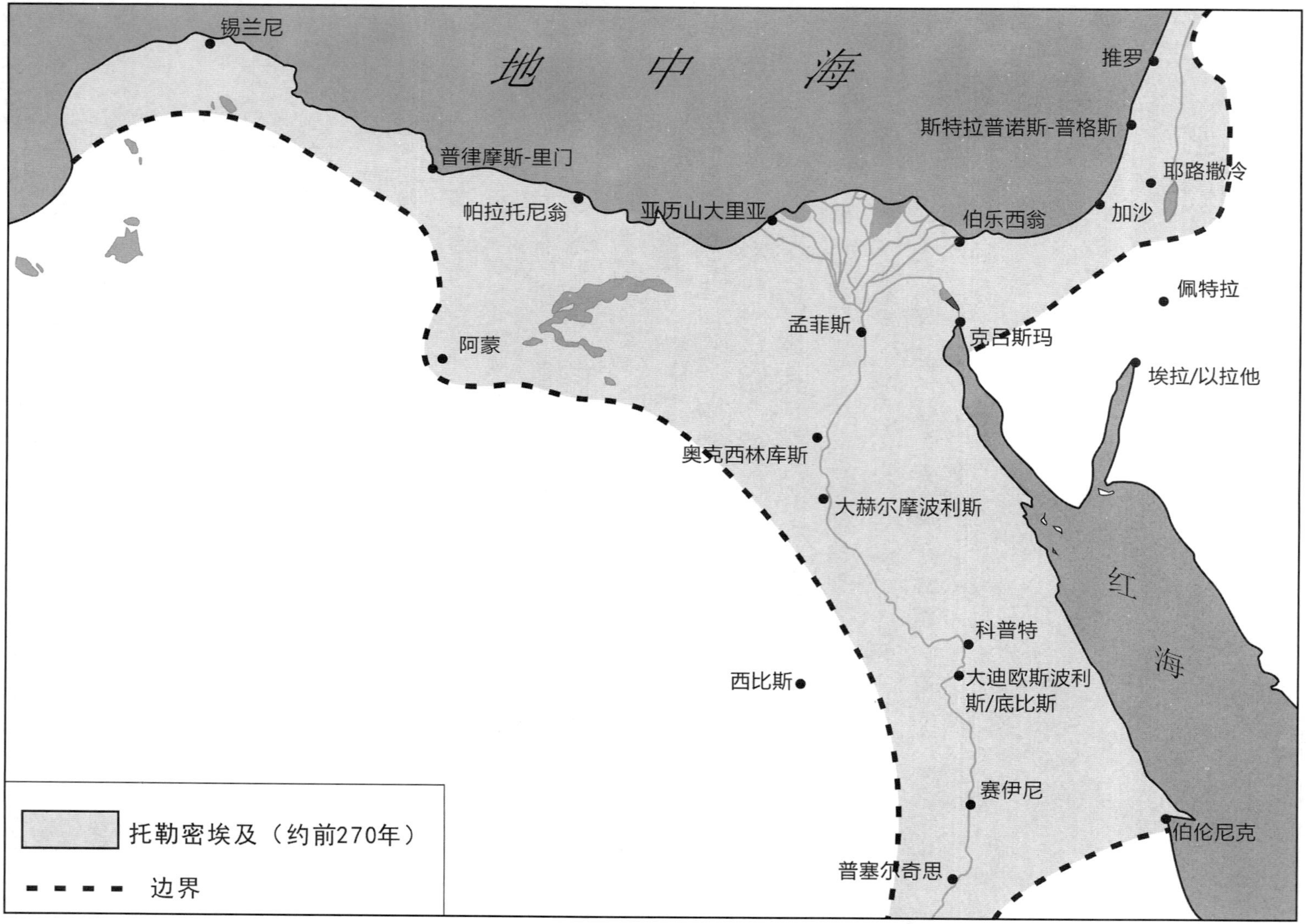
地中海
锡兰尼
推罗
斯特拉普诺斯-普格斯
耶路撒冷
加沙
普律摩斯-里门
帕拉托尼翁
亚历山大里亚
伯乐西翁
佩特拉
孟菲斯
克吕斯玛
阿蒙
埃拉/以拉他
奥克西林库斯
大赫尔摩波利斯
红海
科普特
西比斯
大迪欧斯波利斯/底比斯
赛伊尼
伯伦尼克
普塞尔奇思
托勒密埃及（约前270年）
边界

图 37　托勒密王国

文化的保护人和促进者，十分热衷于文化建设，大力推进希腊文化的传播与创造。经过他的努力，托勒密王国的首都亚历山大里亚成为希腊化世界的文化、艺术和学术中心，成为雅典的竞争者乃至替代者，亚历山大里亚的图书馆成为希腊化世界最大的图书馆，许多伟大的学术成就都是在这里取得的。

公元前 246 年，托勒密三世继位。他是个既有抱负又有能力的人。为了替妹妹报仇，他主动挑起第三次叙利亚战争，猛力向塞琉古王朝进攻，一直打到巴比伦附近，甚至一度进军至中亚的巴克特里亚，并控制了地中海的东部。在他统治时期，托勒密王国的版图达到极盛。然而，从四世开始，托勒密王朝就开始走下坡路。在大臣的帮助下，他虽然抵抗住了安条克三世的进攻，却也十分勉强。在此次战争中，大批埃及当地人进入军队，无形中训练并增强了埃及人的战斗力。于是，公元前 205 年，上埃及爆发大起义，脱离了托勒密王国，直到公元前 185 年才被收复。埃及自古以来就有上埃及和下埃及之分，分界线为古城孟菲斯。上埃及为尼罗河内陆腹地，远离希腊化王朝统治中心。下埃及为尼罗河下游河谷，靠近地中海，且土地肥沃，是希腊化王朝的统治中心、经济中心和文化中心。托勒密五世继任的时候还是孩子，对国家的掌控能力有限。在他任上，托勒密王朝最终失去了对科埃勒-叙利亚。为了遏制颓势，抗衡咄咄逼人的塞琉古王朝，托勒密五世选择与正在迅速崛起的罗马结盟。此举暂时保证了托勒密王朝的独立，也为日后埃及沦为罗马附庸埋下根由。托勒密五世去世后，托勒密王室陷入持续的内乱之中。于是，罗马趁机将势力渗透进来。托勒密埃及日渐沦为罗马的附属国。然而，托勒密王国的领土却没有太大的变化。

这得益于托勒密王朝尊重当地宗教和文化的政策。与塞琉古王朝相反，托勒密王朝自一世时期便十分尊重埃及本土宗教，国王常常公开参加对埃及神灵的献祭，有些国王，如托勒密三世，甚至主动推行“埃及化”。另外，托勒密王朝的政治和经济制度也多承袭埃及，而不是强行推行希腊人的制度。托勒密王国同时也自称法老，表明自己对埃及统治的合法性。从托勒密二世开始，托勒密王朝的男性继承者就采取埃及的旧制，与自己的姐妹结婚，并与之共享王权。埃及的土地分为王田和封地，前者归法老，也就是国王所有，后者用以封赐大臣和军士。埃及全境的生产和分配都由国家统一进行管理，大宗的生产和贸易均由国家垄断。

这些举措使得埃及政治十分的稳定，经济十分的富庶。这也是罗马愿意保护她的原因。稳定的政治和富裕的经济，产生了发达的文化。在希腊化时代，埃及的亚历山大里亚被誉为黄金之城，不但是汇通东西的重要港口，也是最重要的文化中心，不仅以高耸入云的亚历山大里亚灯塔闻名于世，还以荟萃了希腊世界最精英的知识分子的图书馆和缪斯宫光耀千秋。因此，当时在亚历山大里亚活动的，不仅有水手、军人、政客和商人，还有诗人、哲学家、科学家、文学家、语言学家和艺术家。如果说塞琉古王国在空间上扩展了希腊文化的影响，托勒密埃及则在水平上提升了希腊化文明的高度，是不折不扣的希腊化文明的发动机。直至公元后五世纪，亚历山大里亚也一直是整个东地中海的文明中心，希腊文化的传承者和发扬者。

38. 帕加马王国

在希腊化时代，除了亚历山大的几大部将建立的王国外，还存在着其他希腊势力，就比如帕加马王国。

帕加马王国的奠基者菲勒泰罗斯（Philetairos）可以说是白手起家的典范。他生于黑海附近，出身卑微，母亲甚至可能不是希腊人。他之所以能够接近权利中心，是因为他父母将他送进宫中做宦官。这种做法在波斯王庭由来已久，而亚历山大在远征之后也采用了这项制度。亚历山大死时，菲勒泰罗斯年仅 20 岁。最初，他在安提戈努斯手下效力，后于公元前 302 年转投吕西马库斯。在机缘巧合之下，他得以驻守帕加马，执掌总数达 9 000 塔兰特的色雷斯国库。公元前 283 年，吕西马库斯后院起火，宫廷内乱，菲勒泰罗斯等一批官员转投塞琉古。公元前 281 年，吕西马库斯战死，帕加马北部威胁消失。随后，塞琉古遇刺身亡。菲勒泰罗斯精心安排，将塞琉古的尸体转交到新王安条克一世手中。此举使他赢得了安条克极大的信任，也使得帕加马的独立地位被默许。与此同时，他还尽力交好较弱的邻邦，为自己争取良好的国际环境。这些举措都为帕加马的独立与发展打下了良好的基础。

公元前 263 年，菲勒泰罗斯的侄子由梅内斯接替其叔父之职。次年，由梅内斯起兵争取独立。安条克一世御驾亲征，结果战死。然而他没有立即称王，而是依着前人的做法，小心经营，保国土不失，尽力结交盟友。公元前 241 年，由梅内斯的侄子阿塔罗斯一世继位。他采取的是较为激烈的措施，对外征战，扩张国土。公元前 237 年，阿塔罗斯在对抗加拉太人的战争中大胜。加拉太人是自西欧入侵希腊的高卢人后裔，以野蛮著称。打败加拉太人乃是从蛮族手中捍卫希腊文明的壮举，在当时被认为与雅典人马拉松战役的胜利同等光辉。故阿塔罗斯一世赢得了“救

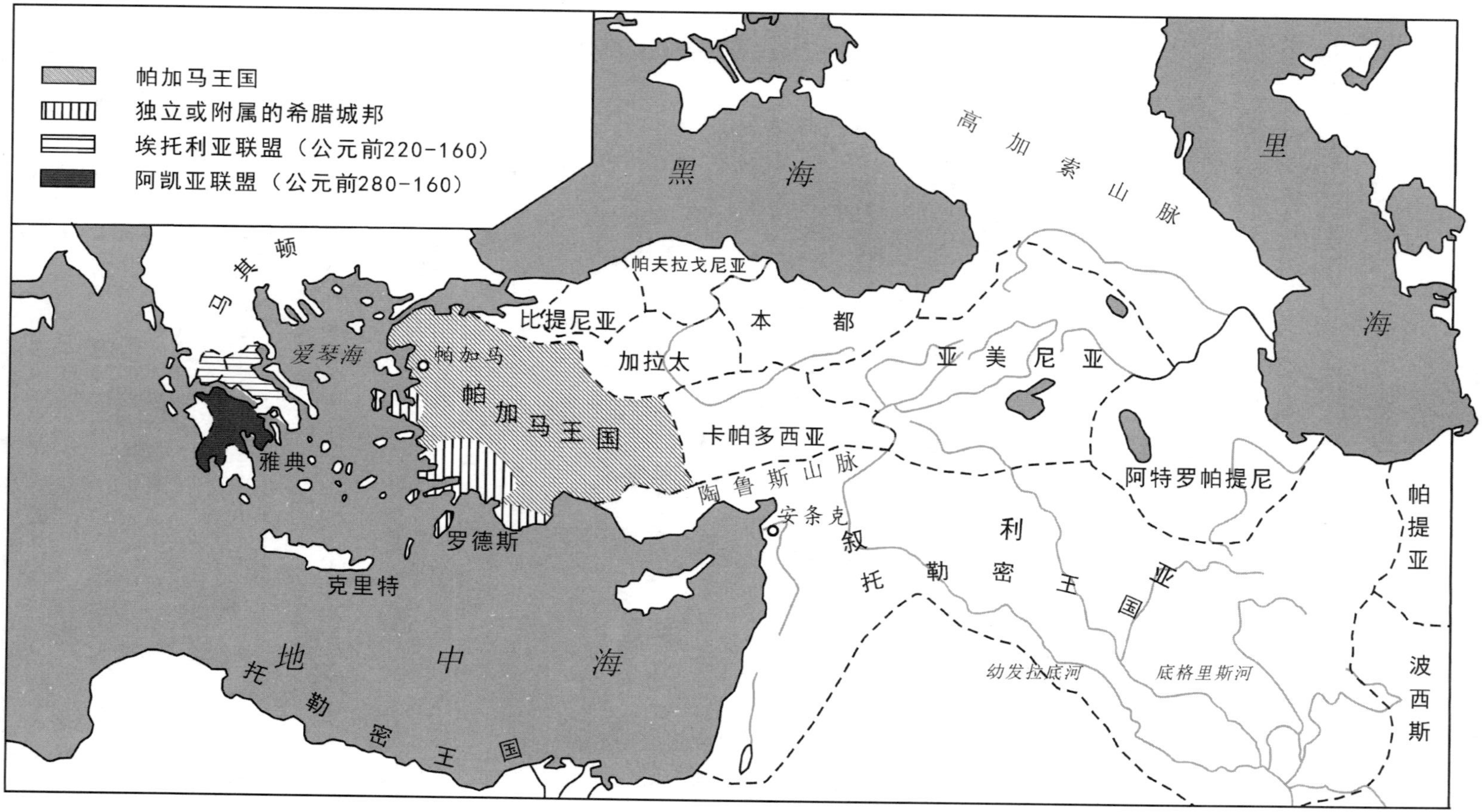

图38　帕加马与希腊化王国(约前188年)

世主”的称号，同时也取得了“王”的头衔。尽管他是阿塔罗斯王朝的第一位王，整个王朝也以他命名，但是他仍追认菲勒泰罗斯为王朝的建立者。与此同时，他依照前人的做法，尽力稳固并扩大疆域，努力结交对自己没有威胁的小邦。为了使自己这个由出身微末者建造的王朝获得足够的合法性，阿塔罗斯一世还特别注重文化建设和宣传。这一政策为后人所沿袭。

公元前 239 年，驻守在小亚的安条克·希埃拉克斯反叛其兄塞琉古二世，并于公元前 230 年勾结加拉太人进攻帕加马。阿塔罗斯奋起反击，击退进犯之敌，并夺取塞琉古王国在小亚的大部分领土。但这部分领土并没有维持多久，因为随后即位的塞琉古国王是人称“大帝”的安条克三世。他派大将阿凯奥斯（Achaios）进攻帕加马，将失地尽数收复。但是，在此期间，帕加马与小亚诸邦建立的良好关系并没有因此而中断。后阿凯奥斯反叛，安条克三世不得不与阿塔罗斯一世和解。但不久后，马其顿的菲力五世进犯，使得刚刚得以喘息的帕加马再度面临战争。为了有效地削弱马其顿，阿塔罗斯一世选择和马其顿敌人——远在千里之外的罗马达成攻守同盟。

最初，帕加马和罗马还是平等的盟友关系。虽然在第一次马其顿战争中帕加马并没有出太多的力，却凭一己之力帮助罗马引入大母神崇拜（Magna Mater），使西比尔的预言得以实现。尔后的第二次马其顿战争中，阿塔罗斯极为卖力，乃至战死沙场（前 197）。作为回报，罗马确保了帕加马的稳定和安全。公元前 188 年，罗马军队击败塞琉古王朝，将陶鲁斯山以北的领土划归帕加马（见图 38）。当时的帕加马国王是阿塔罗斯一世之后的由梅内斯二世。为了稳固新增国土，他采取了一系列措施，但总的来说，仍是沿着前人的轨辙。与此同时，他还断断续续的与北方邻国进行战争，甚至最终击溃加拉太人的势力，兼并了他们的土地。然而，在第三次马其顿战争中，由梅内斯惹恼罗马，使得罗马元老院一怒之下宣布承认加拉太的独立地位。于是，北方的敌人更加强大了。

梅内斯二世还继承父亲的政策，加强文化建设。在他统治期间，帕加马大兴土木，建造了很多令世人瞩目的伟大建筑，为后世留下了大量的艺术瑰宝。其中，最著名的宙斯大祭坛被学者们认为是希腊化艺术的瑰宝。此外,他还大力建设帕加马的图书馆,使其成为仅次于亚历山大里亚图书馆的希腊世界第二大图书馆。公元前160年,阿塔罗斯二世继位,继承兄长未完成的事业。同时,他还出巨资在雅典建造了阿塔罗斯柱廊,用以提高帕加马的国际威望。此前,由于帕加马的文化有赶超亚历山大里亚的势头,托勒密国朝便禁止向帕加马出口纸草。为了应对危机,帕加马人发明了羊皮纸。欧洲语言中的羊皮纸就是以"帕加马"为词源的。但也就在他的任上,帕加马的国力开始下降。阿塔罗斯二世没有开疆扩土,仅是维护既有的疆土已经使得他费尽全力了。此外,罗马的势力突飞猛进,使得昔日的盟邦到此时沦为实际上的附属国。

公元前138年,阿塔罗斯三世继位。他沉迷于植物学,无心政务,沦为他的宠臣的玩偶。五年之后,他英年早逝。因为无嗣,他便将整个王国赠给了罗马,结束了帕加马独立的历史。

39. 希腊化时代的犹太人

也许你会问,我们为什么要在专门讲古希腊人的书中,专门用一节来讲看似不相干的犹太人呢?这是因为,希腊化时代的犹太人由于地理位置的缘故,对当时的历史产生了重要的影响,常常起到牵一发而动全身的作用。更为重要的是,犹太人对希腊化的抗争与接受无意间整合了希腊和希伯来这两希文明,为基督教的诞生预先铺好了道路。

前面我们反复提到,为了争夺对科埃勒-叙利亚的统治权,塞琉古王国和托勒密王国进行了旷日持久的战争。而在图中我们可以看到,当时犹太人生活的犹大地区(Judea)就在这块被争来夺去的香馍馍之内。处于两国夹缝中的犹大饱经战火,如同滔天巨浪中的一艘小船。但是,最初托勒密王朝统治时期,犹太人的宗教信仰并没有受到太大的影响,因为托勒密王朝向来尊重臣民的信仰。但在安条克三世时期,塞琉古王国打败托勒密王国,成为犹大地区的新主人。塞琉古王朝的统治者喜欢将希腊文化强加给各个被征服民族。这种高压文化政策有时会促进希腊文化的传播,但有时会适得其反,将被统治民族逼上反抗的道路。

犹太人向来以传统和保守著称的,在希腊化时代仍旧遵守着祖先的律法。但安条克的国王们并不愿去理会这些“蛮族”的做法。安条克四世统治时期,犹太大祭司西蒙去世。根据犹太人传统,大祭司之职当时子承父业。但安条克四世并不愿意让反希腊化的奥尼亚斯(Onias)上台,便选了亲希腊化的耶逊(Jason)。耶逊是个希腊名,希腊文写法是'Ιάσων,即我们熟知的伊阿宋。耶孙上台之后在耶路撒冷修建体育场,让犹太青年在里面赤身裸体的运动,修建希腊学校,让大卫的后代学习苏格拉底和柏拉图的智慧,并建立敬拜希腊诸神的庙宇,让偶像崇拜冲击古老的一神教。耶逊的继任者麦尼劳斯(Menelaus)变本加厉。麦涅

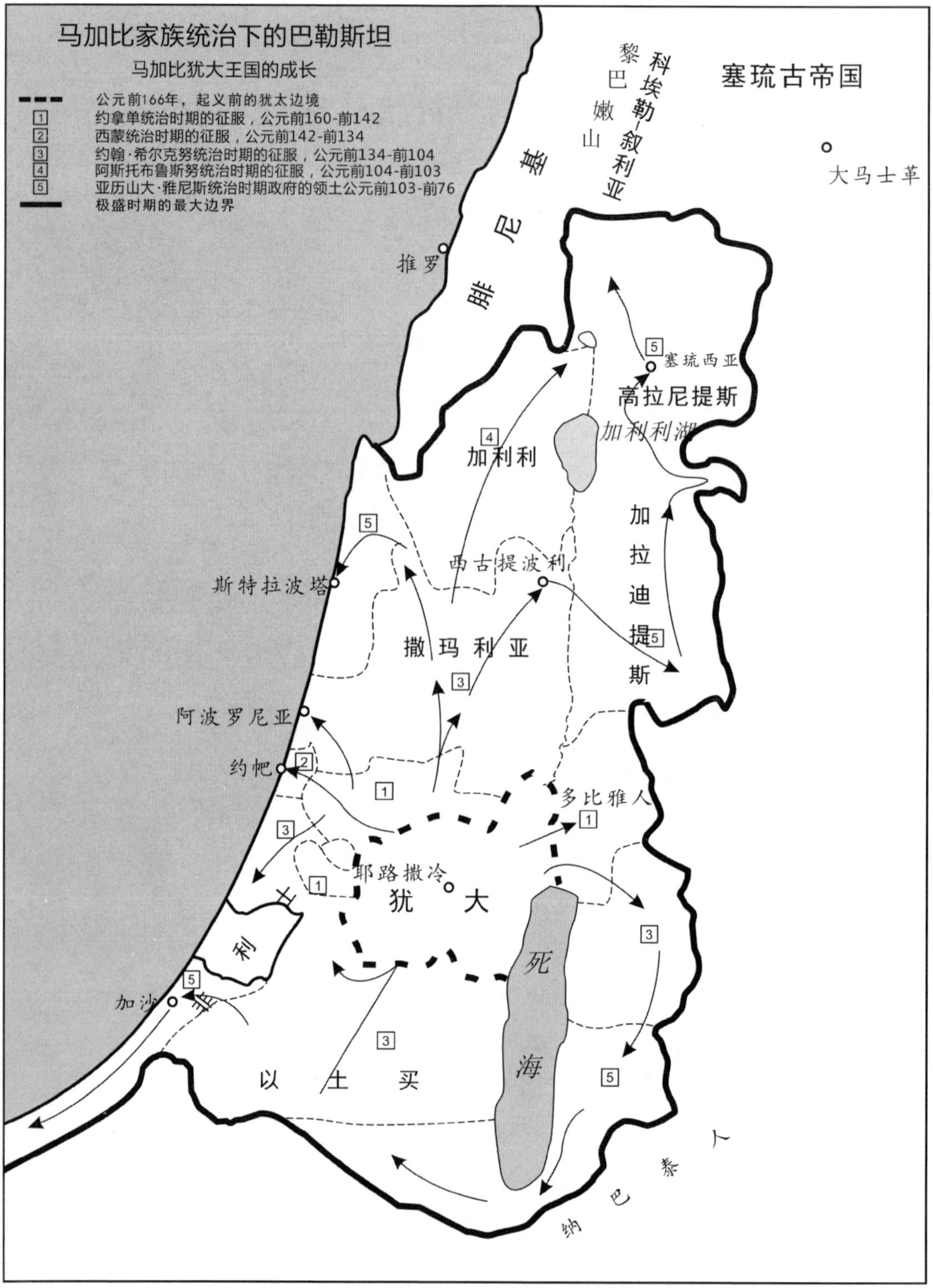

图 39　希腊化时代的犹太人

劳斯也是个希腊名字。此时，犹太人中亲希腊化和反希腊化的对立已经相当明显了。由于希腊化主要集中在城市，偏远农村的反希腊化力量远比城市强大。

公元前168年，安条克四世入侵埃及，一路打到亚历山大里亚，但被罗马使节羞辱一番后铩羽而归。犹太人误以为他已经战死，便将亲希腊化分子赶下台。安条克四世一怒之下将圣城和圣殿洗劫一番，废止犹太人的传统祭祀，废除犹太人的律法，禁止犹太人私藏经书，将希腊宗教引入圣殿，推行大希腊运动(167 BC)。不堪忍受压迫的犹太人纷纷逃离耶路撒冷，前往偏僻的农村避难。次年，马加比起义爆发。

马扎比起义的领袖是哈斯蒙尼家族（Hasmonai）的马蒂亚(Mattathias)。他有五个儿子，对起义有重要贡献的分别为约拿单(Jonathan)、犹大(Judas)和西蒙(Simon)。公元前166年，马蒂亚不幸战死，其子犹大，绰号马扎比(Maccabee，意味锤子)，继续领导起义。公元前164年，起义军控制整个犹大地区后收复了耶路撒冷，清洁了圣殿。但在随后的战斗中，犹大和约拿单相继战死。但与此同时，塞琉古王国也内乱不断，所以起义军也能不断扩大自己的势力范围。此外，约拿单还与罗马取得联系，与之结成联盟。渐渐地，以耶路撒冷为中心的犹大地区获得了半独立乃至独立的地位。公元前142年，西蒙从塞琉古王朝的德米特里乌斯二世那里获得对犹大地区独立地位的认可，并被推选为大祭司和将军，建立了哈斯蒙尼王朝。

但有意思的是，以反希腊化起家的哈斯蒙尼王朝在成立后不久就被希腊化了。公元前135年，西蒙之子约翰·希尔克努(John Hyrcanus, 135—104 BC)继位。他主动采用了希腊名字，学习希腊文化。在他统治的头二十年里，他并没有大的作为，仅能维持国家的半独立状态。但是，公元前二世纪最后二十年间，内忧外患使得塞琉古王国极度衰落。约翰·希尔克努也趁机反叛，从公元前110年开始，一口气吞并了外约旦、撒玛利亚(Samaria)、加利利(Galilee)和以土买(Idumea，即圣经中的以东)，并强迫以东人行割礼，信奉犹太教义。公元前104年，其子阿斯托布鲁斯(Aristobulus)继位。从名字可以看出，此人是一个高度希腊化的人。此外，他也是哈斯蒙尼家族第一个称王(basileus)的人。他极为残暴，在位一年便暴毙而亡。之前遭到囚禁的阿斯托布鲁斯的胞弟亚历山大・雅尼斯(Alexander Jannaeus，103—76 BC)继位称王。亚历山大・雅尼斯兼并了众多的领土，但偏颇的政策也使得国内矛盾激化。公元前87年，一直饱受压迫的法利赛人向塞琉古国王求救，国内爆发内战。亚历山大・雅尼斯残酷镇压，历时六年，最终将内战平息。他死后，他的妻子又统治了九年。随后，他们的两个儿子挑起的王位继承战。为了取得内战胜利，双方均向罗马将军庞培请求帮助。结果，罗马势力迅速渗透，哈斯蒙尼王朝被庞培架空，国家大权落到以土买人安提帕特手中。公元前40年，安提帕特之子希律(Herod)依靠罗马的扶持掌握大权，成了罗马人的藩属王，哈斯蒙尼王朝结束。

40. 希腊化时代的终结

公元前146年，希腊本土全境沦为罗马行省，只有雅典和斯巴达保有部分独立性。在小亚及其周边，罗马人建立了一批附属国，最著名的当属已经提到过的帕加马，此外还有卡帕多西亚和比提尼亚(Bithynia)等。这些附属国处于半独立状态，受到罗马保护，但要缴纳一定金额的贡金。

公元前120年左右，本都的米特拉达梯六世(Mithradates Ⅵ)继位为王。此人只是半个希腊人，但据说是波斯大流士一世的后裔，同时又是亚历山大大帝和塞琉古一世的血脉，所以无论对于希腊人还是亚洲人，他都是很受欢迎的。他酷爱模仿亚历山大，且有建设帝国的抱负。从公元前103年开始，他不断发展，将势力扩张到邻近的卡帕多西亚、加拉太和比提尼亚，甚至将触角伸到博斯普鲁斯王国(Bosporan Kingdom)，几乎将黑海变成了本都的内海(见下图)。

罗马对本都的扩张很警觉，曾警告过米特拉达梯。但此人阳奉阴违，继续强占地盘。公元前89年，被米特拉达梯赶跑的卡帕多西亚国王和比提尼亚国王前去罗马告状。元老院下令恢复他们的国家和王位，并给米特拉达梯严厉惩罚。米特拉达梯置若罔闻，双方战事难免。战争从公元前88年开始，断断续续，直到公元前63年才最终结束，史称米特拉达梯战争。米特拉达梯先后与苏拉、卢库鲁斯(Lucullus)和庞培三位罗马大将交手，对罗马政坛产生了重要影响，同时也使得元老院下定决心终结希腊化诸国。

战争之初，米特拉达梯一方进展十分顺利。公元前88年夏，他开进小亚，密令各希腊化王国和城市屠杀身在亚洲的每一个罗马人。由于罗马政治压迫和经济剥削甚为严酷，所以命令一出，各地希腊人积极响应，

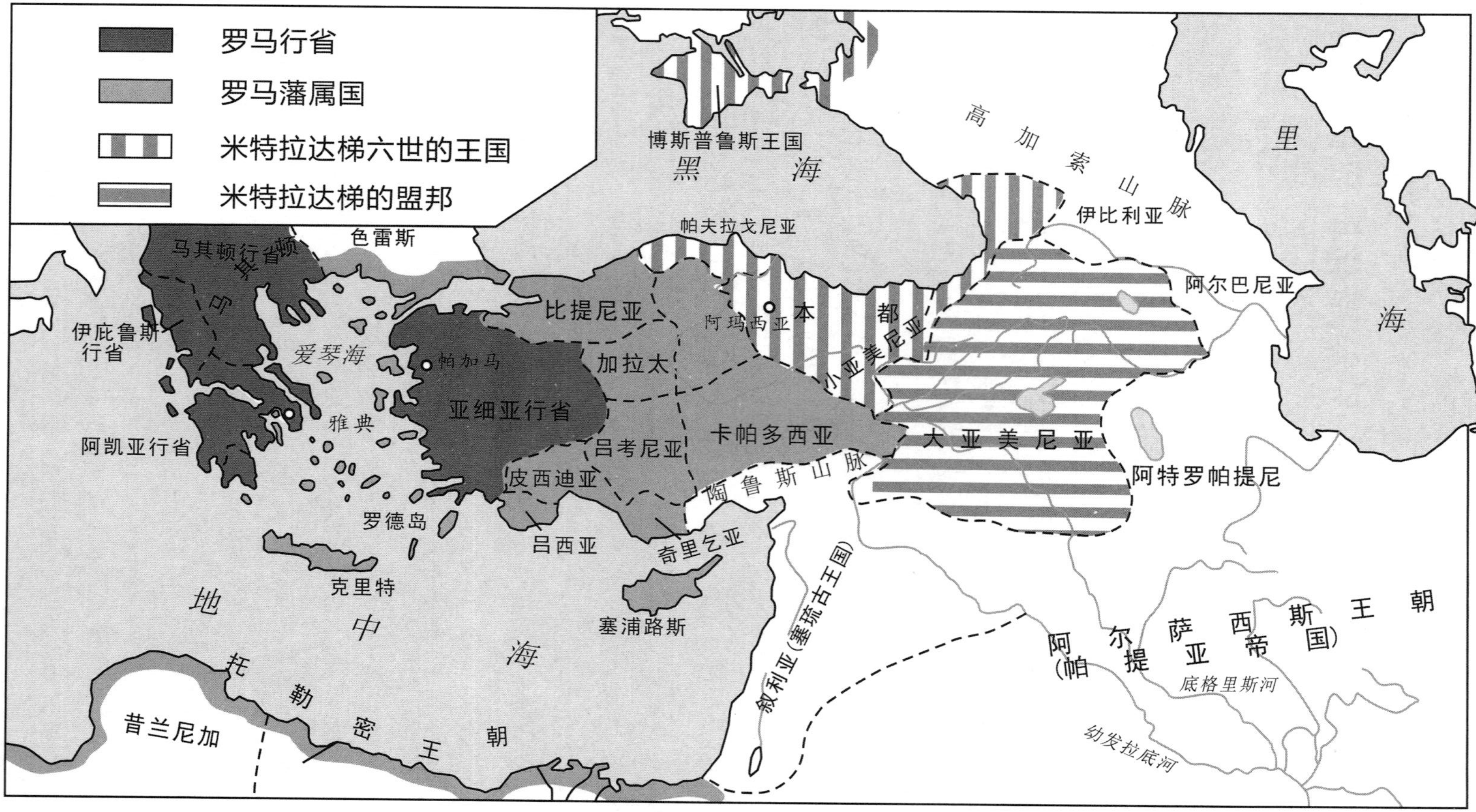

图 40－1　米特拉达梯战争爆发前的小亚

屠杀罗马公民达八万之众。雅典民主派风闻此举，推翻亲罗马的寡头派，重建民主政府，加入米特拉达梯一方。

元老院震怒，派大将苏拉前去镇压。在出发前，苏拉为争夺远征军统帅职位，率领军队进攻罗马镇压政敌，开了罗马军队进攻首都的先河。而后，苏拉率军进攻希腊，很快就打到了雅典城下。苏拉下令砍光阿提卡所有的树木，用以建造攻城设备。公元前86年3月，雅典陷落。苏拉的军队血洗雅典，摧毁比雷埃夫斯港，杀死带头的民主派，将城中的珍宝劫掠一空。正当苏拉准备横渡赫勒斯滂，与米特拉达梯一决死战的时候，他在罗马的政敌前来剥夺他的兵权。于是，苏拉与米特拉达梯签订和约，后者放弃自己所征服的土地，并支付20 000塔兰特的赔款。战争暂时告一段落。

米特拉达梯战后迅速恢复，又将势力扩张到周边诸国。公元前74年，罗马打算前去吞并比提尼亚，却发现已经被米特拉达梯捷足先登。双方战事又起。最初与他交战的是卢库鲁斯。卢库鲁斯指挥有方，很快就将本都军队打得落花流水，将米特拉达梯赶出了比提尼亚，赶出了本都。仓皇之中，米特拉达梯逃到本都东面的亚美尼亚。亚美尼亚王提格拉涅斯是当时东方最强大的君主，领有“王中之王”头衔。提格拉涅斯应米特拉达梯之邀，率数十万大军进攻罗马，但被卢库鲁斯率领的不足两万人的罗马军队击溃。卢库鲁斯深入亚美尼亚攻击，屡战屡胜，但终因战线过长且兵微将寡，只得退回。双方又僵持了数年。但公元前68年，卢库鲁斯手下的军队哗变，战争无法再进行。于是元老院派出了号称“伟人”的庞培。公元前66年，庞培到达亚洲，将战事又进行了四年。(庞培击败亚美尼亚，降服高加索地区的诸民族，压服帕提亚，并将叙利亚、犹大等地并入罗马版图。)公元前63年，米特拉达梯自尽而亡。

米特拉达梯战争之后，元老院将本都并入罗马版图，将之与比提尼亚合并，设立本都行省。在叙利亚，庞培废黜了塞琉古王朝的君王，结束了这个苟延残喘的王国，将之设为叙利亚行省。同时，庞培还被邀请去解决犹太人的内部纷争，结果犹大从罗马盟友沦为附属国。此外，罗马人还在亚洲增设了奇里乞亚行省。于是，罗马一年便新增了三个行省。在行省周围，则是卡帕多西亚、加拉太和犹大等附属国。至此，亚历山大

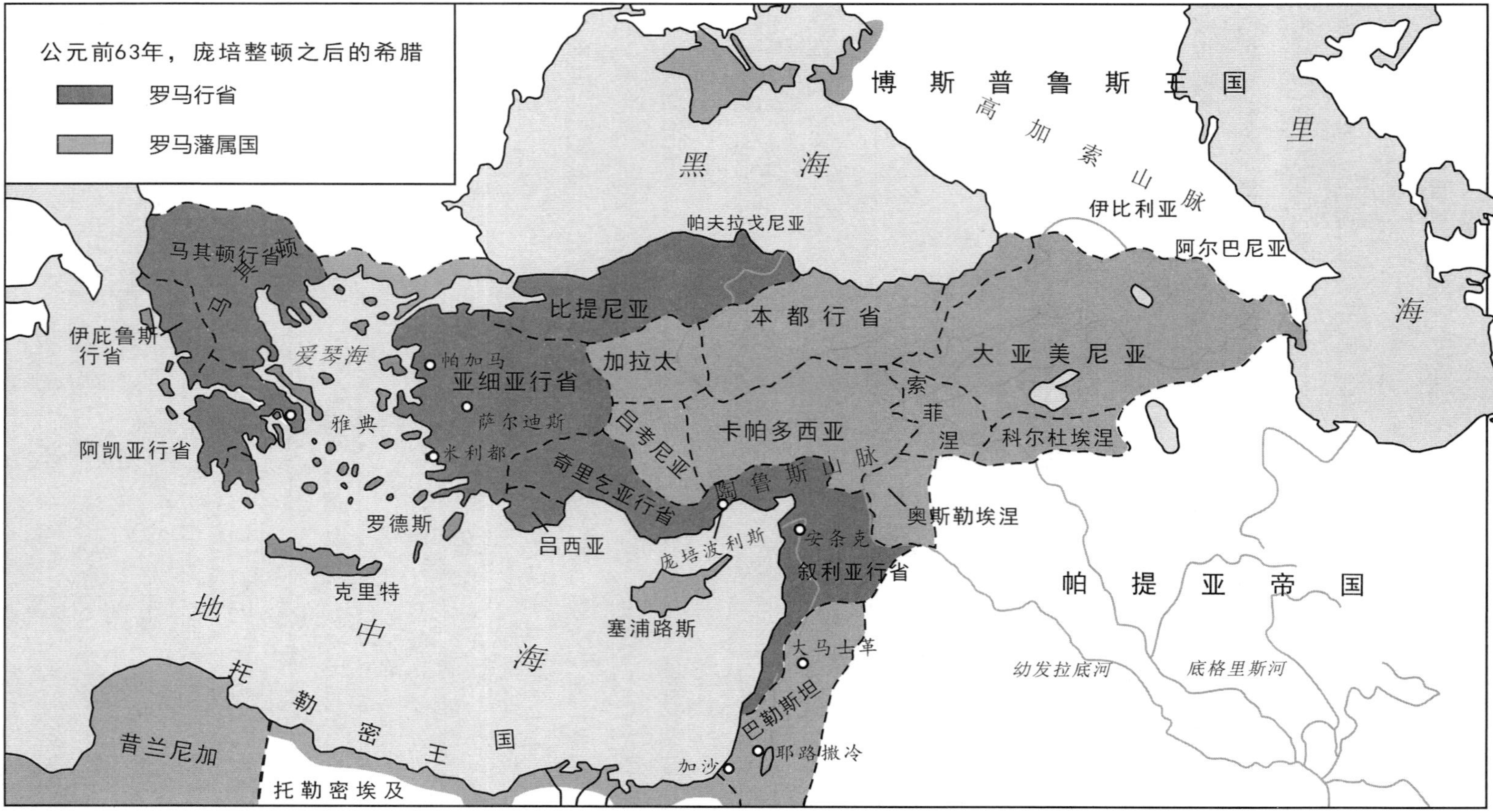

图 40－2　庞培整顿之后的希腊(前 63 年)

帝国分裂出来的三大希腊化王国只剩一个托勒密埃及了。

事实上，在公元前 81 年，当时的埃及国王托勒密十世就已经正式将埃及赠给了罗马。但元老院认为，一个独立而羸弱的埃及要比一个新的行省更好，因为任何一个人成了埃及的总督，都有可能利用埃及的财富来威胁罗马。于是，埃及就陷入了一系列的内斗之中了。到了罗马前三头时代，埃及仍旧混乱不堪。庞培与埃及关系最为密切，在与恺撒的争斗中曾得到埃及舰队的帮助。但当庞培战败(前 48)，逃往埃及，却被埃及人背信弃义的杀死在海滩上。当时的埃及国王是年幼的托勒密十三世。他原本与他的姐姐兼妻子克利奥巴特拉七世共治天下，却为了权力将后者赶出亚历山大里亚。恺撒赶到埃及后，克利奥巴特拉投怀送抱，用美色换取权力，把弟弟架空。为了稳固自己的地位，她还为恺撒生育一子，取名恺撒利昂，意为“小恺撒”(前 47)。

公元前 44 年，恺撒遇刺身亡。在恺撒的支持者和共和制的支持者的内战中，克利奥巴特拉站在恺撒党一边。恺撒党获胜后，又出现所谓的后三头。公元前 41 年，克利奥巴特拉将后三头中的马克·安东尼勾搭到手，并很快为他生了一对双胞胎。而此时，马克·安东尼出于政治上的需要，刚刚娶了屋大维的姐姐屋大维娅为妻。克利奥巴特拉与马克·安东尼的结合也可能是为双方政治上的需要，前者梦想着利用罗马的力量为自己建立一个空前庞大的帝国，后者则希望利用埃及的财富为自己在三头的斗争中增加胜算。但二人似乎过于沉醉于自己的梦想中，将自己的打算暴露无遗。公元前 32 年，安东尼与屋大维的斗争愈演愈烈，前者宣布与屋大维娅离婚，后者则对克利奥巴特拉宣战。公元前 31 年初，屋大维和阿格里巴在亚克兴海角大胜安东尼舰队。安东尼和克利奥巴特拉突出重围，逃亡埃及。次年，埃及被屋大维攻占，安东尼自杀。屋大维命令克利奥巴特拉前往罗马。艳后为了避免受辱，便用一条小毒蛇结束了自己的生命。于是，最后一个希腊化王国也消亡了，埃及变成了罗马的一个行省。

希腊化时代的结束，有几分悲壮，有几分无奈，也有几分嘲讽。希腊本土沦陷后，能够代表希腊独立的，竟只剩本都那样一个原本是蛮族聚居地的国家。昔日的名邦，已衰弱到连振臂一呼都没有，只能成为大国博弈时随风飘摆的小草。另外一些独立但已衰朽的希腊化王国，名存实亡，独立与否，全凭某几位罗马领袖的态度。而最后丧失独立的埃及，似乎又是最早投靠罗马，因而也是最早自愿以独立换和平的实用主义者。

但换个角度，希腊化王国的消失是历史的进步。因为，各个独立的希腊化国家虽然自由，但却精力过剩，无时无刻不在准备着战争和内斗，整个希腊世界几乎没有宁日。罗马的一统六合虽然是希腊世界失去了独立与自由，但却带来了统一与繁荣。另外，希腊的文化并没有因此而中断，反而得到更大程度上的传播与发展。事实上，在文化的层面，罗马从来都是一分为二的，东部行省一直都是希腊文化居于主宰。在罗马帝国初期，悄然兴起的基督教便是希腊文化在帝国范围内文化整合的结果。虽然基督教出于犹太教，但新约却是用希腊语写成的，基督教的神学理论也是以希腊哲学为基础的。希腊的哲学流派和文化、科技对罗马帝国产生了深远的影响，甚至透过基督教一直影响到今日的文明。

参考文献

地图绘制参考文献

Bagnall, Roger S., Mary E. Downs & Janet E. Kelly. *Barrington Atlas of the Greek and Roman World*. Princeton University Press, 2000

Morkot, Robert. *The Penguin Historical Atlas of Ancient Greece*. Penguin Books, 1996

Talbert, Richard J. A. *Atlas of Classical History*. Routledge, 1985

主要参考文献

Bury, J. *A history of Greece to the death of Alexander the Great*. New York: Modern library, 1937

Camp, John McK. *The Athenian Agora: A Short Guide*. ASCSA, 2003

Crowther, Nigel B. *Sport in Ancient Times*. Greenwood Publishing Group, 2007

Davies, John. *Democracy and classical Greece*. 2nd ed. Cambridge Mass.: Harvard University Press, 1993

Hignett, Charles. *A History of the Athenian Constitution to the End of the Fifth Century B.C.* Clarendon Press, 1952

Hornblower, Simon. *The Greek World 479 – 323 BC*. 4th ed. Routledge, 2011

Jones, A. *Athenian democracy*. Oxford: B. Blackwell, 1957

Mikalson, Jon D. *Ancient Greek Religion*. John Wiley & Sons, 2009

Rhodes, P. *A history of the classical Greek world: 478 –323 B.C.* Malden Mass.: Blackwell Pub., 2006

Pomeroy, Sarah B. *A Brief History of Ancient Greece: Politics, Society, and Culture*. New York; Oxford: Oxford University Press, 2004

阿里安 著,《亚历山大远征记》,李活 译,商务印书馆,1979 年

奥斯温·穆里 著,《早期希腊》,晏绍祥 译,上海人民出版社,2008 年

黄洋、晏绍祥 著,《希腊史研究入门》,北京大学出版社,2009 年

希罗多德 著,《历史》,王以铸 译,商务印书馆,1959 年

修昔底德 著,《伯罗奔尼撒战争史》,谢德风 译,商务印书馆,1960 年

图书在版编目（CIP）数据

地图上的古希腊史 / 陈超，刘衍钢著.—2版.
—上海：东方出版中心，2016.5（2020.5 重印）
(地图说史)
ISBN 978-7-5473-0939-1

Ⅰ.①地… Ⅱ.①陈… ②刘… Ⅲ.①古希腊—历史—
通俗读物 Ⅳ.①K125 49

中国版本图书馆CIP数据核字（2016）第048657号

地图上的古希腊史

出版发行 东方出版中心
地 址 上海市仙霞路345号
邮政编码 200336
电 话 021-62417400
印 刷 者 三河市德鑫印刷有限公司

开 本 710mm×1020mm 1/16
印 张 12.25
字 数 175千字
版 次 2016年5月第2版
印 次 2020年5月第5次印刷
定 价 24.00元

版权所有 侵权必究
如图书有印装质量问题，请寄回本社出版部调换或电话021-62597596联系。